JN025647

イスラーム・デジタル人文学
須永恵美子・熊倉和歌子 編著
U-PARL 協働型アジア研究叢書
東京大学附属図書館アジア研究図書館上廣倫理財団寄付研究部門
人文書院

目　次

第1章

イスラーム・デジタル人文学ことはじめ

須永恵美子

1. 本書が目指すもの

毎年、イスラームの文化を扱う授業の初回に、学生の抱く「イスラーム」のイメージを尋ねている。食事の制限や厳しい戒律といったイメージに加えて、ほこりをかぶった古い書物や不思議な言葉の書かれた紙の束、奇怪な呪術や神秘的な慣習が挙げられることがある。ところが、現在世界人口の4分の1を占めるとされるイスラーム社会は、古代文明でもなければ鎖国しているわけでもない。エジプトのパン屋の店員やイランの地方大学の学生もスマホを持っており、家族や友人との連絡にはSNSやビデオ通話を使う。日本と同様にDX（デジタル・トランスフォーメーション）の波を受けて、AI（人工知能）やビッグデータ、IoT（モノのインターネット）の現代に突入し、イスラーム地域社会も急速に変化している[1]。

当然、イスラーム地域を対象とする日本の研究者も、現地社会におけるデジタル化の影響を大きく受けている。入国時のビザ（査証）がオンライン申請で完了するといった恩恵から、若者の間で人気のある思想家の講演がオンラインでライブ配信されたり、SNS上の情報戦が選挙の動向を左右するなど、バーチャル空間上にも新たな「現地社会」が生まれ、研究対象が拡張している。これまでは煩雑な手続きを経て現地の公文書館などに出向かないといけなかった貴重資料も、大学図書館のデジタルアーカイブによって、日本に居ながら手に入ることもある。

否応なく進むこうした現地のDXに加え、研究分野のデジタル化も進んでいる。歴史や文学など、従来の人文学の様々な研究領域やテーマ・研究資源に対して、デジタル技術を加えることで、数値化やより精密な情報の抽出、視覚化するのがデジタル人文学（人文情報学／デジタルヒューマニティーズ／Digital Humanities／DH）[2]である。日本で「デジタル人文学」という名称が普及したのは、2000年代に入ってからで、2017年ごろからは各地の大学に、文理融合を掲げるデータサイエンス学部が新設されるようになった[3]。こうした学部の新設ラッシュは、国を挙げて推進する、経済発展と社会的課題の解決を両立していく新たな社会であるSociety 5.0の実現に資するための教育体制と位置付けられている[4]。

デジタル人文学は、大量のテキストデータから知見を得るテキストマイニングから発展してきた。テキストマイニングとは、デジタル化された文章（テキスト）から、キーワードを抽出、特定のキーワードと共起する語句を分類（ひもづけ）していくことで、データの中から有益な情報を探し出す手法を指す。たとえば、聖書やシェークスピアのような文学作品を、デジタル画像化してコンピュータに取り込み、テキストと結びつけてコーパス（データベース）を作り、そのうえで「アダム」や「慈悲」といった特定のキーワードを呼び出す。現在は、テキスト（文章）をマイニング（掘り出す）するだけではなく、言語データの解析であるテキストアナリティクス（テキスト分析）や、計量テキスト分析（第5章を参照）、質的データ分析といった名称も使われている。

デジタル人文学の範囲

デジタル人文学については、それぞれの立場から様々な定義がなされている。日本におけるデジタル人文学をけん引してきた人文情報学研究所の永崎研宣氏は、デジタル人文学を「人文学にデジタル技術を応用することによって作り出される実践を含む多様な知を扱う分野」と定義している［永崎 2020b］。

デジタル人文学の対象は、文字史料であるテキストに限らず、写真、絵画、美術品、演劇、音（第8章を参照）、地図などさまざまな資料が含まれる。歴史資料からハザードマップを作ることや、3Dホログラムや AR（拡張現実）など体験型の博物館、バーチャルな美術鑑賞が可能になるデジタルミュージアム、さらには携帯電話の位置情報を利用した地理情報システム（Geographic Information System／GIS）によって人の移動を予測することも、デジタル人文学研究の一つの領域と捉えられる。関連する分野も、言語学、歴史、文学、哲学、美学、図書館学、情報学、コンピュータサイエンスなど幅広く、常に新たな対象が生まれているため、ここまでがデジタル人文学、これは範囲外、とはっきり区切れるものではない。

デジタル人文学を習得の方向から2つに分類するならば、(1) 人文学系からスタートして情報学の知識を後から追加するのか、(2) デジタル系のバックグラウンドの上で人文学的データを扱うのかという、入り口の違いがある。前者ならば、小説や歴史文書を、既存の手法やアプリを使って明らかにしていくデータ分析が主流になる。後者では、情報学や情報工学、図書館情報学などが想定され、ビッグデータの分析や、デジタル人文学の手法自体の検証・評価などが含まれる。社会科学分野では、すでにハラールマーケットの消費者の動向や、各国がオープンデータとして開放する世論調査の結果など、ビッグデータを計量的に扱う分析が広く行われている。なにより、一人で「デジタル」も「人文」もマスターしなければいけないわけではなく、デジタルが得意な研究者と人文学の知識を持つ研究者が共同作業で進めていくデジタル人文学研究も多分に行われている。

本書の執筆者たちは、中東から東南アジアまで、イスラーム地域を舞台に歴史や言語、文学、国際政治などの人文社会学領域を背景とする研究者であり、もともと情報学分野の教育を受けていたわけではない。目の前にある資料をより効率的に、幅広く、新しい角度で読み込もうとした過程で、デジタル人文学に出会っている。デジタル人文学の成果として導き出されるものには、①テキスト資料のアーカイブ、②キュレーション、③データやテキストの計量分析、④可視化・モデル化、⑤マッピングが挙げられる。

デジタル人文学の勃興には、研究手法を支える技術的な革新があることは言うまでもない。スマートフォンの高性能なカメラや、誰でも無料で利用できるテキストマイニングのソフトウェアであるKHコーダ*、Google Mapなどもデジタル人文学の発展に寄与している。こうしたデジタル環境は、紙やパソコンといった、今では当たり前になった技術と同じように、人類が一度得てしまったら、手放すことはおそらく難しいであろう。

このように、テキストを使った人文科学系の研究が、デジタル技術と結びつくことで可視化され、活性化を促されるのがデジタル人文学である。

テキストをデジタル化する

本書で繰り返し出てくる「テキスト」や「デジタル化」という用語について、整理しておきたい。ここでは、エジプトのノーベル文学作家ナギーブ・マフフーズの小説を読み、作者の思想や当時の社会背景を読み取ってレポートにすることを想定しよう。

一般的な方法は、辞書を引きながら原作を読んで、目についた独特な表現や言葉遣いをメモし、描写されている年配者の所作やカイロの町の様子などを記録していくことであろう。英訳や日本語訳[5]も出版されているので、わからないところは翻訳に頼ることができる。作者の生い立ちを調べ、内外での作品の評価をまとめれば、一つのレポートになる。これは文学の質的研究に当たる。

図1-1　カイロアメリカン大学出版局のナギーブ・マフフーズ特集ページ

全体を読み込む時間があるなら、小説の中に出てくる地名や人名、色、食べ物などを書き出し、数え上げ、その傾向を数値で示す、量的研究に取り組もうとする方もいるであろう。ただ、ナギーブ・マフフーズは長編短編小説の他に舞台や映画の脚本となる物語なども手掛けているので、すべてをカバーしようとするとなかなかの手間となる。どうしても読み落とす箇所がでてくる上に、目についたところを頼りに研究を進めているうちに、時間切れ、ということもあるかもしれない。

このレポートに、デジタル人文学を加えてみるとどうなるか考えてみよう。小説の全文を、パソコンで打ち込んで、文字データにするのはどうだろう（これをテキスト化という）。もちろん、すべての本を入力するのも膨大な労力がかかるので、本をスキャンして画像としてパソコンに取り込み（デジタル画像化）、デジタル画像からOCR（自動文字認識）にかけて機械に自動的に読み込ませればスピードアップが図れる（アラビア文字のOCRについては第4章を参照）。OCRは、有料の商業ソフトのほか、現在は無料で各種の文字認識ソフトがあり、英語や日本語ならばそれなりの精度が期待される。2023年時点では、通信アプリのLINEで文字の書かれた画像を読み込んだ際に、文字だけをテキスト認識させる機能もある[6]（テキスト化までをまとめて資料のデジタル化というが、実際には画像化だけを指すこともある）。Googleレンズなど、スマートフォンのカメラをかざすと瞬時に翻訳してくれるアプリも、このOCRの技術を応用している。

こうして作成した小説のテキスト（原作の紙ではなく、Microsoft Wordやパソコンのメモ帳機能で見ることのできるデータ）があれば、固有名詞を数え上げる量的研究は途端にスムーズになり、一人で読んでいた時よりも正確性が増す（第5章を参照）。

さらに効率をあげるため、三色ボールペンで線を引きながら本を読むことをイメージしてほしい。アフマドやアーイシャといった人名なら赤、カイロの地名なら青、主人公のセリフなら緑色とルールを作って線を引いていく。全部読み終わって本をパラパラとめくってみると、前半にはセリフが多かった、この人名はある地名とセットで出てくるなどと視覚的にわかりやすくなっているはずである。

三色ボールペンの代わりにパソコンでメモをつけながら書き込んでいくのがTEI（テイ/テー・イー・アイ）のタグ付けという行為であり、世界中誰が見ても分かりやすいルールでメモを残そうというのがTEIガイドラインである（詳しくは第6章を参照）。本文にそのまま書き込めば、人名や地名を見つけるたびにエクセルに抜き出すのと異なり、時系列や前後のつながりがわかるという小説ならではの長所を生かせる。レポートではこのような読み方をする時間がないかもしれないが、TEIでタグ付けをしておけば、次回以降も研究利用しやすい形式でテキストを保存できる。出てくる単語の年代別の傾向、作中の順序などを分析することが容易になるので、質的研究の補完にもなる。

TEIは（テキスト化された）本文にメモをつけていくイメージで、人名や地名などの書き込みだけを抜き出して情報をストックしておくのがRDF（コラム6を参照）というメモの取り方である。

登場人物のつながりを可視化するならば、ネットワーク図を使うのが良い（第7章を参照）。人名、登場した章、関係性などを書き込んでいけば、連載漫画の登場人物相関図のような図が描ける。さらに、小説に出てきた地名をまとめて地図に投影することや（これは映画や漫画の中に出てきた場所を特定して巡る聖地巡礼にイメージが近いかもしれない）、小説の描写から昔のカイロの街区を3D画像で再現することもできるだろう。地図情報は少し前まで専門的なソフトがないと描くのが難しいと敬遠されていたが、現在はQGISなど、無料で手軽に作成できる地図ソフトが普及している（地図の立体図や3Dモデルは、処理に容量がかかるので、こういった作業をしたい場合のパソコンのスペックは高いに越したことはない)。

デジタル人文学は、一人では、一生掛けても読み切れない量の資料の分析を手助けしてくれる学問である。そしてこれは——アナログな——紙の資料による研究を否定するものではなく、あくまでも「ナギーブ・マフフーズの小説から○○を明らかにしたい」という目標があってこそ、役立つ研究のツールと言える。

大量の文書・データをキュレーション（整理）や分析に役立つ、効率が良くなるというだけではない。デジタル人文学は、人文学における量的・質的研究手法の充実を可能にする幅広い機能性とツールを提供してくれる。人文学の研究プロセスで重視される、経験的なソースのパターン化を、デジタルツールによってサポートすることができる。

本書が目指すもの

本章のタイトルである、「イスラーム・デジタル人文学」は、「マクロ経済」や「国際政治」のように確立された研究分野ではない。アメリカのミシガン大学の「デジタル・イスラーム学（Digital Islamic Studies Curriculum)」や、ブラウン大学の「デジタル・イスラーム人文学プロジェクト（Digital Islamic Humanities Project)」といったコース（専攻）はあるものの、日本語でも英語でも、アラビア語でも呼称が定まっているわけではない。本書では、これから台頭するであろう、イスラームとデジタル人文学を掛け合わせたテーマに対して、「イスラーム・デジタル人文学」という呼称をつけた。そして、イスラーム思想やクルアーンといったいわゆる宗教研究のみならず、歴史、言語、現代政治、国際関係まで幅広い人文学・社会科学分野の研究者から助力を得て、イスラーム社会やアラビア語を中心とした言語圏の研究を、デジタル人文学で捉え直していく行程を示したい。

本書は、イスラーム地域と呼ばれる中東・北アフリカ、南アジア、東南アジア地域を対象としている。信仰や宗教儀礼、聖典など「宗教」にかかわるテーマばかりではなく、ムスリム（イスラーム教徒）の多い社会で起きている現代的なテーマも研究対象に含まれる。

執筆にあたり、読者に想定したのは、イスラーム世界について研究を始めた学部生や大学院生や、すでに人文学分野で研究の蓄積があり、新たにデジタル人文学研究にも関心を持つようなった研究者である。

特に、近年機械学習を備えた「AI自動文字認識」の精度が改善されつつあることを軸に、アラビア文字圏の研究資料のデジタル化・テキスト化が導く研究事例や、ネットワーク図を利用したデジタル人文学の事例を示す。膨大な資料のあるハディースのデジタル化など、歴史資料を客観視するためのマスデータの処理はもちろんのこと、宗教学や思想研究といった質的研究はどう変わるのか、効率化だけではない研究へのインパクトを示し、興味はあるけれども、少し難しそうだと躊躇している読者の皆さんを、デジタル人文学研究に誘うことを目指している。

先立つ本章では、イスラーム関連のデジタル人文学研究の動向をまとめたうえで、研究の基盤となるデジタル化された「素材」と、それを提供する図書館の役割について考えたい。人文学をベースとする研究者が、デジタル人文学を取り入れようと考えると、その方向性としては大きく研究データを揃える・整理する、手持ちの材料をどのように分析するかに分けられる。デジタル人文学研究においては、データの提供利用の仕方もまだまだ改善・開発の余地があり、これ自体が研究となりえる。筆者は、大学図書館に勤務しているため、デジタルデータの提供やアーカイブの方法にも関心がある。そして最後に、デジタル人文学を取り入れることで、イスラーム研究をどのように変えることができるのか、近い未来について語りたい。

2. イスラーム研究におけるデジタル人文学関連の動向

デジタル人文学には、国際的な研究者の集まりが複数あり、そのなかでも特に大きな学術連合として国際デジタル人文学学会連合（Alliance of Digital Humanities Organizations／ADHO）*がある。同連合は、ヨーロッパ・デジタル人文学会（EADH)、コンピュータおよび人文学会（ACH)、カナダ・デジタル人文学会（CSDH/SCHN)、オーストラリア・デジタル人文学会（aaDH)、日本デジタル・ヒューマニティーズ学会（JADH）[7]、フランス・デジタル人文学会（LFH）などの構成団体からなる連合体で、年に1回の国際会議を開催している[8]。

2022年7月には、国際デジタル人文学会連合の年次国際会議（東京）がオンラインで開催された。この国際会議で、宗教に関連する発表として最も多かったのはキリスト教関連で、次いで仏教があり、わずかにイスラームやヒンドゥー教を扱う報告が含まれていた。発表者の所属大学は、欧米圏が中心であった。特にキリスト教研究では聖書学のデジタル人文学的分析が活発に行われている［小風ほか 2021］。ここ10年（世界大会がなく地域大会のみだった2021年を除く2012～2022年）の国際デジタル人文学学会連合の年次国際会議では、年平均270件の研究発表が行われていて、そのうちイスラーム地域やアラビア文字などをテーマとした発表は、年1～6本程度であった。

日本では仏教研究がデジタル化分野に積極的である。1992年には国境を越えて研究者が集まり、仏典テキストのデジタル化を進める電子仏典構想(Electronic Buddhist Text Initiative）が設立されている。また、2008年には東京大学大学院社会系研究科などを中心に、『大正新脩大蔵経』のテキストが「SAT大正新脩大藏經テキストデータベース」として公開された。さらに、この仏典データベースの構築に当たっては、情報学、仏教学だけではなく、ライブラリアンやコンピュータサイエンスといった多方面の研究者が協働して、データベース化に参画してきた［下田・永﨑編 2021］。

一方で、現在のイスラーム研究では、デジタル人文学による分析は始まったばかりといってよい。いまだに、多くの研究室や大学院教育では、現地の文書館に行って資料を書き写し、一行ずつ資料を読解していくスタイルが続いているかと思う。インターネット空間はローマ字が優位なため、アラビア文字へのデジタル対応が追いついていないことや、デジタル化されたテキストを使用するスタイルが普及していないことが、イスラームのデジタル人文学参入への妨げとなっている。また、研究者自身に「アラビア文字は難しいから目視が一番正確で良いものだ」という先入観があることも否めない。テキスト研究に限らず、たとえば中東を舞台としたGIS（地理情報システム）研究はまだまだ余白がたくさんある。

現在までの研究の動向としては、アラビア語テキストのデジタル化は1990年代に登場し、クルアーンやハディースから着手された。これらの初期のコレクションはCD-ROMで公開され、2000年代からオンラインに移行している。現在は、デジタル・コーパスの作成とメタデータの索引付けが進んでおり、コンピュータを駆使した解析は始まったばかりという評価が一般的であろう。

DE GRUYTER
Elias Muhanna (Ed.)
DIGITAL HUMANITIES AND ISLAMIC AND MIDDLE EAST STUDIES
AN INTRODUCTION
INTRODUCTIONS TO DIGITAL HUMANITIES – RELIGION

図1-2 『デジタル人文学とイスラーム・中東研究（*The Digital Humanities and Islamic and Middle East Studies*）』

先行するデジタル人文学系大型プロジェクト

2016年に、イスラームのデジタル人文学に関する初のまとまった研究書『デジタル人文学とイスラーム・中東研究』が出版された。本書は、テキストのデジタル化や可視化、マッピング、電子書籍など幅広いテーマを取り上げた実験的な論文集である。

著者の一人であるマキシム・ロマノフは、イスラーム研究におけるデジタル人文学のパイオニア的存在である。ヨーロッパを拠点に歴史学や写本研究、イスラーム関連テキストのコーパス構築など、新しい試みでデジタル研究を牽引している。同書の中でロマノフは、14世紀のダマスカスの歴史家アル・ザハビー（748 AH/1348CE）の『イスラームの歴史 *Ta'rīkh al-islām*』から、エリート層をモデル化し、イスラーム地域の社会変容を探ることを試みる。その中でキー概念となるのが職業、知識、地位、身分といった個人を識別する「由来名（ニスバ）」について、データ駆動型の探索的モデルという新しい方法論を提示している［Romanov 2016］。ロマノフを編集員の一人として迎え、2024年には初の専門誌となる『デジタル・イスラーム研究ジャーナル *Journal of Digital Islamicate Research*』の創刊号が刊行予定である。

2018年、ブラウン大学「デジタル・イスラーム人文学プロジェクト」とユトレヒトを拠点とするアラビア語コーパスのプロジェクトは、ブラウン・プロジェクトと共同で、オランダ王立芸術科学アカデミーで会議を開催し、この会議の内容は『国際中東研究』50号に「中東研究におけるデジタル人文学」という特集論文として掲載されている。この中では、『デジタル人文学とイスラーム・中東研究』の編者であるエリアス・ムハンナが、イスラーム研究の基本的なインフラを作る必要性を強調している［Muhanna 2018］。

この会議を受けて、イスラーム研究でのデジタル人文学をまとめる組織として、イスラーム・デジタル人文学ネットワーク（IDHN）*が立ち上がり、

2019年に最初の全体会議を開催した。まだ国際デジタル人文学学会連合ほどの大規模な組織化はされておらず、各地のイスラーム研究者のネットワーキングが始まった段階と言えよう。これまで8回の会議（ほとんどがオンライン）のテーマを見ると、デジタルテキストの蓄積やコーパス、シャリーア（イスラーム法）やハディース（預言者ムハンマドの言行録）のデータベース化など、OCR、人文学よりのテーマが主流である。言語については、アラビア語が多く、ペルシア語、オスマントルコ語の発表も継続的に行われている。また、イスラーム・デジタル人文学ネットワークのツイッターでは、アメリカを中心にデジタル人文学関連の学会・研究会の情報を発信している。

図1-3　イスラーム・デジタル人文学ネットワーク

デジタル人文学に関わる研究は、人文社会学系の学部、研究所のみならず、情報工学や図書館情報学など、様々な分野で進められており、このイスラーム・デジタル人文学ネットワークの網にかからないものも多い。そうした各種研究やデジタル化された資料をまとめて紹介する学術ブログとして、中東・イスラーム研究資源へのアクセス（AMIR）があげられる。これは2010年から、ニューヨーク大学が中心となって情報を収集・配布しているもので、デジタル人文学関連の書籍や研究プロジェクト、オープンアクセス資料を紹介してい

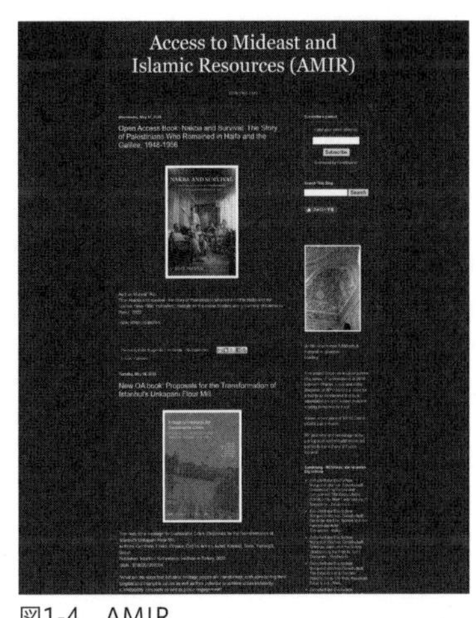

図1-4　AMIR

る。更新頻度が高いため、研究動向や新たな資料の発掘にも有用である。

ポータルサイト的に利用できる情報源としては、デジタル・オリエンタリストが挙げられる。イスラーム地域に限らず、日本や東アジアのデジタルコレクションや有益な研究情報をまとめている。

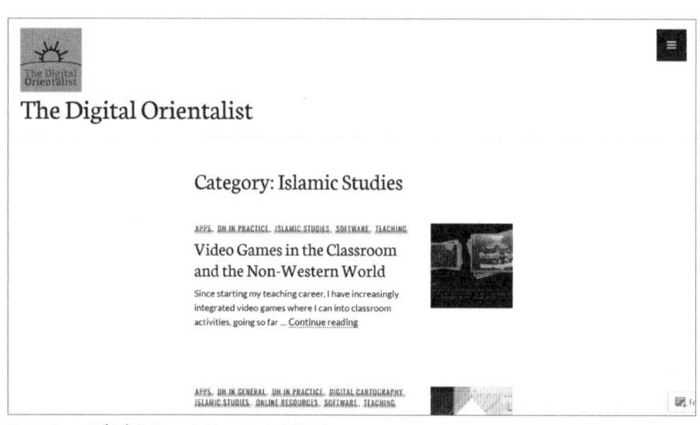

図1-5　デジタル・オリエンタリスト

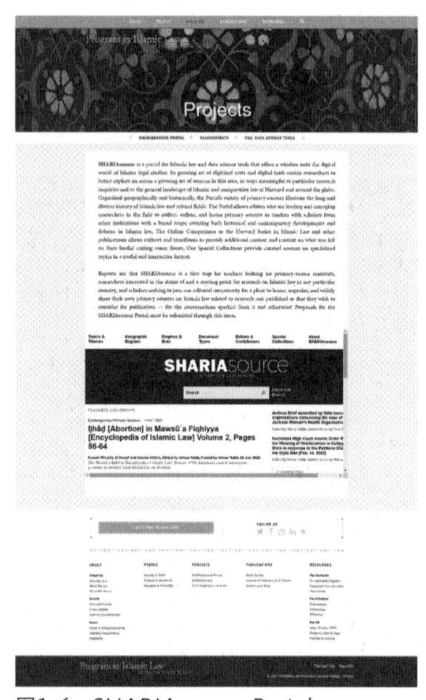

図1-6　SHARIAsource Portal

また、個別の研究テーマとして、イスラームの聖典クルアーンについては、写本のデータ構造や美術的研究など、様々な観点から研究が進められている。たとえば、音声認識については、AIによる自然言語処理(NLP)によってクルアーンの朗誦を分析し、音声とテキストのマッチングが進められ、3秒間の朗唱で99.89%の認識率を達成している[Bashir et al. 2023]。

また、クルアーンの翻訳本の系譜を分析した研究としては、クルアーンの英語訳として多く流通しているユースフ・アリー版から、他の英語版クルアーンへの接続（影響力を受けたかもしれないことを示す）を図る試みを行っている。この研究では、51種類のクルアーンの英語訳を著者ごとにテキストマイニングし、年代順に並べ、単語レベルで共通語がどれだけあるかを分析している［Svensson 2019］。同様の研究は手作業でも不可能とは言わないまでも、非常に時間のかかるもので、コンピュータによるテキスト解析というシンプルかつ強力な助力を得ることで、今後の研究への新たな展開を示していることに意義が見いだされる。

クルアーンやハディースの他にも、イスラームの主要な研究領域として、シャリーア（イスラーム法）があげられる。ハーバード大学ロースクールでは、シャリーアソース（SHARIAsource）というプロジェクトがあり、イスラーム法を計算科学的アプローチから明らかにすることを目指している。現状ではプラットフォームとリポジトリとして機能している。

こうした研究成果は、教育にも反映されている。たとえば、セントラルコネティカット州立大学イスラーム世界史のタイラー・キーンらの共同研究により、Twineというデジタルゲームブックを使って、『ハッジへの道 The Hajj Trail』と題した17世紀のマッカ巡礼の教育的歴史シミュレーションゲームを提供している［Kynn 2023］。

図1-7　オンライン学習用ゲーム『ハッジへの道』

Twineは、ブラウザやデスクトップアプリとして使用できるオープンソースソフトウェアで、インタラクティブなストーリーやテキストベースのゲームを作成することが可能である。ベースにあるのはキーンらの歴史研究で、オスマン帝国時代の巡礼者が遭遇したであろう体験を再現するために、750ページ以上の巡礼記や旅程を物語に取り入れている。ユーザーは同ゲームをオンラインで3〜4時間かけてプレイし、没入型の体験としてオスマン帝国の宮廷制度、請願、慈善、寄付、貿易ネットワーク、芸術作品、盗賊、大旅行家エヴリヤ・チェレビーの旅行記など、さまざまなテーマを学習できる。

日本のイスラーム研究とデジタル人文学

1990年代頃から、歴史学者らによって貴重資料のデジタル化、デジタルアーカイブといったトピックに関心が向けられていた［小松 2001; 松本・木村 2004］。1999年に、イスラーム地域研究の研究者らが、パソコンでアラビア語を使うことについての座談会を開いた記録がある。この時代はまだ「インターネット上の論文が業績として認められるかどうか、今は過渡期」という風潮であった。当時の話題としては、「今試験版が配布されているウインドウズ2000では、アラビア語が完全にサポート」されたことや、「アラブ人から原稿をもらっても、問題なく読めるようになった」エピソードが挙がっている［赤堀 2000］。

日本のイスラーム研究においてデジタル人文学というジャンルが認知されるようになったのは2020年頃からとみられる。特に印象的であったのは柳橋によるハディースの計量分析の研究ノートで、これは、預言者ムハンマドの言葉や行動の記録であるブハーリーのハディース『サヒーフ』のバリエーション（異本）を、データに基づく計算を前面に押し出した分析から明らかにするものであった（ハディースについては第2章を参照）。ハディースは真贋が明らかなものも含めて、様々なバージョンが現在まで伝わっており、この異本の数自体が研究対象となる。同研究では、それぞれのハディースについて、等比数列の計算式とともに異本の存在を明示した［柳橋 2020］。

東京外国語大学が中心拠点となっている大型科研プロジェクト「イスラーム信頼学」では、デジタル人文学のチームが組まれており、アラビア文字資料のTEIマークアップや可視化、イスラーム研究におけるデジタル人文学的手法の探求など、実験的な取り組みを数々展開している。また、人文系の研究者向けに、欧米のようなサマースクールを開講するなど、デジタル人文学の教育普及活動も行っている。2020年には、オンラインでTEIやネットワーク分析に関する講習会が開催された。これは講義を聴くだけでなく、手元のパソコンで課題に取り組みながら参加するハンズオン・ワークショップで、デジタル人文学の普及や参加者同士のネットワーキングにも有用であった。

ここで挙げたもののほか、イスラーム研究関連のデジタル人文学に取り組む研究機関やプロジェクト、デジタルアーカイブの充実した図書館を本書の巻末資料にまとめている。

3．デジタル人文学における図書館の役割

世界最古のクルアーンのオンライン公開

図1-8　バーミンガム大学図書館所蔵クルアーン特設ページ

2015年にイギリスのバーミンガム大学図書館（Cadbury Research Library）＊で古いクルアーンが発見され、世界最古ではないかと話題になった[9]。このクルアーンは翌2016年にはオンラインで公開され、ニュースでこの経緯を追っていた筆者は、予想以上の公開スピードに驚いた。

バーミンガム大学図書館の特設ページ上では、画像アプリのフリッカー（Flickr）を使ってこのクルアーンを公開しており、誰でも自由に画像を閲覧・ダウンロードすることができる。バーミンガム大学の解説によると、この写本が書かれたのは、95.4％の可能性でAD568〜645年と特定されている。これは預言者ムハンマドが生きた時代と重なっている。年代の同定（書かれた時代を明らかにすること）には、死海文書の研究にも使用された放射性炭素年代測定法が用いられた。

紙の図書館からデジタル・ライブラリーとの併存へ

人文学は、紙とともに長い歴史を歩んできた。文学部でも政治学部でも、大学の先生の研究室に行けば山のような本や紙の資料が並んでいて、中には鍵のついた本棚に、貴重書と呼ばれる古い文献が丁重にしまわれていたりするものである。これはイスラーム圏の大学でも大差がない。

デジタル人文学においては、紙に象徴される図書館や美術館が果たす役割が大きい。デジタルという新しい媒体の出現において、あらゆる記録をデジタルの形に取り込む作業が進められている。資料の保全と、そのシェアという双方の観点から、デジタル化自体に意義がある。さらには、デジタル化された資料を素材に、新たな研究視点を生み出す、研究促進という動力にもなっている。アメリカではGoogleやAmazonといった営利企業や多種多様な非

図1-9　東京大学で公開されているアラビア語の写本（ダイバーコレクションより）

営利団体が活躍していることに対して、日本では営利活動とは一線を画した図書館、美術館、研究機関といった国立公立の文化学術機関がデジタル化を推し進め、著作権への対応に配慮している［楊 2013, 3］。

図書館については、デジタル人文学の中でも図書館情報学や文化情報学寄りの研究・実践が進んでいる。テキストマイニングの基本となる書籍のデジタルアーカイブのみならず、ムガル朝のミニアチュールや絵画や、ダマスカスの旧市街の画像データの収集など、テーマのある収集は、それ自体がさらなる研究を喚起している。特に近年は電子図書館（デジタル・ライブラリー）の提供方法が洗練され、様々な利用者を想定した機能が向上し、文化資源のデジタルアーカイブが加速度的に進められている。筆者は大学図書館の研究部門に所属しているが、デジタルアーカイブや資料のオープンアクセスなどにかかわる講習会、研究会、会議は、追いきれないほど連日のように開催されている。

イスラーム研究において、図書館が優先的にアーカイブを進めるのは、写本を中心とした貴重書である。写本とは、手書きで複写した本のことで、クルアーンやハディースはもちろんのこと、アラビア語やペルシア語、オスマントルコ語で書かれた法学書、神学書など、特に古くて貴重な資料を指すことが多い[10]。写本の挿絵や扉絵、ページの縁に絵画が書かれることもあり、クルアーンなどでは特に豪奢な装飾が施され、写本芸術という美術研究分野もある。

バーミンガム大学図書館のクルアーンの事例では、写本のデジタルアーカイブを作成しただけではなく、誰でも使えるように公開した点に着目するべきである。このように「誰でも自由に使えるデータ」はオープンデータと呼ばれる。著作権の問題がクリアされ資料が公開されると、利用者の利便性が高まり、資料を利用した研究が活性化し、所蔵図書館にとっても死蔵していた資料の活用につながる。大学が所蔵する地域の古文書など貴重資料については、外部からでも閲覧可能なデジタル画像として、広く公開している事例は多い。

図書館関連のオープンデータは、古文書や絵画、写真などのスキャンデータまで、公開されている資料の種類は多種多様にわたる。こうした資料のオープン化は、1990年代から2000年代にかけて各地の文化学術機関において推進されてきたものの、研究への引用には制約がある場合が少なくない。「デジタル化した資料を明確なライセンス表記のもとでオープンデータとして公開」できれば、資料の利用にかかる煩雑な手続きを解消することが可能になり、データ提供者側の作業負担を低減することにつながる［橋本 2019, 65］。バーミンガム大学の場合、個人的な研究利用はすべて無償であり、あわせて出版などへのクルアーンの画像の商業利用も想定し、画像利用料を明記している。

世界の図書館とデジタル部門

欧米の大学図書館のなかには、デジタル部門が設置され、情報学や工学を修めた専任のスタッフによってデジタルアーカイブの拡充が推進されているケースもある。

図1-10　ケンブリッジ大学デジタルコレクションのアラビア語特集ページ

イギリスのケンブリッジ大学は、イスラーム関係の5000点の写本を所有しており、紙、パピルス、羊皮紙など異なる素材の、アラビア語、ペルシア語、ジャウィ語なども含めて広くデジタル公開されている。アラビア語文法を記

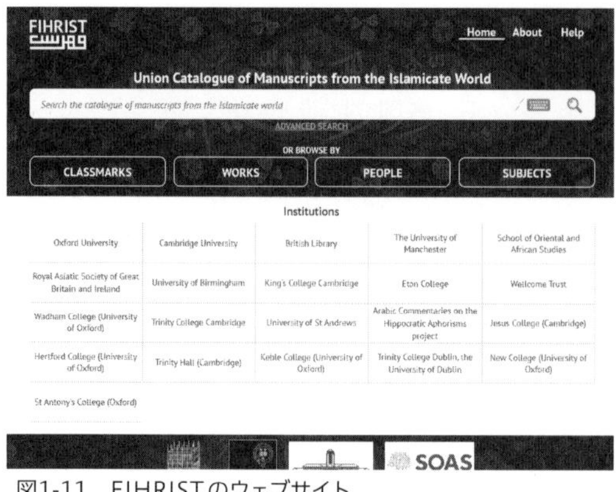

図1-11　FIHRISTのウェブサイト

したトーマス・エルペ、スイスの歴史家のJ.L.ブルクハルト、19世紀の東洋学者であるE.H.パーマーやE.G.ブラウンらのコレクショなどをデジタル公開している。クルアーン写本47点のほかに、『シャーナーメ（王の書）』などペルシア語写本も含まれる。

資料の情報の検索や処理が可能なTEIでのデータベースを提供していることが特徴で、たとえば、羊皮紙のクルアーンコレクションでは、書誌情報や、作品内と物理オブジェクトの位置関係を示すマーカーを用いて原稿にタグを付けている［Fedeli 2020］。

同じくケンブリッジ大学が中心となり、FIHRIST*（フィフリスト／ペルシア語やウルドゥー語で目録、目次、カタログを意味する）、というオンラインの写本カタログを公開している。FIHRISTは2009年のオックスフォード大学とケンブリッジ大学の共同プロジェクトから始まり、現在はイギリスの20あまりの大学が所有する写本を横断的にカタログ化している。画像を提供するデジタル・ライブラリーとは異なり、FIHRISTは写本の横断検索と、それぞれの写本の書誌情報（メタデータ）をまとめたサイトで、TEIによってデータのタグを施している。メタデータというのは美術館に飾られている絵画の解説や作者情報のようなもので、FIHRISTにおいては複数の大学が所蔵する写本に対し、統合的なスキームによって目録を作成している点が評価される。

FIHRISTで扱うのは、7世紀から19世紀までの、アラビア語、ペルシア語、オスマントルコ語、ウルドゥー語などで、イスラーム世界各地の写本を1万

5,000点以上横断検索することができる。写本のキーワードだけでなく、地域やテーマ、作者、言語などの詳細検索にも対応している。

1997年に開館したフランス国立図書館の電子図書館Gallica（ガリカ）*は、デジタル・ライブラリーとして世界に先駆けた大規模な蔵書のデジタル化事業に取り組んでいる。ガリカの特徴は図書や外交史料、フィガロ紙などの新聞、雑誌、手稿といった紙の資料だけでなく、画像資料、楽譜、録音資料、動画、バンドデシネ（漫画）など、フランスの文化遺産そのものをデジタル化する幅の広さが挙げられる。イスラーム研究では、クルアーン、占星術、地理学など、アラブ、トルコ、ペルシアの絵画の写本がデジタル化公開されている。

また、Gallicaは硬貨やメダルといった博物館、美術資料の3Dデジタル化公開にも取り組んでいる。同館のオリジナルの画像検索ツールGallicaPixでは手作業で作成しなければならないメタデータ（タイトル、出版年、サイズなどの情報）が不足している資料でも、AIのディープラーニング（深層学習）によって画像の種類を識別し、画像の中の文字情報（旅行ポスターの中の地名や看板）をOCR（自動文字認識）の技術で検索することができる。フランス国立図書館は、Gallicaの資料をオンデマンドで印刷できるサービスを2011年に開始するなど、図書館のデジタル化分野で先駆的な取り組みを行っている。

ミシガン大学のイスラーム写本コレクションには、8世紀から20世紀初頭までの1,100冊以上のテキストが収められている。これは1920年代から30年

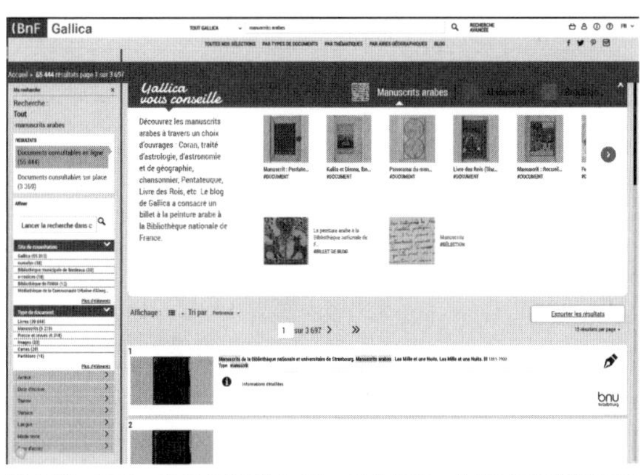

図1-12　フランス国立図書館Gallicaで「イスラーム」の検索結果画面

代にかけて収集されたもので、アラビア語、ペルシア語、オスマントルコ語などで書かれたクルアーン、ハディース、神学、法学など幅広いテーマの資料が含まれている。ミシガン大学の写本コレクションは、ハーティートラスト（HTRC）*というアメリカの大学図書館連合から検索することができる。

こうしたデジタル資料の公開は、イスラーム諸国でも進んでいる。例えば、チュニジアのチュニス国立図書館では、1880年代に印刷されたアラビア語新聞のデジタル化に取り組んでいる。同館のコレクションには、チュニジアで印刷された約16,000のタイトルが含まれており、数十万冊のフランス語、イタリア語、マルタ語、スペイン語の新聞や定期刊行も収められている。同館の約20人のスタッフからなるチームは、スキャナーを使って新聞やその他の文書をデジタル化し、2022年5月からオンラインで一般公開している［Africanews 2022］。各地でデジタル資料の公開が進みつつある中、欧州研究図書館協会のように、イスラーム諸国でも図書館のデジタル人文学に関する情報共有や連携を強化が求められ、ワーキンググループやネットワークの構築が急がれる。

日本の大学図書館とデジタル化

日本の多くの大学では、図書館が所有する数点の貴重書のデジタル画像や、購入している電子ジャーナルを指してデジタル・ライブラリーと呼んでいるケースが多い。海外の雑誌や新聞の定期購読を打ち切る大学が多い中、替わりに電子ジャーナルへアクセスする権利を購入し、学生・教員へサービスを提供している。図書館のウェブサイト自体が外部サーバーの電子出版コンテンツへの入り口になりつつある。

日本の国立国会図書館では、2022年5月に、同所蔵の絶版した資料などに自宅からオンラインでアクセスできる「個人向けデジタル化資料送信サービス」が始まった。2023年1月からは、デジタル化資料のプリントアウト（印刷）も可能になり、格段に利便性が向上している。

この中には、和書と呼ばれる古い地図や古典籍はもちろんのこと、国立国会図書館に所蔵されるイスラーム関連の聖典クルアーン（コーラン）も含まれている。たとえば、日本のイスラームの歴史を調べている際に、ふと古いクルアーンを見たくなったとする。個人向けデジタル化資料送信サービスを使えば、日本で最初の翻訳と言われている1920年の『コーラン經』（坂本健一訳）が、高画質データで公開されている。むろん、深く研究するならば手元

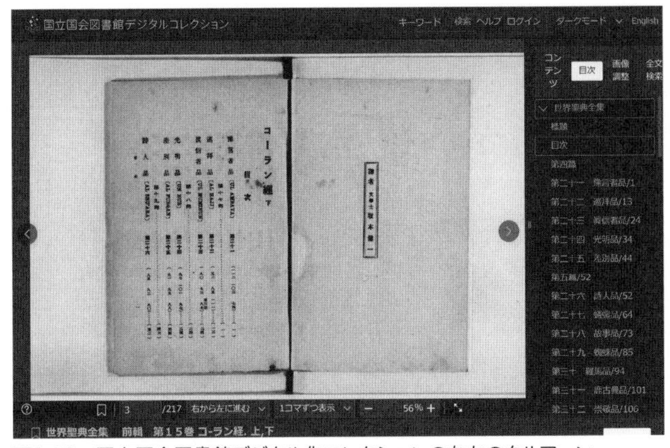

図1-13　国立国会図書館デジタル化コレクションのなかのクルアーン

にあることに越したことはないが、「ちょっと見てみたい」「この論文で言及されている資料を確認したい」というときに、利便性が高い。

こうした、研究所や図書館の提供するデータベースやサービスは、研究支援のツールであると同時に、「人文学における研究データはどのように作るべきかという研究」そのものにもなりえる（この場合、人文系よりも情報学系の要素が強くなる）。

貴重書、写本のデジタル化に取り組む図書館は年々増加している。巻末の資料編には、イスラーム研究関連のデジタルコレクションを公開する図書館をまとめているので参照されたい。

デジタルアーカイブの利用

これらの電子図書館は、デジタル化された大量の画像やテキストを提供しており、初期イスラーム史から現在までの重要な資料を多く含んでいる。

こうしたデジタルアーカイブの利点は、なんといっても自宅に居ながらにして、各地で公開されている「似た資料」を容易かつ効果的に比較対照できることにあろう。新規に公開されている資料の多くは、IIIFという高精細画像の国際規格で公開されている（IIIFについてはコラム9を参照）。これは、研究者のアクセスへの時間・経済的負担の軽減とともに、閲覧を重ねることによる資料自体への負荷を軽減し、資料の保管に貢献する。

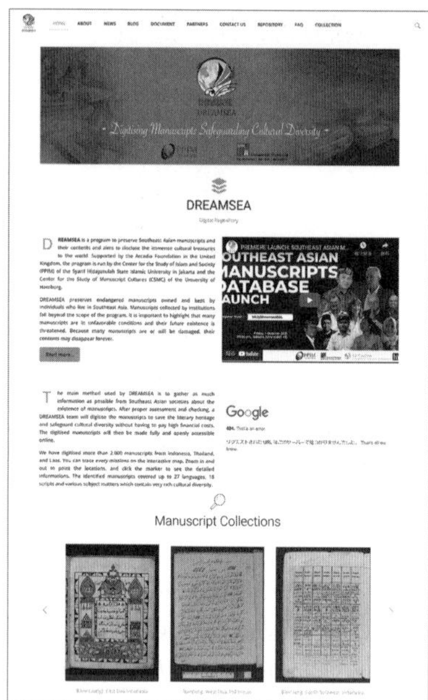

図1-14　東南アジア・イスラーム写本データベース

一方で、デジタル化が進むことにより、新たな問題も浮上してきている。ロマノフは、現状の図書館主体のアーカイビングが「物理的な書籍を再現することを目的としていること、しばしばイデオロギーに基づくこと、メタデータが不完全で更新できないこと」から、コンピュータによるテキスト分析に適していないと指摘している［Romanov 2014］。

これからの資料収集やデジタル公開のありかたとして着目したいのは、インドネシア・ジャカルタの国立イスラーム大学とドイツのハンブルク大学写本文化研究所を中心に進められている「東南アジア・イスラーム写本データベース（DREAMSEA）」プロジェクトである。このプロジェクトは、国家を超えて、東南アジア地域の文化遺産のデジタル化を手がけている。プロジェクトは、各地に点在する資料を現地に赴いて撮影する形式をとっており、画像の公開だけではなく、写本の所有者に対し写本の保管状況の改善支援も行っている。各地での撮影の様子や椰子の葉文書の保存状態の確認などの手順もブログ記事として公開されており、今後各地でデジタル化のための撮影を行う上での資料としても参考になる。

また、各地での撮影には、大学生をはじめとした現地の若手研究者が多数参加しており、単なる資料の撮影ではなく、写本所有者へのインタビューや地域との交流により、臨地調査の場となっている。これは、若手のアーキビスト・研究者の育成だけでなく、若手にその資料の価値を語り、振り返る活動そのものが、記憶のアーカイビングにつながり、写本を所有してきたコミュニティへの資料保存や価値の伝承としての効果も期待できる[11]。

予算の規模や人員の制限はあれど、世界各地の大学、図書館、博物館等で進められているデジタル化プロジェクトが研究者にどう還元されるか、研究者側と図書館側の双方からのアプローチが必要になる。デジタル資料を公開して終わるのではなく、図書館から能動的に発信することの重要性や、研究につながる資料の見せ方が問われている。

4. デジタル人文学はイスラーム研究をどう変えるのか

イスラーム・デジタル人文学の現状

デジタル人文学とイスラーム研究の現状には、3つの特徴が挙げられる。

まず、①アラビア文字の画像からテキスト化する技術（OCRやHTR）に大きな改善の余地が残されている。現時点では、英語や日本語のOCRのように、機械的にすべてを読み上げさせるには至っていない。次に、②資料の拡張性がある。イスラームの文献は現代まで不断に更新されており、議論が閉じていない。信者からの法律相談への回答ファトワーのように、常に新たな問題提起がなされ、増え続けているという特徴もある（SNSを活用したファトワーについてはコラム2とコラム8を参照）。そして、他のデジタル人文学の領域が拡張し続けているのと同様に、③イスラーム研究のデジタル人文研究も、まだ手付かずの資料や手法が山のようにあり、分野として未成熟である分、今後のポテンシャルが高い。どのような時代・地域を対象としていても、参画しやすいと捉えたい。

デジタル人文学が盛んな欧米と比べて、中東や南アジアでは資料のデジタル化（まずは電子媒体に画像として登録、そのうえで書誌データなどをつけて公開、可能になれば内容を検索できるようにテキスト化）が進んでいないという実情もある[12]。この辺りは各国の政治的事情や予算の問題もあるので、アーカイブにまつわる技術の簡素化・安価化、超領域・超国家的なデジタル・プラットフォームの整備が待たれる。

資料のデジタル化も、デジタル人文学自体も急速に進んでおり、従来ならば10年、20年かけてゆっくりと変わってきた学術的な価値観が、今後1年、2年単位で改められる可能性は高い。たとえば、本書の出版計画がスタートした2021年には、ChatGPTは公開されていなかった。世界で急速に利用シーンが拡大している生成AI（人工知能）サービスは2022年に公開され、わずか半年でグローバルでのユーザー数は1億人を超えた。2023年6月現在で、ネット上で検索できるテキストソースの制限から、ウルドゥー語ではまだほぼ実用化されておらず、アラビア語は多少の進展がみられる。しかし、こうした状況も勃興するテクノロジーから創発され、1〜2年で乗り越えるかもしれない。少しでもデジタル人文学を覗いてみれば、その時々の興味深い技術やヒント、先行研究に出会えるはずである。

デジタル化、テキスト化により研究の効率が高まることで生まれる新たな悩みもある。これまで以上に資料が早く手に入るようになっても、最終的には研究者本人が目を通さなければならず、一生かかっていなも読み切れない量の文書群にどう対応するかというもどかしさがある。それでも、研究における気づきを、これまでとは異なる角度から、広い視野で大きく把握できることのメリットは大きい。

イスラーム・デジタル人文学がもたらすもの

最後にイスラーム地域を対象とした人文学・社会科学研究に、デジタル人文学的手法を採り入れることのメリットを3点まとめておきたい。

まず第1に、デジタルアーカイブの活用により、素材である資料が効率的に手に入る。これは研究者側だけではなく、資料を提供する側にも、手続きの簡素化というメリットがある。ここ数十年、オンライン図書館やデジタルリポジトリの発展により、革命が起きている。以前は、長距離を移動し、膨大な資源と時間を費やすことができる人だけがアクセスできた多くの資料が、今ではボタンをクリックするだけで利用できるようになった。これまでなかなか見られなかった資料が、世界中からアクセス可能[13]になり、また、資料を使った研究の再検証も容易になる。

こうしたデジタルデータとデータ解析のためのツールは、特定のテーマを調査・研究する際に研究者の選択肢を広げるものであり、一人の学者では到底習得できないような大量のテキストを咀嚼可能にしてくれる。ツールの有限性については、『デジタル人文学とイスラーム・中東研究』の編者エリアスが言うように、「アーカイブの秘密を解き明かすことを期待して最新のデジタル手法やツールを求めるのではなく、アナログなプロジェクトで行うのと同じ問い立て」をしたほうがよい。

第2に、他分野への「共通言語」としての可能性に言及したい。たとえば、15世紀のウラマー（イスラーム学者）の学者同士の師弟関係や、同僚関係が記されたアラビア語の人名録について研究するとする。ゲフィ／ゲファイ（Gephi、ネットワーク図については第7章を参照）で描き出せば、イスラーム研究の背景やアラビア語が分からない他分野の研究者に対しても、関係性（たとえば商取引であったり、学問の師弟関係であったり）を図で示し、読み取ってもらうことが可能になり、同じ土俵で研究を検証できる。ネットワーク図やTEIといったデジタル人文学で使われる可視化の手段は、音楽の楽譜と同じように言語によらない記号として、普遍性があり、統合ではなく、対話として他分野との共同研究の場を作ることができる。こうした誰にでも共有可能な知識が蓄積され、次なる研究のために共有・応用されていくことを、デジタル人文学では「方法論の共有地」と呼んでいる[14]。

第3に、共同研究の促進やオープンな研究環境の整備があげられる。現在では歴史学でも文学でも共同研究が一般的になっているが、それでも個々の研究をそれぞれ持ち寄って発表するという域を出ていないことは多い。一つの写本を一生読み続ける、その村のデータは○○さんしか持っていないという、個別の研究環境に陥ってしまいがちである。誰からもアクセス可能な関連データが保存されていれば、学術研究は再現可能性を保証できる。

デジタル人文学では、共同研究がごく一般的に行われている。デジタル人文学は人文学とデジタルツールの融合であり、一人の研究者が分析に使うツールを作り出し、データも自分で集め、分析もその発表もすべて自分でやるというのは時間的にも技術的にもなかなか難しい。たとえば、本書の第4章であれば、テキスト認識のためにはトランスクリバス（Transkribus）という既存のソフトウエアを利用しているが、機械学習のための教師データ（グランドトゥルース）の作成にはやはりマンパワーと時間を必要とする。こうした研究・社会的インフラを構築する仕事に対しても、その意義を業績として評価していく環境が必要になる。さらに既存の言語コーパスを利用すれば、より対象の範囲が大きく、一人が収集したデータよりも、代表性が高い結果を導き出せる[15]。もっと端的には、データの収集・読み込み・可視化をすべて別の研究者が行う分業も可能である。各研究者が対等に協働する場面が増えることで、研究はより多面的に、綿密になるかもしれない。これは研究の透明性や再検証性（その研究を他の研究者が行っても同じ結果になるかを確認する）の向上にもつながる。

研究者でなくても参加できるクラウドソーシング「みんなで翻刻」のように、人がボランタリーに集まる仕組みを構築し、世界中の知識を集約して、様々なアラビア文字写本を解読する空間が出来たらどうであろうか。

近年は、オープンデータによる研究活動の推進・発展[16]が求められており、資料のみならず、研究成果も公開することで、より一層の活用が期待される。こうした学術研究の透明化にあたっては、研究倫理や、情報はだれのものかといった所有権の問題が絡んでおり、データマネジメントプランについての議論が早急に必要になる。また、そもそも著作権という考え方自体が西洋を中心に発展しており、アジアやイスラーム的な考え方とはそぐわないという側面もある[17]。

研究成果については、論文だけでなく、その過程で作成したデータもリポジトリサイトであるGitHubなどで公開する動きがある。たとえば、第2節で紹介したイスラーム法研究では、分析に使用したデータやソースをまとめてGitHubに公開している［Lange et al. 2021］。公開により、第三者による検証が可能となり、さらに、自らの関心や技術、時間的制約から終了した研究が、誰かの研究へとつなぐバトンになるかもしれない。

注

1　イスラーム社会のデジタル・トランスフォーメーションについては［保坂 2014］が詳しい。アラビア語のコンピュータやインターネットの登場といったデジタルなインフラから、バーチャルな世界でのイスラーム思想の展開、SNSとアラブの春についてなど、幅広い年代を扱っている。

2　“Digital Humanities”の日本語訳について、本書では「デジタル人文学」を採用している。このほかにも「人文情報学」、「デジタルヒューマニティーズ」などいくつかの訳語が使われている。

3　近年だけで、横浜市立大学（2018年）、大阪工業大学（2021年）、一橋大学、順天堂大学、和歌山大学、東京都立大学（2023年）など、20以上の新設学部・学科が開設されている。多くは、データサイエンス学部（学科）や情報学部と名付けられ、工学部や経済学部などをベースに開設される事例が多い。こうした背景には、2021年度より、政府による「数理・データサイエンス・AI教育プログラム認定制度」の推進などがある。

4　デジタル人文学の教育・研究への影響は近年拡大しつつあり、日本学術会議においても取り上げられている（公開シンポジウム「総合知創出に向けた人文・社会科学のデジタル研究基盤構築の現在」2022年1月22日）。

5　ナギーブ・マフフーズの日本語訳は、2023年時点で10作品出版されている。

6　日本語の他、英語、韓国語、中国語（繁体・簡体）、タイ語、インドネシア語に対応。

7　日本ではADHOに呼応する形で2012年に日本デジタル・ヒューマニティーズ学会（JADH）が設立され、このADHO連合に加わっている。

8　デジタル人文学に関連する国内・国外の学会については、［後藤・橋本2019］にまとめられている。

9　その後の研究で、預言者ムハンマドと同時代に存命し、教友（サハーバ）であったアブー・バクルが編纂したものではないかとみられている。

10　世界的に見たイスラーム関連の写本の所蔵状況については、東洋文庫のウェブサイト［徳原 2014］を参照。このウェブサイト公開後にデジタル化されている写本もある。

11　本章で紹介したカタルやインド、チュニジアの例をはじめとし、アジア各地のアーカイブプロジェクトでは、欧米諸国の大学や図書館、文化財団が関与しているケースが多い。これは財政的な支援や技術提供という意味では重要である。一方で、知の搾取という構造にならないか、常に検証が必要である。

12　南アジアのパキスタンの国立図書館では人員・資金不足ゆえに、資料の保全やデジタル化が進まないもどかしさも報告されている[Jaswal 2016]。一方で、湾岸諸国のカタルのように、大規模な図書館プロジェクトやデジタル化に政府予算を投入し、大英図書館と連携の上、急ピッチでデジタルアーカイブを構築している事例もあるため、イスラーム世界の中でもデジタル化への態度は濃淡があるとみるべきである。

13　資料の公平なアクセスについては、国家間の経済格差などの指摘がある[Perkins 2020, 558]。たとえば、日本の大学図書館で複数契約している有料のデータベースやアーカイブ・コレクションは、契約ごとに数十万円から数百万円の費用と維持費がかかり、経済状況を鑑みればすべての国・地域が契約できるわけではない。

14　「方法論の共有地」はロンドンのキングスカレッジでデジタル人文学を研究するウィラード・マカーティー(Willard McCarty)とハロルド・ショート(Harold Short)によって提唱された。全文の日本語訳も公開されている[永崎 2020a]。

15　コーパスの定義と分類については[小林 2019;田中・小木曽編 2021]などを参照。

16　内閣府からも「オープンサイエンスとデータ駆動型研究等の推進」として研究データの管理・利活用に関する新たな研究システムの構築が求められている(令和4年4月28日、総合科学技術・イノベーション会議 内閣府科学技術・イノベーション推進事務局)。

17　国際的な著作権法は世界中で一律に守られているわけではない。たとえば、レーフタ財団(Rekhta Foundation)のウェブサイト(https://rekhta.org)は、3万以上のウルドゥー語の電子書籍がある一大リポジトリである。デジタル化された資料の中には、著作権で保護されているものと保護されていないものが混在している。南アジアの現地語出版は、多くの小規模な印刷所で構成されており、そのほとんどは、著作権を担当する法務チームを擁していない[Perkins 2020, 558]。

参考文献

赤堀雅幸ほか. 2000.「デジタル情報化時代の研究作法」『地域研究スペクトラム: 地域研究の発展をめざす学術情報誌』第4号: 2–18.

小風尚樹ほか. 2021.『欧米圏デジタル・ヒューマニティーズの基礎知識』東京——文学通信.

小林雄一郎. 2019.『ことばのデータサイエンス』東京: 朝倉書店.

小松久男. 2001.「ケース・スタディ イスラーム地域研究の試み　アラビア文字資料のデジタル画像化——マイクロフィルム化の再認識」『月刊IM』40巻9号: 10–14.

後藤真, 橋本雄太編. 2019.『歴史情報学の教科書——歴史のデータが世界をひらく』東京: 文学通信.

下田正弘, 永崎研宣編. 2019.『デジタル学術空間の作り方——仏教学から提起する次世代人文学のモデル』東京: 文学通信.

田中牧郎, 橋本行洋, 小木曽智信編. 2021.『コーパスによる日本語史研究——近代編』東京: ひつじ書房.

徳原靖浩. 2014.「世界のイスラーム写本収集状況」人間文化研究機構公益財団法人東洋文庫イスラーム地域研究資料室. http://tbias.jp/materials/islamicmanuscripts.

永崎研宣. 2020a.「Methodological Commons: デジタル人文学で昔から定番の話」digitalnagasakiのブログ. https://digitalnagasaki.hatenablog.com/entry/2020/12/20/182659.

———. 2020b.「書籍をデジタルの視点で「デジタル・ヒューマニティズ」とは」https://youtu.be/cZKtJl6qPSg

橋本雄太. 2019.「歴史データをひらくこと——オープンデータ」『歴史情報学の教科書: 歴史のデータが世界をひらく』後藤真, 橋本雄太編, 59–74. 東京: 文学通信.

保坂修司. 2014.『サイバー・イスラーム——越境する公共圏』東京: 山川出版.

松本光太郎, 木村正人. 2004.「中国と東南アジア大陸部のイスラームに関する画像資料のデジタル化」『コミュニケーション科学 / 東京経済大学コミュニケーション学会コミュニケーション科学編集委員会 編』20号: 157–183.

柳橋博之. 2020.「研究ノート　ハディースの計量的分析の試み——ブハーリー『サヒーフ』を資料として」『西南アジア研究』90号: 77–93.

楊暁捷. 2013.「総論——デジタル人文学の現在—本書の解題をかねて」『デジタル人文学のすすめ』楊暁捷,

小松和彦，荒木浩編，1–16. 東京：勉誠出版.

Africanews. 2022. "Tunisia library races to preserve rich polyglot press archive." *Africanews*, August 1, 2022.

Bashir, Muhammad Huzaifa, and others. 2023. "Arabic natural language processing for Qur'anic research: a systematic review." *Artificial Intelligence Review* 56, No.7 (July): 6801–6854.

Fedeli, Alba. 2020. "Digital Humanities and Qur'anic Manuscript Studies: New Perspectives and Challenges for Collaborative Space and Plural Views." Journal of College of Sharia & Islamic Studies 38, no.1: 147-158.

Jaswal, Bushra Almas. 2016. "Digitization of Archival Collections by Libraries in Pakistan: Issues, Strategies, Challenges and Opportunities." *Pakistan Journal of Information Management & Libraries* 17: 97–108.

Kynn, Tyler 2023. "A Twine Journey to Mecca: Digital Storytelling in the Classroom." *The Digital Orientalist*, February 21, 2023. https://digitalorientalist.com/2023/02/21/a-twine-journey-to-mecca-digital-storytelling-in-the-classroom/.

Lange, Christian R., and others. 2021. "Text Mining Islamic Law." *Islamic Law and Society* 28, no. 3 (July): 234–281.

Romanov, Maxim. 2014. "Toward the Digital History of the Pre-Modern Muslim World: Developing Text-Mining Techniques for the Study of Arabic Biographical Collections." In *Analysis of Ancient and Medieval Texts and Manuscripts: Digital Approaches*, Tara L Andrews and Caroline Macé, 229-244. Turnhout: Brepols Publishers. https://doi.org/10.1484/M.LECTIO-EB.5.102573.

———. 2016. "Toward Abstract Models for Islamic History." In *The Digital Humanities and Islamic & Middle East Studies*, edited by Elias Muhanna, 117–150. Berlin, Boston: De Gruyter. https://doi.org/10.1515/9783110376517-007.

Muhanna, Elias. 2018. "What Does "Born Digital" Mean?" *International Journal of Middle East Studies* 50: 110–112.

Perkins, Christopher. 2020. "From South Asian Print to the Digital Archive: The Quest for Access and Sustainability." *South Asia: Journal of South Asian Studies* 43, no.3: 554–570.

Svensson, Jonas. 2019. "Computing Qur'ans: A Suggestion for a Digital Humanities Approach to the Question of Interrelations between English Qur'an Translations." *Islam and Christian–Muslim Relations* 30: 211–229.

column 1

アフガニスタン関連資料の電子化

紛争地域における研究資料活用の可能性

登利谷正人

1970年代後半以降40年以上混乱の続くアフガニスタンは、長期間フィールドワークや資料調査などあらゆる種類の現地調査がほとんど不可能な状況にある。インターネットが本格的に普及し始めた時期にあたる2001年9月11日、アメリカ同時多発テロ事件が発生した。その後、米英軍による侵攻で「旧ターリバーン政権」は崩壊し、アフガニスタンではアメリカを中心とした各国による「新国家建設事業」が開始された。その一環として、アフガニスタンにおける文化復興も進展し、同国の歴史資料や文字資料の電子化プロジェクトがアメリカの研究機関を中心に進められた。本コラムでは、紛争地域に関する研究を実施・継続する上で、デジタル人文学（DH）の端緒とも言えるデジタル化事業について、アフガニスタンの事例を紹介する。

アフガニスタン関連資料のデジタル化事業は、2005年から2006年にかけてニューヨーク大学の主導で実施された「アフガニスタン・デジタル・ライブラリー」（http://afghanistandl.nyu.edu/index.html）が先鞭をつけたと言える。この事業は、ニューヨーク大学の他、大英図書館、アフガニスタン国立公文書館所蔵資料に個人所蔵書を加えた書籍群を電子化するプロジェクトであった。電子化された文献は、1871年〜1931年にアフガニスタンで発行されたダリー語・パシュトー語を中心とした書籍や布告、定期刊行物など576点で、同時期の政府による近代化や国民統合政策について考察する上で重要な資料群である。このプロジェクトによって、極めて閲覧困難な状況にあった同国で刊行されたパシュトー語やペルシア語による現地語歴史資料が容易に閲覧できるようになった。ほぼ同時期には、「アフガニスタン研究センター」が附置されているネブラスカ大学において、1960年代にアフガニスタンで経済顧問を務めたアーサー・ポールの個人所蔵コレクションを集積した「アーサー・ポール・アフガニスタン・コレクション」（https://digitalcommons.unomaha.edu/afghanuno/）もデジタル公開された。同コレクションはアフガニスタン関連の英語資料が中心で、その中には英字紙『カーブル・タイムズ』も含まれている。

これらの電子化プロジェクトの集大成が、2007年に締結されたカーブル大学とアリゾナ大学との協定に基づき、アメリカ国際開発庁（USAID）などの支援を受けつつ実施された電子化プロジェクトである。このプロジェクトでは、20世紀以降に発行されたアフガニスタン関連の出版物を網羅的に収集し、2009年までに電子化した2万点以上の資料が「カーブル大学アフガニスタンセンター」(https://acku.edu.af) のウェブサイト上で閲覧できるようになった。

特筆すべきは、現在では所蔵先が極めて限定的である、アフガニスタンで発行された定期刊行物が数多く閲覧できる点である。特に1950年代の立憲運動期や、1960年代に結成された共産主義勢力の台頭を象徴する二大機関紙『ハルク』（人民／خلق）、および『パルチャム』（旗／پرچم）の原文を閲覧することが可能である点は、極めて有意義である。

定期刊行物については、アメリカ議会図書館のウェブサイト上においても（いずれも欠番が多々見られるが）『カーブル』、『カーブル年鑑』、『カンダハール』などの貴重な定期刊行物の電子データを閲覧することが可能である。さらに、隣国イラン・マジュレス（議会）図書館に所蔵されている、アフガニスタンの定期刊行物を集積・電子化した資料集（CD ROM版）も刊行されている。

過去の出版物の電子化事業に加えて、USAIDの支援を受けて進められたアフガニスタン法務省発行の法令集『公報』が、1964年発行の第1号から現在発行のものも含めて、全てオンライン上で閲覧可能になった（http://laws.moj.gov.af)。「ターリバーン暫定政権」成立後も、継続して新規の法令が追加される形でアップロードされている（2023年7月現在）。

アフガニスタンは今なお現地調査が厳しい環境にあるが、デジタル公開済みの資料の中にも分析の途についていない文献・資料は豊富に残されている。

1954年9月9日付発行付『カーブル』第24巻12号表紙

第2章

デジタル化される聖典

クルアーンとハディースの音と文字

竹田敏之

本章では、まずイスラームの啓典である「クルアーン」のテキストについて「音」と「文字」をキーワードに考えてみたい。その後で、ムハンマドの言行録「ハディース」について概説する。最後に、昨今のデジタル化によるイスラーム世界の研究動向および、クルアーンとハディースをめぐる現代的問題について扱う。

1. クルアーン

イスラームにおける啓典とテキスト

イスラームの教えを端的に説明する際に、六信五行という言い方がある。信仰に関する6つの事項と、信仰行為に関する5つの事項である。六信とは、アッラー、諸天使、諸啓典、諸預言者、終末の日、定命を信じることである。五行とは、信仰告白、礼拝、定めの喜捨、ラマダーン月の断食、巡礼である。

ここでは、諸預言者と諸啓典について述べる。ともに「諸」が付いている点にも注目したい。まず、預言者とは、読んで字の如く、神から「言葉」を預かった人のことである。「言葉」とは神から下るメッセージのことであり、これを啓示という。この啓示を預かり、人々に神のメッセージを伝える任務を担った者が「預言者」、すなわちメッセンジャーである。イスラームの開祖はムハンマドであるから「イスラームの預言者はムハンマドである」という言い方は正しい。しかし、「ムハンマドだけがイスラームの唯一の預言者である」という理解は的確ではない。ムハンマドの前にも多くの預言者が存在し、たとえば、ノアの方舟でお馴染みのノア（ヌーフ）[1]や、一神教の祖として知られるアブラハム（イブラーヒーム）、シナイ山で神と対話し「十戒」を授かったモーセ（ムーサー）などは、みなイスラームにおける預言者である。さらに、イエス（イーサー）も預言者であり、楽園における「アダムとイブ」のエピソードで有名なアダム（アーダム）に至っては最初の預言者とされている。

イエスと言えば、キリスト教がまず想起されるが、イスラームにおいても重要な預言者である点は注意されたい。実際、イスラーム世界では諸預言者への敬慕の念から、彼らの名前を子供の命名に使うことが多く、イブラーヒームやイーサー、アーダムといった名はとても人気がある。

そして、預言者に下った啓示の言葉の集合が啓典となる。アブラハムに下った啓示が「スフフ」と呼ばれるもの、モーセに下った啓示がタウラー（律法）、ダヴィデに下った啓示がザブール（詩篇）、イエスに下った啓示がインジール（福音）である。

選ばれた預言者は、導き手として神のメッセージを人々に伝えようとしたが、ノアの方舟の話のように、人間は教えに従わず、道を踏み外してしまう。啓示に従わない人間に、神は啓示の受け皿として繰り返し預言者を選び、導きのメッセージを下し続けた。そして、その警告や教えの最終版として下った啓示がクルアーンであり、その受け手となった預言者がムハンマドである。イスラームでは、ムハンマドを最後の預言者とし、それ以降、啓示が下ることはないとしている。

ここまで見てくると、「イスラームはクルアーンだけを啓典として信じている」という言い方も実は正確ではないことが分かる。六信の諸啓典とは、ムハンマドより前の諸預言者に下った啓典をも含むからである。

しかし、前掲の啓典名（律法、詩篇、福音）からは「聖書」を想起する読者も多いかもしれない。では、ムスリム（イスラーム教徒）は聖書を読むのだろうか。答えは否である。時系列的に、ムハンマドより前の諸預言者に神の言葉が下り、その啓示の集合体を意味する「啓典」が存在していたことは信じている。しかし、その啓典には人間の手や翻訳が加わり、本来の神の言葉ではない人間の言葉に置き換わってしまったと捉える。これを改竄（タフリーフ）と言う。イスラームでは、ムハンマドに下った神の言葉を最後の啓示とし、その言葉に人的作為を一切加えることなく、原語のテキストを継承し守り続けてきた、と主張する。

啓示の背景

ムハンマドは西暦570年頃、アラビア半島の商業都市マッカに生まれた。ジャーヒリーヤ時代（前イスラーム時代）からのアラブの伝統には、その年に起きた出来事を冠し「〜の年」という呼び方があり、ムハンマドが生まれた年は「象の年」という名前で知られている。マッカのカアバ聖殿を破壊すべく、象群を引き連れて侵攻したアビシニア軍[2]が、神佑によって駆逐されたことに因んでいる。

啓示はムハンマドが40歳の頃、マッカのヒラー山の洞窟で瞑想をしている時に下った。西暦610年のことである。初めの啓示の言葉はアラビア語の「読め」であった。人間の姿をした訪問者（後に大天使ジブリールであると分かる）が、ムハンマドに「読め」という命令を繰り返したが、ムハンマドは、初めは何のことか分からず「私は読む者ではありません」と返答するばかりであったという。その霊感的出来事にムハンマドは恐怖さえ感じたと伝えられている［ハディース（ムハンマドの言行録）］［ムスリム 2001, 1: 118–119］。まもなく「読め」は、書かれた文字について命じたものではなく、その言葉を復唱し、声に出して読み上げよ、という意味であると理解し、いよいよ自身が神の啓示を受けた預言者となったことを悟るに至った。啓示はムハンマドに一度にまとめて与えられたわけではなく、没する632年まで事毎に断続的に下った。最後の啓示は、ムハンマドが生涯で最初で最後となる別離の巡礼（他界する632年、陰暦12月）の最中に下った「今日、われ（神）はあなたたちの教えとしてイスラームを完成し、わが恵みを完遂した」［食卓章5:3］という一節、または亡くなる九夜前に下った「神の御元に帰される日を畏れなさい。そのとき各自は自分が稼いだもの（報奨）を十全に与えられ、誰も不当に扱われることはない」［雌牛章2:281］という一節であるとされる。

クルアーンは現在の刊本ムスハフ（書物の形になったクルアーン）の標準版で、604頁、読誦者のスピードにもよるが、朗誦すると通常10〜15時間ほどの分量である。アラビア語の文字数で323,671字（数え方によって多少の異同がある）、単語数で77,439語、6,236節（バスマラ[3]を入れると6,348節）、114章からなる［Shukrī 2012, 225–226］。章の配列順は、ムハンマド自身が存命中に高弟たちに指示したとされている。しかし啓示の順でもなく、「神が天地を創造した」や「ムハンマドが巡礼を完遂した」というようなストーリー性のある話が全体を通じて時系列で並んでいるわけでもない。

クルアーンの言語

ムハンマドが生まれ育ったアラビア半島は、ジャーヒリーヤ時代より詩人が幅を利かせていた地であった。詩人が社会的に特別な地位にあり、各部族には決まってお抱え詩人が存在した。部族間で生じる揉め事の仲介役になったり、詩人の言葉が争いにおける強力な武器になったりもした。

ムハンマドは啓示を受けたとはいえ、特別な宗教学者ではなかったし、貴族の家系に生まれたわけでもなく、アラビア半島からシャーム地方（歴史的シリア）への隊商に参加して活躍する、誠実さで知られたごく普通の商人であった。またムハンマド自身は詩人でもなく、説話師のような言葉に関わる職人でもなく、読み書きをする人でさえなかった。現代に至るまで、イスラーム世界ではムハンマドのことを、敬意を込めて「ナビー・ウンミー」（読み書きをしない預言者）と呼ぶ。

詩人でもないムハンマドが、有能な詩人でさえ紡ぎ出すことができないであろう美文と文体によって、宗教的メッセージを人々に伝えていった。クルアーンは文末や文の区切れにおいて韻を踏んでいるため、詩のように聞こえるが、形式的にも詩の分類には入らない。クルアーンは押韻散文（従来はサジュウ体と呼ばれていたが、最近はファワースィル体という呼称が好まれて使われている）である。詩として成立するには、押韻に加えて、韻律が整っていなければならない。韻律とは、日本の例で言えば短歌の五七五七七のような定型のリズムのことで、アラビア語の詩には16種ある。

仮にクルアーンが詩であれば、詠み手が定型の韻律を習得しさえすれば、そのリズムに合わせて語彙を配置していくことで、人を魅了し得る詩作は可能かもしれない。しかし、ムハンマドには詩の知識や経験はなく、またクルアーンの文体自体も詩の韻律を有していない。このことが、クルアーンがムハンマドの自作自演ではないことを主張する根拠の一つになっている。クルアーンには、「われ（神）は彼（ムハンマド）に詩を教えなかった」［ヤースィーン章36:69］や、「それ（クルアーン）は詩人の言葉ではない」［真実章69:41］というくだりが登場する。

こうした背景の中、特別なにか稀有な言語能力を持っているというわけでもない人物が、神から受けたという言葉を突如として自ら詠誦し、人々に伝え始めた。ここに、イスラームはムハンマドとクルアーンの「奇跡性」を説く。実際、クルアーンはイスラームの教えを信じない者たちに対して「もしあなたたちが、われがわれのしもべ（ムハンマド）に下したもの（クルアーン）に疑念を抱くのであれば、それと同等の一章を（創り出して）持ってきてみよ」［雌牛章2:23］と挑戦する。

このようにクルアーンが主張する「奇跡」は、いわゆる宙を飛んだり、死者を生き返らせたりというような類の「ミラクル」ではなく、「不可能性」を意味しており、これを「ムウジザ」(常人には不可能なもの)と言う。一般に宗教と呼ばれるものには、「ミラクル」をもって教祖の超越性を描き、その教えの真理を説こうとするパターンが多い。一方で、イスラームはクルアーンの「不可能性」を最大の奇跡とし、ムハンマドに下ったアラビア語のテキスト自体が、誰にも模倣することができない神の言葉であると高唱する。

ウスマーン本

上述のように、初めの啓示は「読め」で始まる一節「読め、創造し給うたあなたの主の御名によって」[凝血章96:1]であった。ムハンマドが他界する632年までの約23年間、啓示は間歇(かんけつ)的に続いた。ムハンマドは、啓示を受けるたびに教友たち[4]に直接クルアーンを対面で読み聞かせた。教友たちはそれを口伝えに学び吸収し、暗唱した。クルアーンのテキストとは、第一義的に、はこのムハンマドによって読み上げられ口承で伝わっていく「音」を意味する。

一方、「啓典」や「聖典」という言葉からイメージされる書物の「クルアーン」とその「文字」のテキストは、ムハンマドの没後、第3代正統カリフ、ウスマーンの時代に成立した。西暦650年のことである。この原本はウスマーンの名に因んでウスマーン版ムスハフと呼ばれ、作成された5部の写本の内、1部はマディーナに、他はマッカ、シャーム(シリア)、バスラ、クーファの各都市にクルアーンの暗誦者とともに届けられた[5]。暗誦者が伴ったことは、「音」のテキストが主で、「文字」のテキストが副であることを示している。

「ムスハフ」とはクルアーンのテキストが記された書物を意味する。預言者時代(610~632年)から、ムハンマドの没後、初代正統カリフのアブー・バクル(在位632~34年)、第2代正統カリフのウマル(在位634~44年)の時代にかけて、すでにラクダの肩甲骨や木片や羊皮紙などにクルアーンの文言が書き留められていた。そうした断片的なものは「スフフ」(写本などの一葉、一頁を意味するサヒーファの複数形)と呼ばれ、「ムスハフ」はそれらがまとめられたものである。

「クルアーン」と「ムスハフ」は同じようで、じつは用語的にも概念的にも異なる。用例を示すならば、「ムスハフをプレゼントする」や「ムスハフ1冊を書店で購入した」とは言うが、「クルアーン」はこのような例では使わない。また、刊本のクルアーンを手にして「これは私のクルアーンです」という表現も、正しくは「これは私のムスハフです」となる。クルアーンは神からムハンマドに下った唯一無二の啓示の言葉そのものを意味する。そのため、アラビア語の単語としても「ムスハフ」には「マサーヒフ」という複数形があるが、「クルアーン」には複数形がない。

さて、第3代正統カリフ、ウスマーンのイニシアチブによって始動したクルアーンの正典化の作業は、ムハンマドの直弟子の一人、ザイド・イブン・サービト（611〜655年）を委員長とし、クライシュ族のアブドゥッラー・イブン・ズバイル（693年没）、アブドゥッラフマーン・イブン・ハーリス（679年没）、サイード・イブン・アース（663年没）の3名を委員とする計4名からなる編纂委員会によって進められた。ザイドは、11才の頃からムハンマドに付き添い、彼の目前で啓示の筆写を行った経験を持っていた。そして、ウスマーンに先行して行われた、第1代正統カリフ、アブー・バクルによるクルアーンの結集の初期作業（スフフを蒐集し照合する作業など）においても、写筆の中心的役割を担った人物であった。そのためザイドは「啓示の書記」という名で知られている。また、イスラームにおける遺産相続の知識に最も精通した学者の一人であった。

このウスマーン版ムスハフを筆頭に、初期のクルアーン写本にはいくつかの特徴がある。一つは現在のアラビア語に見られるような母音記号がないということ、もう一つは、同系文字を区別する分別点がないこと（たとえば、お皿の形の線を基本とするバー（ب）、ター（ت）、サー（ث）、ヌーン（ن）を区別する点など）、そして章名や各節の番号が記されていないことなどである。カイロ旧市街のフサイン・モスクにはウスマーン版ムスハフの様式を継承した、最初期のクルアーン写本が所蔵されている（カイロ写本）。正真正銘のウスマーン版ムスハフであるという説が大衆レベルでは流布しているが、

図2-1　最初期のクルアーン写本（カイロ写本）
[al-Sāmārrā'ī 2013, 75]

ウスマーン版の原本はすでに逸失しており現存しない。カイロ写本は原本が作成された時代から2世紀ほどを経て筆写されたムスハフであると推測されている［Altikulaç 2009, 142–143］。レイヨウの獣皮紙に書かれた1087葉からなり、40センチの厚さ、重さは80キロに及ぶ［al-Sāmārrā'ī 2013, 83］。

カイロ写本のサイズや形状からもわかるように、通常の「読む」本とはだいぶ異なっている。紙が普及していない当時の筆記用具や社会状況の違いなども関係しているが、ウスマーン版の原本についても、「読む」行為のためのものではなく、暗誦の確認など必要な時に参照できるよう保管しておくことを目的とした、巨大かつ重厚な写本であったと考えられる。

いずれにせよ、650年のウスマーン版ムスハフの成立によって、クルアーンの「文字」のテキストが確立した。このウスマーン版で綴られた文字線を「ウスマーン綴り」（ラスム・ウスマーニー）と呼ぶ。ラスムの語義は「跡」で、クルアーン学ではウスマーン版における各語彙の綴りを意味する。この綴りにはアラビア語の標準的な綴字の規則から外れる特殊な例がある。発音には関係のない文字の追加をはじめ、文字の省略、文字の置換、ハムザの土台の綴り、分かち書きと繋ぎ書きなどである［竹田 2019, 110–111］。現代になり刊本ムスハフ（クルアーンの印刷本）が普及し始めると、学校などで習う標準的な綴りをムスハフに採用するべきか、ウスマーン版の特殊な綴りを遵守するべきかという問いが信条的・学問的議論の焦点となった。この点については後ほど、第3節で論じることにしよう。

テキストの伝承とイジャーザ（免状）

書物としての完成をみたクルアーンであるが、そのテキストは、現代までどのように伝えられてきたのだろうか。その原点は、ムハンマドが啓示を読み上げ、直弟子たちに読み聞かせ、弟子たちがそれを暗誦し、免許皆伝を許された者がその弟子へ、そしてさらにその弟子へという、師資相承に基づく「音」のテキストの伝承である。

現代イスラーム世界には数多くの暗誦者（ハーフィズ）がいる。その者たちには自分の師がいて、その先生にも師がいる。そして各暗誦者には自分の師匠から得た免状がある。これがイジャーザである。教えや知識・技術を全て伝授した事実を証明し、学び得たことを次の者に教えることを許可するというお墨付きである。これはイスラームの知の伝統とその正統性を保証する社会・教育のシステムとして、今も昔も変わらず機能している。イスラーム世界における学知の体系は、このイジャーザの伝統に基づき成り立っていると言っても過言ではない。現代のクルアーン読誦について言えば、26〜28人ぐらいの師となる人物を遡っていくと1400年以上前のムハンマドに辿り着く。このイジャーザの系譜を「サナド」と言う。暗誦者から順に人名を列挙していけば、ムハンマドに達する直前の部分では、アブー・バクルやウマル、ウスマーン、ザイド・イブン・サービトなど、クルアーンの結集やウスマーン版ムスハフの作成に関わった人物が登場する。暗誦の証明として免状を書き残すこともあり、その紙面には暗誦者である免状取得者からムハンマドまでのサナドとなる系譜が記される。この系譜を諳んじて言える暗誦者も少なくない。

現在、どれくらいの暗誦者がいるのだろうか。イスラーム諸国の中でも「百万人のハーフィズの国」という異名を持つリビアは、その暗誦者の数の多さで有名である[6]。もちろん、エジプトやサウディアラビア、イエメンやモーリタニア、ソマリア、インドなど多くの暗誦者を有する国は数多あるが、アルジャズィーラなどによれば、リビアでは国民の5分の1が暗誦を完了しているという統計が出されている[7]。

クルアーン読誦のイジャーザやサナドは、次節で述べるハディース（ムハンマドの言行録）や他のイスラーム学と異なる点がある。それは、読誦の実践的要素が含まれていることである。ハディースの場合、テキスト（本文）と伝承経路（伝承者の連鎖）が、「正しい人」によって正確に伝えられていることを重視する。ここで言う「正しい人」とは、堅実な信仰心と確かな記憶力を持ち備えた人を意味する。そこにテキストの読誦技能や発声に関する要素は含まれない。具体的には、たとえばクルアーンでは、ラー（R）の音について強勢音（音声学では咽頭化音）とそうではない平音のRの区別が、その前の母音の環境によって厳密になされている[8]。発声に関する情報は、クルアーンの文字テキストには現れない。また、ヌーン（N）のスクーン（母音なし）を伸ばす拍数においても、クルアーン読誦の規則がある。これらは対面による直接的な口授でなければ、その会得や習熟度を確認することはできない。ハディースの伝承には、この種の実践的要素は含まれない。

以下に、クルアーンにおける音声テキストと読誦実践の関係、および対面教授の必要性を表している例を見てみたい。ユースフ章にある مَا لَكَ لَا تَأْمَنَّا عَلَىٰ

يُوسُفَ mā laka lā ta'man-nā 'alā yūsufa（なぜあなたはユースフを私たちに任せないのですか）［ユースフ章12:11］のta'manのnの音で生じるイシュマームという規則である。この節の لَا تَأْمَنْ lā ta'man（あなたは任せない）の語末は母音なしのnである。しかし、これは禁止命令による動詞の要求法ではない（任せるな、の意味ではない）。動詞の前にあるlāは、直説法を否定するラーである。そのため、本来は لَا تَأْمَنُنَا lā ta'manu-nā（あなたは私たちに任せない）となる。しかし、アラビア語では同系の子音の連続[9]でそれぞれに母音がある音(ma/nu/nā)は「重い」と判断される。そのため、ここではnuから母音を省き「軽く」した結果、nとなっているのである(ma/n/nā)。

ところが、このnをそのまま読み上げれば、音声上は禁止命令の意味に聞こえてしまう。そこで、本来の直説法の語末母音nuの「ウ」が明らかになるよう、口の形のみ「ウ」の音を出ようにすぼめて顕示しなければならない。これがタジュウィード（読誦実践学）の用語で「イシュマーム」と呼ばれる技法である。しかし、この技法はクルアーンの音声の暗誦や文字情報の伝承だけでは確認できない。師との対面による口授でこそ体得でき、その習得が確認できるのである。これは、クルアーンのテキストが「音」と、読誦の実践（アダー）によって伝承されてきたことを表わしている。

2．ハディース

ハディースとは

クルアーンは前節でみたように、神の啓示の言葉そのもののことであり、預言者ムハンマドの「語り」は含まれない。特にムハンマドは、存命中、自分に下った啓示を伝える際にそれを書き取る弟子たちに、「私については一切、書き留めてはならない」と説いたとされている［ムスリム 2001, 3: 809］。クルアーンのテキスト（本文）にムハンマドの言葉やムハンマドに関する情報が紛れ込み、正典化してしまうことを危惧してのことであった。

ハディースはムハンマドが言ったことや、行ったこと、認めたことや、振舞い、容姿などが伝えられ、後に記録されたものである。ハディースは「ムハンマドの言行録」と訳されることが多い。語義的には、ハディースとは「語り」を意味するアラビア語の普通名詞である。ムハンマドの直弟子である教友たちから口伝で伝えられた「語り」の言語データが、9世紀を中心に収集され書物としてまとめられた。これが「ハディース集」である。このようにハディースの原型は、記録された書物ではなく、ムハンマドについて人々が伝えた口承による報告である。『厳選40のハディース』の編者として名高いナワウィー（1277年没）は、誤謬や誤記を防ぐには「書かれたものから得るのではなく、知識ある者の口から継承するものである」と述べている［al-Suyūṭī 2010, 2: 665］。

ムハンマド自身の語りや、ムハンマドに関する伝承からなるハディースは、イスラームの教えの源泉として、クルアーンの次に重視されるものである。それゆえ第2の聖典と称されることもある。クルアーンは神の言葉として、イスラームの教え、すなわち教義や義務・禁止事項など、生活の指針となる宗教的道徳や社会的倫理などが述べられている。しかし、たとえば「礼拝をしなさい」とはあるものの、どのような動作によって礼拝を行うのか、具体的な方法や詳細は述べられていない。そのような部分は、ムハンマドが何を言って、何を行って、何を是認したのかを伝えるハディースによって補完される。ムハンマドは、直弟子たちに啓示、すなわちクルアーンの章句に関する解説や、クルアーンが示す指針や規定などを補完する教えを与えた。そのためハディースは、クルアーンに次ぎ、イスラーム法の典拠となる第二の源泉と位置付けられている。

ハディースのテキストも、第一義的にはムハンマドを原点とし、直弟子たちから弟子へ、さらにその弟子へと口伝を基に伝承された言語データである。ただし、クルアーンとは異なり、ハディースの場合は、伝承者が一定の条件を満たす場合のみ、本文の語彙や成句に固執することなく、意味を伝承することを可としている。クルアーンは、そのテキストの数量は章句・節の数ともに決まっているが、ハディースは伝承の数だけテキストがあり、膨大な数量となる。

ムハンマドの没後2世紀ほどを経て、その「語り」を文字化し、編纂する作業が行われた。その背景には、ハディースと称する「語り」や「知らせ」に、多くの誤謬や偽作が紛れ込むようになったこと、継承の過程で作為的な改竄が行われるようになったことなどがある。ムハンマド没後に生じた権力争いや、イスラームの版図の急速な広まりに伴う宗派・学派および民族意識の形成[10]もまた、捏造ハディースの氾濫や信頼性に欠ける伝承者の増加という問題と無関係ではない。そのため、ハディースのテキスト（本文）の吟味に加え、誰が誰にそのハディースを伝えたのかという各伝承者とその伝承経路に関する精査が急務とされた。ハディースの収集とこうした伝承に関する精緻な吟味に基づく編纂作業は、アッバース朝時代に入った9世紀の半ばに本格化し、ハディース学の基礎が確立した。ウスマーン版ムスハフの成立より2世紀ほど遅い。ハディース集の編纂に貢献した学者として名高いのが、中央アジアのブハーラー出身のブハーリー（870年没）と、ニーシャーブール出身のムスリム・イブン・ハッジャージュ（875年没）である。ブハーリーは16年かけて90万のハディースを収集し7,000（重複を除くと2,700ほど）を、ムスリムも30万のハディースから4,000を厳選した。伝承経路や人物について明確な基準をクリアしたハディースに限定し、「サヒーフ集（真正集）」を編纂した。

上述のようにハディースは、「語り」の内容とそれを伝えた人物および伝承経路に関する情報からなる。特に伝承者に関する精査は、史的かつ批判的な視点によって生没年から人物像にいたるまで徹底的に行われた。その結果、ハディースの信憑性について、真正、良好、脆弱などのランク付けがなされるようになった。ブハーリーとムスリムによる両「真正集」は、このような作業を経て厳選されたハディース集であり、イスラーム世界で最も権威ある2書として認知され普及している。なお、イスラームには教会のような組織や教皇のような特定の存在が権威付けを行うシステムはない。それでも、2書の正統性が広くイスラーム世界で認められ、ハディース書としての権威を有しているのは、そのことについてウンマ（共同体）のコンセンサスが成立しているからである。

ハディース学

このようにハディース学は、ハディースの収集と真正性に基づく選別および保存を目的とし、伝承経路と伝承者に関する検証を課題とした。ハディースは「語り」の伝承なので、いわば伝言ゲームのように、Aという人物からBへ、Bという人物からCへ、Cという人物がDへという具合に、ムハンマドの語りや行い、ムハンマドによる承認の様子や事項、ムハンマドに関する描写などを伝えていく。ハディースには「語り」の内容の他に、この伝承経路が含まれる。

一般に、ムハンマドの教えや慣行（スンナ）を調べる際は、ハディースの内容の方が必要とされる情報かもしれない。こちらは本文という意味で「マトン」と呼ぶ。原義は乗用動物の背の硬い部分である。一方、伝承者の鎖に喩えられる伝承経路は「イスナード」または「サナド」と呼ぶ[11]。ハディース学では、本文よりも、伝承に係る人物の評価やその伝承経路の精査に重きを置く。Aという人物の人柄や記憶力、信仰実践、誠実さに関する検証や、AとBとの接点に関する検証、生没年や出生地、留学先などの経歴も重要な材料となる。たとえば、コルドバ生まれでカイロで学び同地で没した人物Aが、イエメンのサヌア生まれのバグダッドで没した人物Bと接点があったとは考えにくい。この場合、伝承経路の連続性（伝承者間の断絶の有無）においては不可と判定される。こうした検証作業は、ハディース学における人物検証学（イルム・リジャール）または信頼性に関する検証学（イルム・ジャラフ・ワ・タアディール）と呼ばれる学問領域を構築し、さらにイスラーム学における人物事典を発展させた。

一方、マトン（本文）は、法学的見解を導き出すための根拠となるため、クルアーンに次ぐ法源として解釈書が数多く編まれた。ハディースはアラビア語であるから、アラビア語文法や語義の正確な理解が必須であるし、専門的な修辞学の知識が必要になることもある。また地域性の強い語彙や時代の経過によって使われなくなった古語について釈義を行う難解語辞典が編まれた。難解語の分野の大成は、モスル出身のイブン・アスィール（1210年没）が編纂した『難解語大辞典』であり、アラビア語辞典の金字塔として名高いイブン・マンズール（1311年没）編『アラブの言葉』（リサーン・アラブ）は同書を典拠の一つとして採用している。

ハディースは数も多く、同じ内容でも伝承経路が異なるものや、伝承された語彙が一部異なるものなど、内容の重複を度外視すれば、その数は膨大になる[12]。特に伝承者の人名を軸に編纂した「ムスナド集」は収録数が多い。一方、先述のブハーリー（ハディースの数は約7,000）やムスリム（約12,000）の『真正集』は、主題を軸に章を立て、関連するハディースを収録する方式を採っている。4大法学派の名祖の一人であるアフマド・イブン・ハンバル（855年没）による『ムスナド集』は、収録するハディースの数が約40,000に及ぶ（重複を省いても約30,000）。この『ムスナド集』は、預言者ムハンマドと編纂者自身の間の伝承者が3人しかいないハディース（スラースィーヤートと呼ばれる）を335収録しており、その数の多さでも知られている[13]。ムハンマドから教友への伝承から始まる「語り」は、編纂者までおおよそ200年だが、その間の人数が少なければ少ないほど、伝承の信頼性は高くなるとされている［al-

Ghawrī 2007, 112]。

昨今のデジタル化の趨勢にともない、ハディースの検索は飛躍的に容易になり、ハディース自体の扱い方や社会的な役割も劇的に変わった。かつては伝承経路に関する情報は、ハディースの専門家しか分からなかったし、一般の人の関心の中心ではなかった。ハディースの内容を知り、それを教育やしつけで応用したり、日常のスピーチで引用したり、直面する問題の解決の根拠としたり、そのようなレベルでの使用が主であった。ところが、今やパソコンやスマートフォン一つで、ハディースに関する大量の文献やデータへのアクセスが可能となり、求めているハディースの伝承経路から本文の解説までを簡単に入手できるようになった。こうした情報データは、ネット上のサイトからスマートフォン対応のアプリケーションまで無料で提供されている。ハディースについては、エジプト人学者のムハンマド・アブドゥルバーキー（1882〜1968年）が翻訳・編集した『ハディース語彙コンコーダンス』[14](1936年刊)で振り当てた番号が併記されることが多い。このコンコーダンスは、ハディース集「六書」と呼ばれるブハーリー編『真正集』、ムスリム編『真正集』、イブン・マージャ（886年没）編『スンナ集』、アブー・ダーウード（889年没）編『スンナ集』、ティルミズィー（892年没）編『スンナ集』、ナサーイー（915年没）編『スンナ集』に、マーリク法学派の祖であるマーリク（796年没）が編纂したハディース集『ムワッタア』と前掲のイブン・ハンバルが編纂した『ムスナド集』の2書を加えた計8書のハディース集を対象としている。

ただし、刊本の現状は、各ハディース集の校訂本や各外国語への翻訳本によって番号が異なったり、内容も伝承経路も同じであるのに版ごとに番号が違うといった問題がいたるところで生じていた。これを一挙に標準化しようという試みが、大型プロジェクトとして始動している。そのイニシアチブを取っているのが、パキスタンの（生まれはインド北部のデーオバンド）ハディース学者ムハンマド・タキー・ウスマーニー（1943年〜）である。サウディアラビアのウンムルクラー大学による支援を受けながら、50巻の大著になる予定で、現在4巻まで刊行されている。

3. 刊本ムスハフの時代へ

書道と印刷

本章で繰り返し強調してきたように、クルアーンのテキストは第一義的に

「音」である。その一方で、ウスマーン版ムスハフの成立以降、「神のことば」を美しく書き、後世のために残し伝えるという使命のもと、多くの写本が作られた。それを一手に担ったのが、書道家である。特にアッバース朝時代になると、中国から製紙法が伝来し、官庁における書類の文化も普及した。「書く」という作業が特別な技能として認知された時代であった。こうした時代に、多くの書道家たちがバグダードを中心に活躍し、華麗な書道文化を開花させた。

「書道家たちのイマーム」の敬称で知られるイブン・ムクラ（940年没）は、バグダード生まれの能書家で、アッバース朝第18代カリフ、ムクタディル・ビッラーの治世（在位908〜932年）の宰相を務めた。イブン・ムクラの書道家としての貢献は、筆先が描くひし形の点を各文字の線の長さに応用し、その比率を定め書法の基礎を確立したこと、そしてアラビア書道の基本となる6書体を定めたことである。

同じくバグダード出身の書家イブン・バウワーブ（1022年没）は、現在の標準的なアラビア語の書体（教科書の書体など）に通じるナスヒー書体でクルアーンの全章を書写した[15]。古写本に見られる角張ったクーファ書体ではなく、読みやすい瑠麗な線が特徴である［竹田 2014b, 139］。また、このイブン・バウワーブのクルアーン写本には、8世紀に活躍した言語学者ハリール・イブン・アフマド（789年没）が考案した母音記号が導入され、単語の文字線の上下に付されている。ハリール方式が普及する前は、必要な位置（多くは語末の母音変化を表わす部分）にのみ母音を示す丸点を付すドゥアリー方式[16]であった。

こうした母音記号の打ち方やウスマーン版の特殊な綴字の諸相を論じる分野がラスム学であり、ハリール方式が東方アラブ地域で定着していく11世紀頃から、西方アラブ地域を中心に発展した。西方はハリール方式の導入には長らく否定的で、古風なクーファ書体や丸点のドゥアリー方式を良しとする保守的な傾向が強かった［竹田 2014a, 61–62］。アンダルス出身のダーニー（1052年没）やイブン・ナジャーフ（1103年没）、マグリブのフェズで活躍したハッラーズ（1318年没）に代表されるラスム学者は、クルアーン読誦に関わる記号の整理とウスマーン綴りの体系化、ひいてはクルアーンの「文字」のテキストに関する正統性の保持とその伝承に貢献した。

アッバース朝からオスマン朝にかけて活躍した書道家の作品を観察すると、

図2-2　オスマン流派の大家、書道家ハーフィズ・オスマン筆写「開扉章」［IRCICA 1996, 図版75］

ウスマーン綴りを遵守していない筆写が多い。ヤークート・ムスタアスィミー（1298年没）やハムドゥッラー（1520年没）、ハーフィズ・オスマン（1698年没）の古筆がその代表例である。「音」のテキストを聞き取ったままに、綴字の規則に従って文字と母音記号に反映した、いわゆる類推型綴り（キヤースィーまたは、イムラーイーと呼ばれる）が基調となっている。たとえば、開扉章の「マーリキ」（主宰者）、「アーラミーン」（諸世界）、「スィラート」（道）という語は、発音通り長母音の「アー」を表わすアリフの文字で綴られている。ウスマーン綴りでは、これらのアリフは省略に基づき綴らない。書道の作品やクルアーン写本の一部では、ウスマーン版の文字線が継承されていない箇所が少なくない。この問題に関心が向けられるのは、印刷技術が普及し、ムスハフの刊本が登場する20世紀以降である。

一方で、類推型綴りとウスマーン綴りの異同が、長らく主要な問題点として顕在化しなかった理由には、次のようなことが考えられる。まず、ラスム学の専門性が高く、その分野に精通する人が限られていたこと、もう一つはインターネットもなく画像の共有が困難であった時代に、写本に触れることができた人が限定的であったこと、である。そして何よりも、クルアーンは口承をベースとした「音」のテキストの読誦が主であったため、その「音」に基づく綴りが素直に筆に反映されたということであろう。クルアーンの場合、口授による暗誦によれば、文字や綴字に関する知識が皆無であっても、正しい読誦は可能である。一方で、ウスマーン綴りの書承は、綴字や書体について保守的なアンダルスやマグリブ地域で固持され続けた。

マディーナ版ムスハフと文字テキストの「正しさ」

次に印刷の時代を見てみよう。イスラーム世界におけるクルアーンの印刷は、ヨーロッパに比べて3世紀ほど遅い。ヨーロッパでは16世紀のベネチアで、パガニーニ印刷所によって刷られた版（1538年、または1508年など諸説あり）が最初と言われている。その後、ドイツのハンブルクで印刷された、牧師アブラハム・ヘンケルマンによる版（1694年）や、ライプツィヒで印刷された、東洋学者グスタフ・フリューゲルによるいわゆる「フリューゲル版」（1834年）が続く。同地域では東洋学や文献学、セム語研究の盛り上がりを背景に、ムスハフの印刷やアラビア文字の活字製造が積極的に行われた。

一方イスラーム世界では、オスマン朝の帝都イスタンブルで、活版印刷が開始された。18世紀のことである。外交官イブラヒム・ミュテフェッリカ（1674〜1745年）の活躍により[17]、ファトワー（法学裁定）による印刷の許可が下り、1727年に公式の印刷所が開設された。しかし、出版は宗教書を除くという条件付きであった。特に、クルアーンの印刷を禁じた理由は、神の言葉であるテキストに印刷ミスがあってはいけないという懸念や、インクの成分の問題、さらに神の言葉に印刷の際に生じる圧力をかけていいのかという、宗教的なテキストへの特別な配慮があった［竹田 2021, 29］。

フリューゲル版を初め、ヨーロッパの刊本ムスハフのテキストは、音と綴りの規則に基づく類推型綴りで印刷された。これは一見すると正しい綴りに見えるが、先述のようにウスマーン綴り（ラスム）とは異なる部分が多い。たとえば、「何かに」を意味するリ・シャイインは、لِشَيْءٍ li-shay'in と綴る。しかし、ウスマーン版の綴りでは、洞窟章23節のみ、発音と関係のないアリフ（a）が لِشَاْيْءٍ li-sha(a)y'inのようにshaの後ろに綴られている。これはラスム学では追加のアリフと呼ばれ、省略することは規則に反する。この類の特殊な綴字については、歴代の書道家の作品でも遵守されていない場合が多い。このような事例は、昨今の写本研究の隆盛の中で、イスラーム世界側からも報告されている。こうした状況が大きく変わるのは、活版印刷がイスラーム世界に普及し、識字率も向上した20世紀に入ってからのことである。

ラスム遵守に一定の配慮を見せたクルアーン印刷の先駆けは、1803年にロシア帝国のカザン（現ロシア・タタールスタン共和国の首都）で印刷されたムスハフである［Qaddūrī 2019, 30, 58］。現代でもカザンでは、「クルアーンはマッカで下り、トルコで書かれ、エジプトで詠まれ、カザンで印刷された」という言い回しがあるほどに、先駆的なムスハフの刊行を国家の誇りとしている。日本で初めて印刷されたムスハフ（東京回教印刷所、1938年5月10日印刷）は、このカザン・ムスハフを底本としており、ラスム遵守が完全な形ではないにせよ、その傾向が際立っている[18]。たとえば、マルヤム章6節に登場するيَٰزَكَرِيَّآ「ヤー・ザカリーヤー」（ザカリヤよ）という表現の初めの「ヤー」は呼びかけの辞詞である。標準的な類推型綴りでは、ヤーは長母音「アー」を表わすアリフで綴る。そして「ヤー」の次に、単語として人名の「ザカリーヤー」が来る（つまり2単語で、يَا زَكَرِيَّاとなる）。しかし、ラスムの特殊な綴りでは、ヤーの文字の後にアリフはなく、さらにザカリーヤーという単語に繋げて綴られる。この語句は、ラスム学の知識がなければ正しく綴ることはできない。

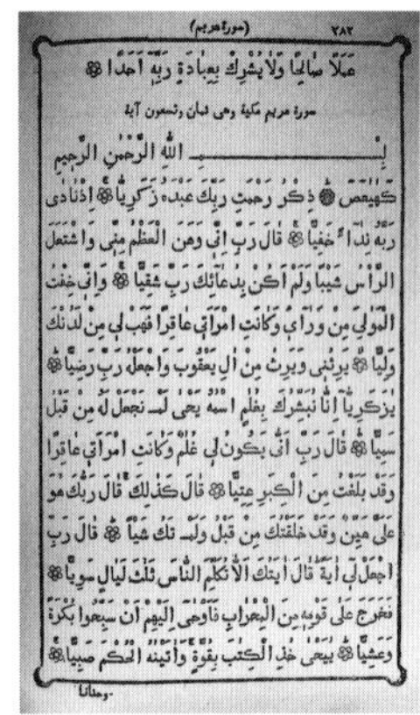
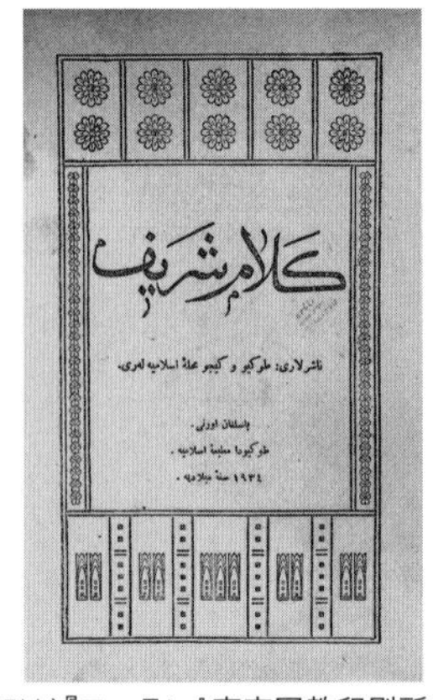

図2-3　日本初の刊本ムスハフ（クルアーンの印刷本）『コーラン』東京回教印刷所「マルヤム章 19: 1–12」[al-Qur'ān 1938, 282]（右：中表紙）

さらに、ラスム遵守を徹底した刊本ムスハフが、19世紀末のエジプトに登場する。エジプト出身のイスラーム学者ムハッリラーティー（1893年没）による、通称「ムハッリラーティーのムスハフ」である［竹田 2021, 36］。ただし、私設印刷所（バヒーヤ印刷所）から限られた部数だけが刊行されたため、インパクトとしては限られていた。イスラーム世界への波及という点で言えば、1923年のいわゆる「フアード版ムスハフ」[19]の完成を待たねばならない。フアード版は、エジプト人読誦家フサイニーを委員長に、アラビア語学の権威ヒフニー・ナースィフ（1856〜1919年）ら学者陣5名による編纂委員会が、エジプト王国の威信をかけて完成させた刊本ムスハフであった。その特徴は、極めて厳格にウスマーン綴り（ラスム）を遵守し、文字テキストに反映している点である。

このラスム遵守のムスハフを世界的に広める原動力となったのが、サウディアラビアのマディーナに設立した王立印刷所（1982年）による、いわゆる「マディーナ版ムスハフ」の刊行である。このムスハフの特徴は、様式としてはラスム遵守のフアード版とその改訂版に相当するエジプト標準版（1956年刊行）を継承している点、そしてシリア出身の能書家ウスマーン・ターハーによる書写である点である。マディーナ版の初版（1985年）はオリジナルではなく、シリアのシャーミーヤ出版社が保有する原版を王立印刷所が再版したものであった。そのため王立印刷所のムスハフと言えば、第2版（2001年）の方を意味する。こちらは、ウスマーン・ターハーが新たに一字一句を初めから最後まで書写した作品でもある[20]。

図2-4　マディーナ版ムスハフ（第2版）奥付
書家ウスマーン・ターハーの名前が記されている。スタンプは校閲済みの証明印。[al-Qur'ān 2001]

刊本ムスハフ（クルアーンの印刷本）の誕生と普及は、ウスマーン綴りへの関心と、「正しい」綴りへの認識を高め、結果としてラスム遵守をめぐるコンセンサスの成立へと帰着した。このテーマに関する法学的見解を明示したのが、アズハル機構による1971年の公式ファトワーである（前身は1936年に出されたラスム遵守の見解）。さらに、それを継承する形で、イスラーム世界連盟（通称ラービタ）附属の法学アカデミー（1977年設立。サウディアラビアのマッカに本部を置く）によるファトワーによって「クルアーンの綴字は一般的な類推型綴りでなく、ウスマーン綴り（ラスム）であるべき」というラスム遵守の流れが決定づけられた［Ismā'īl 2001, 81–82, 85–86］。この流れを背景にマディーナ版は完成した。

書かれたクルアーンの原型はウスマーン版（650年頃）であり、イスラーム世界では連綿と「書く」行為によってクルアーン写本や書道作品が生産し続けられてきた。しかし、ウスマーン版の文字テキストに関する伝承に則って、ウスマーン綴りという「正しい」綴りのムスハフが完成し、人々に共有され始めたのはごく最近のことなのである。

タジュウィード学の勃興と色付きムスハフの登場

フアード版からマディーナ版への展開は、クルアーンに関する「文字」のテキストの確証とラスム遵守による「正しい」綴字の復権を意味した。一方、クルアーンの「音声」のテキストは、師資相承で読み継がれてきた。20世紀に入ると新たなメディアとしてラジオが普及し、お茶の間にクルアーン読誦の音声が届くようになった。また20世紀中葉にはテレビが登場し、著名な読誦家のライブを、家にいながら視聴することが可能となった。こうしたメディアの発展の中で、クルアーンの「音声」の整備と保存に注目が集まった。1960年、「朗誦されるムスハフ（クルアーンの音）の結集」と題された録音プロジェクトがエジプトで始動した。これは「お墨付き」の読誦の音声をデータ化する作業で、イスラーム世界初の試みであった。アズハル機構の校閲委員会のチェックのもと、エジプト人読誦家マフムード・フサリー（1917〜1980）の朗唱によって、読誦規則に忠実な音声が録音された［al-Saʻīd 1967, 110, 113］。

もちろん、エジプトをはじめイスラーム世界には、クルアーン学習や宗教実践、冠婚葬祭などを通じて、クルアーンの朗唱に触れる機会やその光景は日常のいたるところに存在する。それでも、クルアーンの音声の保存が達成されたことは、ウスマーン版ムスハフの成立やマディーナ版の刊行が文字データの永久的保存を意味したのと同じように、参照点となる音声データが未来永劫に存在することを意味し、イスラーム共同体にとって非常に大きな意味を持った。時期を同じくして、カセットテープが流通し始め、プロの読誦家によるクルアーンの「音声」が急速にイスラーム世界の日常に普及した。1980〜90年代には、クルアーン読誦のカセットテープは町中で売られ、読誦をはじめ宗教的講話やレクチャーなどの音声資料を扱う専門店が一気に増加した。マディーナの王立印刷所も、サウディアラビアの読誦家アリー・フザイフィーやムハンマド・アイユーブといったプロの読誦家のカセット一式を完成させ、モスクや宗教機関などへの無償配布を広く進めた［al-ʻAwfī 2000, 88–89］。

一家にムスハフ一冊の時代から、一人一冊の時代へ。そして自分の好みの読誦家の朗唱を、好きな時間に好きな場所で聞くことができるようになる。こうした状況の変化と進展は、人とクルアーン読誦との関係にも大きな影響を与えた。元来、読誦は師から口授を通じて学び得るものであり、モスクなどでは皆で輪になって声に出して読み上げる「ハラカ学習」が日常風景であった。それが、自分なりに音声データを繰り返し聞きながら読誦を模倣できる、すなわち、独学に近い形で読誦を習得できる、そのような時代になっていった。

この流れは、カセットに続くCDの流通、さらにネット時代、動画サイトの普及という現代的展開とともに一層強まっているように見える。また、正しい読誦に憧れるだけでなく、誰もが正しい読誦を目指し、実践していく時代になったとも言える。

クルアーンの「音声」の普及と印刷技術の発達は、ムスハフの形態にも新たな展開をもたらした。現代イスラーム世界における読誦という行為と学習の活性化が、タジュウィード学[21]の普及を促進した。タジュウィード学とは、読誦の理論と実践を扱う学問分野である。調音点や調音法に始まり、拍数（伸ばす音の長さ）、同化吸収、鼻音化、カルカラ（子音q,ṭ,b,j,dの音の明瞭化）など、「音」と読誦に関する事項を学ぶ。イスラームではクルアーン読誦に限らず独学は推奨されず、対面習得と口授を基本とする。しかし、クルアーンの音声データや動画の普及を背景に、読誦の専門家ではない大衆にもタジュウィード学に関する情報やその学習と実践が広まった。クルアーンをより正確に、より美しく読みたいと思う人が増えたのである。

それを後押しするかの如く登場したのが、シリアのマアリファ出版社による、タジュウィード用ムスハフである。「そして、クルアーンを明瞭に読誦せよ」［衣を纏う章73:4］と題されたこのムスハフ[22]は、タジュウィード学の諸規則を基本となる8色で示し、該当する文字や箇所に色付けしたものである。読者はその色に従いながらタジュウィードの規則を実践して読めば、規則に沿った読誦が可能になるという試みである。

しかし一方で、神の言葉であるクルアーンの文字テキストをカラフルに彩っていいのか、という疑問の声も少なからず存在したようである。カタルに拠点を置く「イスラームウェブ」(Islamweb.net)などのオンライン・ファトワーでは、クルアーンの本文に色を付けることに関して「ムスハフの古写本では、息継ぎの後の開始位置や、ハムザやワスラ（読まずに飛ばすアリフの文字）などに色付きの丸点を付し、本文との区別が分かりやすくなるよう工夫が凝らされていた」を根拠に、問題なしの見解が述べられている[23]。タジュウィード用ムスハフでは、冒頭にアズハル機構イスラーム研究アカデミーが発行した校閲許可書の写し、そして巻末にはシリア情報省による出版許可（1994年9月14日付け）が掲載されている[24]。

デジタル化時代の今は、マディーナ版ムスハフをはじめ、こうしたタジュウィード用の色付きムスハフも、ネット上のファイルや携帯アプリで簡単に利用することができる。カーソルをクルアーン本文の希望の箇所にあてれば、その章句の読誦を聞くことができ、好みの読誦家の選択も可能である。イスラーム系ウェブサイトや動画サイトでもタジュウィード学が人気を集め、関連する学習コンテンツの充実やオンライン講師の需要が急速に高まっている。

図2-5　[雌牛章2:281]をクリックしている場面（https://tanzil.net/）
読誦は預言者モスクのイマーム、フザイフィーを選択中。各国語の訳も簡単に表示できる。ウスマーン綴りか一般的な綴りかも選択可能。

4. クルアーンのデジタル化

デジタル化と現代的課題

本節ではクルアーンのテキストのデジタル化を扱う。21世紀に入ると刊本ムスハフに加え、クルアーンのデジタル版が普及し始めた。特に2010年頃よりスマートフォンやタブレット端末の急速な広がりによって、PDF版やアプリケーションでマディーナ版やタジュウィード用クルアーンを読むことが可能になった。

このような情報機器の革新は、ムスハフに関する新たな法学的問題を提起することになった。その一つが、画面上のクルアーンのテキストについて、清浄な状態でないまま触れていいのか、という問いである。清めのある状態は、小大の排泄、放屁、気絶、深い睡眠などで失われ、ウドゥー（清め）によって清浄な状態になる（性交、射精、月経などの場合はグスル（全身沐浴）が必要）。

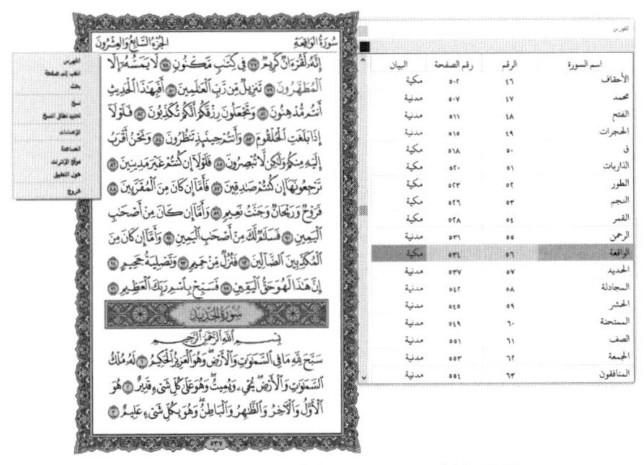

図2-6　マディーナ版ムスハフ、デジタル版（PC用）操作画面［出来事章56:79］
単語ごとに切り取りができ、同じフォントのまま活用することが可能。

クルアーンには「清められた者しか、それに触れることはない」（la yamassu-hu illā al-muṭahharūn）［出来事章56:79］という一節がある。主要な啓典解釈によれば「清められたもの（ムタッハルーン）」とは天使のことであり、人称代名詞の-huは、天にある「護持された書字板」のこととされる。天使と対蹠的な悪魔（シャイターン）は、書字板になど到底接することなどできない、という意味である。ただし、仮に天使が清浄の状態を失えば、クルアーンに触ることが許されないのであれば、地上の人間も同じであるという、キヤース（類推）が成立すると解釈する法学者もいる［Ibn al-Qayyim 1948, 483］。

エジプトの元最高ムフティーのアリー・ジュムア（1952年〜）などは、声に出して読み上げること（テキストに直接触れることではなく）については、性交や射精によって清浄の状態を失った場合を除き、清めを必要としない、としている[25]。また多くの法学者の見解では、携帯電話やiPadやPCはムスハフそのものではないため、触れることにおいても清めは必要ない、とする（文字テキストとの間に画面がある、ということを根拠にする法学者もいる）。ただし、刊本以外の新たな媒体であっても、お手洗いでクルアーンのテキストにアクセスしたり、清めのない状態の指で画面上のテキストに触れることは、礼儀作法の観点からも慎むべきである、としている[26]。いずれにしても、媒体機器と情報技術の質が急速に向上している今、デジタル化されたクルアーンも時代の趨勢とともに刊本ムスハフと同じ扱い、すなわち清い状態でのみ触れることができるという見解へと傾いていくことも十分考えられる。

また、こうしたデジタル化の流れによって、かつては限られた人しか接することがなかった、貴重な古典籍や写本に、多くの人が容易にアクセスできるようになった。クルアーンの古写本を、家にいながら閲覧することが可能になったのである。この環境の変化は、クルアーンの「文字」のテキストへの関心と研究トレンドにも影響を与えた。特に、今日最も普及しているマディーナ版ムスハフの綴りの正統性とその根拠への関心が急速に高まっている。また、ウスマーン版ムスハフの原本の存在やその様式、そしてクルアーン古写本の代表的な書体として知られる、クーファ書体（角ばった書体）や丸点記号なども、研究テーマとしてしばしば取り上げられ、関連する書籍や研究書が増えている[27]。

この趨勢を先導している研究機関が、トルコのイスタンブルに拠点を置くIRCICA（イスラーム歴史芸術文化センター）である。イスラーム諸国協力機構（OIC）の傘下に1980年設立された学術機関である。アラビア書道の国際コンテストでもその名が知られている。IRCICAは一般に「ウスマーン本」の原本の一つと信じられている、各地に現存するムスハフ写本の画像データ化と、現行ムスハフとの綴字の照合作業を学術的に進めている。その活動の中心を担っているのが、現代におけるクルアーン写本研究を牽引するトルコ人学者のタイヤル・アルティクラチュ（1938年～）である。これまで、カイロのフサイン・モスクの「ウスマーン本」、タシュケントの「ウスマーン本」、サヌアの「アリーのムスハフ」などについて研究成果を刊行してきた。ウスマーン本の信憑性については、歴史的な考察から否定的な見解を示している［Altikulaç 2009, 1: 133–145］。綴字については、ウスマーン綴りの観点から、ラスム遵守ではない例が報告されている。綴りの誤謬というレベルではなく、「音」に則した綴りで書写されている例が多い。現代の刊本ムスハフでも、トルコの主流は今なお「音」と綴りが一致する類推型綴り（イムラーイー）である。

それにもかかわらず、現代イスラーム世界では、ウスマーン綴りを「正しい」と考えるのはなぜなのか。それは、ウスマーン版ムスハフの原本における綴字の伝承が、現代にまで連綿と伝わっており、その伝承の存在が、文字テキストの正統性を支えているからである。綴字に関しては、第3節で言及したアブー・アムル・ダーニーと弟子のイブン・ナジャーフによる伝承［Ibn al-

Najāḥ 2000]、言い換えればマディーナ版が依っている典拠とそこで示される見解が根拠となっている。

一方で、クルアーン写本は筆耕者や書道家による制作物であり、そこで用いられた類推型綴りは読誦に基づく「音」のテキストに則って筆写した結果である。おそらく、そのこと自体はむしろ不自然なことではなく、イスラーム世界ではこれをクルアーン書写の誤謬と断罪することはなく、またセンセーショナルな問題にさえなることはなかった。13世紀のシリアの法学者、イッズッディーン・イブン・アブドゥッサラーム（1262年没）のように、教育など共同体の公益を優先する場合は、ラスムではなく類推型綴りを容認するべきと判断する見解も存在する［Ismā'īl 2001, 78］。また「音」のテキストの伝承が綴字に優先されていたという筆写の事実が、現代まで伝わる読誦のテキストの正統性を裏付けることにもなっている。その意味では、類推型綴りとラスムが混在し、前者が長らく優勢だったクルアーン書写の史的展開において、ラスムに基づく文字テキストの正統性を現代にて復権し確定させたマディーナ版ムスハフの意義は、強調してもし過ぎることはないであろう。

デジタル化とその影響

最後に、デジタル化によるクルアーンやハディースをめぐる研究状況や社会への影響を考えてみたい。まずは、語彙や章句の本文検索についてである。ある単語について、クルアーン中の使用箇所を探す際に、インターネットやクルアーン学に特化したアプリケーションを活用することで、瞬時にその章句を特定することが可能になった。従来は刊本のコンコーダンスを使用するのが常であった。先駆的な工具類で言えば、①イスラーム改革思想家のラシード・リダーの弟子であるムハンマド・アブドゥルバーキー（1882〜1967年）が編集したクルアーン語彙のコンコーダンス（1958年）や、②カイロのアラビア語アカデミーによるクルアーン語彙の辞書（第1巻1989年、第2巻1999年）、③ムハンマド・ワフバ・スライマーン他が編集しシリアのフィクル出版社から刊行されたコンコーダンス（1997年）、そして④フサイン・シャーフィイーが編纂しカイロのダールッサラーム出版社から刊行されたコンコーダンス（1998年）などが流通していた。①②はアラビア語の語根配列であるため、語根についての見解の相違がある場合や固有名詞の検索には困難を伴った。③④はアルファベット順で単語が配列されているため、検索は容易になった。なお、③は読誦の音に基づいた通常の類推型綴り、④はラスム綴りを採用している。それぞれに一長一短はあるが、デジタル化時代の検索は従来の課題を一挙に解決してくれたように思われる。単語を入力するだけで章句が特定でき、さらにマディーナ版ムスハフの文字（フォント）データを提供してくれる機能や、該当箇所の解釈や翻訳を提示してくれる機能などがある。一方で、検索が飛躍的に容易になったことは、アラビア語本来が有する語根に関する知識が養われないという問題もはらんでいる。

ハディースについても、語彙の検索は、従来の書物のコンコーダンスから、ネット時代になり劇的に改善された。驚異的なコンテンツの充実を見せる秀逸なサイトやアプリも多い。紙媒体のコンコーダンスについては、第2節でムハンマド・アブドゥルバーキーが翻訳・編集した『ハディース語彙コンコーダンス』に言及したが、収録する膨大なハディースの量から、巻数も多く、図書館で参照するようなものであった。それが、今は家にいながら、あるいは携帯一つで探したい語彙を検索窓に入れるだけで、ハディースの典拠から伝承者の鎖までがすぐにヒットし、該当するハディースの解説も古典籍の文字データとともに示してくれるようになった[28]。ハディースについては本文の母音記号の有無も選択でき、大変便利である。またネット上のデータでも、前掲のムハンマド・アブドゥルバーキーによるハディース番号が今も使われていることがある。

図2-7　サウディアラビア宗教省 ハディース検索サイト操作画面

伝承者の名前の詳細および、留学先、滞在地、没地、没年などの情報が一目でわかる。

さらに、現代のデジタル化の流れにおいて、たとえばウンマハート・クトゥブ（基本文献）と呼ばれるような、タフスィール（啓典解釈）やクルアーン学、ハディース学といったイスラーム学の古典籍は、ほぼ全てPDFとなってインターネット上に広く流通している。ネットの環境さえあれば誰でも容易に入手が可能である。また、比較的新しい時代の文献であっても、全頁スキャンしたファイルを扱うサイト（違法なサイトではなく、個人および公機関が提供している場合も多い）などに公開されていることが多く、閲覧やダウンロードが可能である。しかし、こうした状況について、「イスラームウェブ」などのオンライン上でファトワーを提供するサイトには、著作権や知的財産の活用に関する質問が多数寄せられている。その回答の一つとして、1985年にクウェートで開催された第5回イスラーム法学アカデミー会議による「著作権を謳っている書籍については、それを害することは許されない」という見解が引用されている。しかし、続けて「商業目的でない個人使用に限る場合は、知識の追求に益する複写とアップロードは許容される」とする見解も示されている点が注目される[29]。実際に、現状のイスラーム・コミュニティによるネット文化を見る限り、著作権の保護を重視・徹底する傾向は極めて弱いように思われる。書籍のデジタル化によって一般の人々に還元する意義を主張しているサイトも多く見られ、「最良の者とは人のために役立つ人のことである」といったハディースなどが頻繁に引用されている。

一方、こうしたインターネット空間の利用拡大と文献のデジタル化は、従来は専門家しか扱うことがなかった学問領域を一般のネットユーザーにまで広げ、そこで得られる情報が、時に「正しい」と主張する知識として、社会に共有されるという変革をもたらした。

たとえば、ハディース学におけるハディースの真正性をめぐるランク付けは、ハディース学者が扱う専門分野であり、一般信徒がそれ自体を論じることはなかった。しかし、ネットの普及により特定のハディースの伝承経路に関する議論やその参照点としての典拠の提示が盛んになり、脆弱性や捏造の情報が広く共有されることになった。その結果、人口に膾炙していたハディースが脆弱の判定に基づき、引用不可と断罪される事例が頻繁に起きている。

一例を挙げると、「知識を求めよ、たとえそれが中国にあろうとも」は、今ではハディースではないという真偽判定が定着している。他にも書道の作品などで目にする「断食をせよ、されば健康になる」も、伝承経路に信頼に値しない伝承者がいることから脆弱という判定で知られるようになった。また、イスラーム世界の習慣として普及している、新生児の右耳にアザーンを唱え、左耳にイカーマを唱えるという行為も、特に「左耳にイカーマを」の根拠となるハディースは、極めて脆弱であるという判定がネット上で急速に共有され広まっている。こうした真正性をめぐる判定や情報は、動画サイトやSNSを通じて共有されるほか、ハディース学文献のデジタル化に伴い、データベース（islamonline.net[30]や、前掲のサイト）を検索することで瞬時に判明する。

こうしたハディースに関する再検証の趨勢は、伝統墨守によって硬直した学問を批判的な視点から再考することで、知識の洗練化に益するという肯定的な効果を持つ。その一方で、それまでの教育やしつけや慣習など、その社会やコミュニティが育んできた文化的な伝統が、全否定されてしまうという側面もある。

逆に、これまでは全く知られていなかったハディースが、ネットやSNSを通じて一般に広まり、預言者の慣行（スンナ）として再び興隆するというケースも増えている。たとえば「モヒカンや極端なツーブロック刈りのように、頭髪の一部を剃り一部を残すスタイル（カザウ）の禁止」や「新生児にデーツを柔らかくしたものを少し食べさせる（口の中に擦りつける）こと（タフニーク）の推奨」[31]などが挙げられよう。

イスラーム世界の新しい動きを最後に一つ述べておきたい。それは、「ウンマのムスハフ」と題された大型企画である[32]。これはエジプトの高名な読誦学者マアサラーウィー（1953年〜）が委員長となって、トルコを拠点に進めているプロジェクトである。資金の提供にはトルコだけでなく、カタルや湾岸諸国のイスラーム機関が大きく関わっている。クルアーンの正統10読誦流派について、文字テキストに基づく各流派の刊本ムスハフと「音」のテキストに基づく読誦音声データの融合による、新たな形のムスハフの完成を目指している。デジタル化の時代に相応しくQRコードを紙面上に取り入れるなど、新たな試みが公表されている。プロジェクト自体はイスラーム史における「第3の結集」と謳っている。ムスハフの筆写を担当する書家はエジプト人のアブドゥッラフマーン・マンスィーで、現在マレーシアの書道協会の会長を務めている。また、このムスハフは書体と様式からマシュリク版とマグリブ版と南アジア版で刊行予定である。こうした、イスラーム世界全体を視野に入れたデジタル化の広がりは、今後も勢いづいていくであろう。

⊰·· 注

1　括弧内はアラビア語の発音のカタカナ表記。

2　アビシニア(エチオピア王国)の支配下にあったイエメンの総督アブラハが、カアバ聖殿討伐のために率いた軍のこと。

3　「慈愛あまねく慈悲深きアッラーの御名によって」を意味する定型句。クルアーンの各章の冒頭にある(悔悟章を除く)。

4　ムハンマドの直弟子の意味。

5　イエメンやバハレーン地方(現在のバハレーン王国を含むアラビア半島の東部地域を指す)を入れる説もある。

6　約90か国からの出場者があるドバイの国際読誦コンテストでも、1997年の開始以来リビアは7回優勝に輝いている。

7　https://www.aljazeera.net/misc/2009/11/26/。人口は2022年の統計で約690万人。人口は2022年の統計で約690万人。

8　詳論は避けるが、ごく簡潔に言えば、アとウの母音を伴った場合は強勢音、イの母音を伴った場合は平音となる。

9　より詳細は、ここでは、ヌーンの音と同系のミーム(m)の音も先行する(つまり3つの音が続く)。そのため、真ん中のヌーンを軽くしてスクーンで読む。さらに、2つのヌーンは同化吸収(イドガーム)が生じ、綴りもシャッダになっている。

10　シーア派の形成やペルシア文化の優越性を強調するシュウービーヤ運動なども含まれる。

11　イスナードは原義的には、アラビア語の動詞・派生形第4型アスナダ「〜に頼る」「(根拠)を〜に帰するものとする」の動名詞で、ハディース学の用語では「伝承の鎖を語ること」を意味する。サナドは「支え」や「(山などの)高い部分」を意味する名詞で、ハディース学の用語では伝承経路の各人物のこと[al-Ghawrī 2007, 399–400]。

12　内容は同じでも、伝承者の一部や経路が異なるハディースは別のハディースとしてそれぞれカウントされる。

13　マーリク法学派の名祖マーリク(796年没)のハディース集『ムワッタア』には、ムハンマドから編纂者までが2人だけの伝承がある(スナーイーヤートと呼ばれる)。マーリクからナーフィウ、イブン・ウマル、預言者ムハンマドへと遡れるもので、「黄金の伝承経路」と呼ばれている[al-Ghawrī 2007, 399–400]。

14　底本は、1933年にBrill社より刊行された、東洋学者のヴェンスィンク(1882-1939)他編「ハディース・コンコーダンス」(Concordance et indices de la tradition musulmane)である。

15　ダブリンのチェスター・ビーティー図書館に所蔵されており、現存する最古のナスヒー書体によるクルアーン写本とされている[竹田 2014a,55]。

16　丸点は考案者の文法学者アブー・アスワド・ドゥアリー(688年没)の名前にちなんで「ドゥアリー方式」という。

17　ハンガリー出自の外交官イブラヒム・ミュテフェッリカは印刷のメリットを「活版印刷に関する書簡」(1726年)などを通じて訴え続けた。

18　表紙には1934年とあるが、後書きにはヒジュラ歴1357年、奥付には昭和13年5月10日印刷と記されている。西暦に変換すると1938年である。 以下に取り上げるマルヤム章同頁の وَرَآىٕ「ワラーイー」、الِ يَعْقُوبَ「アーリ・ヤアクーブ」、شَيْـًٔا「シャイアン」、اٰيَةً「アーヤ」、اٰيَتُكَ「アーヤトゥカ」などのハムザの表記は、ウスマーン綴り(ラスム)を採用していない。

19　エジプトの国王フアード1世(在位1922〜1936年)の名を冠して、「フアード版」と呼ばれている。

20　ラームとミームの合字を改善するなど、第一版の読みにくかった点に若干の修正を加えている。

21　タジュウィードとは、アラビア語の動詞・派生形第2型ジャウワダ(〜を良くする、美しくする)の動名詞。

22　底本はマディーナ版の初版である。

23　https://www.islamweb.net/amp/ar/fatwa/184633/. モーリタニアのラスム学の教本として定評のある通称「マーヤーバーのラスム学」では、「ハムザを赤色に、カトゥウを緑に、開始を青に」という韻文要綱で解説している。ラスム学が盛んなモーリタニアでは、伝統的な教育現場(マフダラ)の一部では、今もなお色付けによる区別をクルアーン学習に取り入れている。

24　認可を示す公式文とともに、シリアのイスラーム学者ラマダーン・ブーティーや法学者ワフバ・ズハイリーらの名前が並んでいる。

25　2003年から2013年の10年間、エジプトの最高ムフティーを務めた。本見解についてはエジプトのダール・イフター(法学裁定を発出する公的機関、1895年設立)の公式サイトhttps://www.dar-alifta.org/ar/fatawa/11042/を参照。

26　https://www.islamweb.net/ar/fatwa/78686/のファトワーによる。刊本のムスハフ自体、カバーや装丁は人間がデザインし制作した代物であり、クルアーンの文言を包み込んでいる媒体に過ぎない、とする見解も存在する。また、月経にある者がムスハフに触れる必要がある場合、布やハンカチを用いることで可とする刊本のムスハフ自体、カバーや装丁は人間がデザインし制作した代物であり、クルアーンの文言を包み込んでいる媒体に過ぎない、とする見解も存在する。また、月経にある者がムスハフに触れる必要がある場合、布やハンカチを用いることで可とする見解も存在する。詳しくはhttps://islamqa.info/ar/answers/110808/を参照。

27　この研究分野を牽引しているのが、イラク出身でラスム学研究の第一人者であるカッドゥーリーと、その学統を継ぐ同じくイラク人研究者のイーヤード・サーマッラーイーである。また、関連する研究機関として活発な出版・学術活動を展開しているのが、サウディアラビアのリヤドに拠点を置く「タフスィール・クルアーン研究センター(Tafsir Center for Quranic Studies)」(2008年設立)である。

28　この類のサイトやアプリをめぐる変遷は早いので、いくつかの便利なサイトの紹介に留めたい。一つは、サウディアラビアの宗教省が管轄しているサイトである(https://sunnah.alifta.gov.sa/Default.aspx/)。解説書や難解語辞典など、付随的な情報も豊富である。もう一つは、エジプト人のハディース学者が提供しているサイト(https://www.hadithportal.com/index.php/)で、ハディースに関連する伝承者の情報を簡単に得ることができ便利である。

29　https://www.islamweb.net/amp/ar/fatwa/475399/.

30　エジプト出身の法学者で、カタルのムフティーを務めたカラダーウィー(1926〜2022年)が中心となって運営していたイスラーム系サイト。

31　ムハンマドに特化した行いという見解もある。

32　公式HPは、https://mushafalummah.com/を参照。

参考文献

IRCICA＝イスラム歴史・芸術・文化研究センター編・監修. 1996.『イスラム書道芸術大鑑』本田孝一訳・解説, 東京: 平凡社.

大川玲子. 2005.『図説コーランの世界――写本の歴史と美のすべて』東京: 河出書房新社

小杉泰. 2009.『『クルアーン』――語りかけるイスラーム』書物誕生:あたらしい古典入門. 東京: 岩波書店.

______. 2014.「デジタル時代の古典復興―アラビア語メディアを中心に」『イスラーム 書物の歴史』小杉泰, 林佳世子編, 396–420. 名古屋: 名古屋大学出版会.

______. 2019.『ムハンマドのことば――ハディース』小杉泰編訳. 東京: 岩波書店.

竹田敏之. 2014a.「アラビア語正書法の成立」『イスラーム 書物の歴史』小杉泰, 林佳世子編, 46–65. 名古屋: 名古屋大学出版会.

______. 2014b.「アラビア書道の流派と書家たち」『イスラーム 書物の歴史』小杉泰, 林佳世子編,.136–156. 名古屋: 名古屋大学出版会.

______. 2019.『現代アラビア語の発展とアラブ文化の新時代――湾岸諸国・エジプトからモーリタニアまで』京都: ナカニシヤ出版.

______. 2021.「アラビア語による出版技術の発展とクルアーンの刊本化」『現代中東における宗教・メディア・ネットワーク:イスラームのゆくえ』千葉悠志, 安田慎編, 25–52. 横浜: 春風社.

林佳世子. 2014.「イスラーム世界と活版印刷」『イスラーム 書物の歴史』小杉泰, 林佳世子編, 352–374. 名古屋: 名古屋大学出版会.

ムスリム・ビン・アル・ハッジャージ. 2001.『日訳サヒーフ ムスリム』磯崎定基, 飯森嘉助, 小笠原良治訳, 3巻, 東京: 日本ムスリム協会.

Altikulaç, Tayyar, ed. 2009. *Al-Mushaf al-Sharif Attributed to Uthman bin Affan: The Copy at al-Mashhad al-Husayni in Cairo.* Foreword by Halit Eren. Istanbul: IRCICA

al-ʻAwfī, Muḥammad Sālim. 2000. *Taṭawwur Kitāba al-Muṣḥaf al-Sharīf wa-Ṭibāʻati-hi wa-ʻInāya al-Mamlaka al-ʻArabīya al-Suʻūdīya bi-Ṭabʻi-hi wa Nashri-hi wa-Tarjama Maʻānī-hi.* al-Madīna: Mujammaʻ al-Malik Fahd li-Ṭibāʻa al-Muṣḥaf al-Sharīf.

Brown, Jonathan A. C. 2007. *The Canonization of al-Bukhārī and Muslim: the Formation and Function of the Sunnī Ḥadīth Canon*. Leiden : Brill.

______. 2009. *Hadith : Muhammad's Legacy in the Medieval and Modern World*. Oxford: Oneworld.

al-Ghawrī, Sayyid ʻAbd al-Mājid. 2007. *Muʻjam al-Muṣṭalaḥāt al-Ḥadīthīya*. Dimashq: Dār Ibn Kathīr.

Ibn al-Najāḥ, Abū Dāwūd Sulaymān. 2000. *Mukhtaṣar al-Tabyīn li-Hijā' al-Tanzīl*. ed. by Aḥmad Sharshāl. 5 vols. al-Madīna: Mujammaʻ al-Malik Fahd li-Ṭabāʻa al-Muṣḥaf al-Sharīf.

Ibn al-Qayyim. 1948. *al-Tafsīr al-Qayyim*. ed. by Muḥammad Ḥāmid al-Fiqī. al-Qāhira: Maktaba al-Sunna.

Ismāʻīl Shaʻbān Muḥammad 2001. *Rasm al-Muṣḥaf wa Ḍabṭ-hu bayna al-Tawqīf wa al-Iṣṭilāḥāt al-Ḥadītha.* al-Qāhira: Dār al-Salām.

Nasser, Shady Hekmat. 2013. *The Transmission of the Variant Readings of the Qur'ān: the Problem of Tawātur and the Emergence of Shawādhdh.* Leiden: Brill.

______. 2020. *The Second Canonizaiton of the Qur'ān (324/936): Ibn Mujāhid and the Founding of the Seven Readings*. Leiden: Brill.

Qaddūrī, Ghānim. 1982. *Rasm al-Muṣḥaf: Dirāsa Lughawīya Tārīkhīya*. Baghdād: al-Lajna al-Waṭanīya.

______. 2019. *Ṭibāʻa al-Muṣḥaf al-Sharīf fī Madīna Qāzān*. ʻAmmān: Jamʻīya al-Muḥāfaẓa ʻalā al-Qur'ān al-Karīm.

al-Qur'ān. 1923 [1342 A.H.]. = *al-Muṣḥaf al-Sharīf.* Būlāq: al-Maṭbaʻa al-Amīrīya; al-Jīza: Maṣlaḥa al-Misāḥa.

al-Qur'ān. 1938. = *Kalām Sharīf*『コーラン』. ム・ガ・クルバンガリー校正. 東京: 東京回教印刷所.

al-Qur'ān. 1890 [1308 A.H.]. = *Muṣḥaf al-Mukhallilātī*. al-Qāhira: al-Maṭbaʻa al-Bahīya.

al-Qur'ān. 2001 [1422 A.H.]. = *Muṣḥaf al-Madīna al-Nabawīya*. al-Madīna: Mujammaʻ al-Malik Fahd li-Ṭibāʻa al-Muṣḥaf al-Sharīf.

al-Qur'ān. 1999. = *Wa Rattili al-Qur'āna Tartīlā.* Dimashq: Dār al-Maʻrifa.

Rice, D. S. 1955. *The Unique Ibn al-Bawwāb Manuscript in the Chester Beatty Library*. Dublin: Chester Beatty Library.

al-Saʻīd, Labību. 1967. *al-Jamʻ al-Ṣawtī al-Awwal li-al-Qur'ān al-karīm aw al-Muṣḥaf al-Murattal: Bawāʻith-hu wa Mukhaṭṭaṭāt-hu.* al-Qāhira: Dār al-Kātib al-ʻArabī.

al-Sāmārrā'ī, Īyād. 2013. *Ẓawāhir al-Rasm fī Muṣḥaf Jāmiʻ al-Ḥusayn fī al-Qāhira: Dirāsa Lughawīya Muwāzana bi-Kutub Rasm al-Muṣḥaf wa al-Maṣāḥif al-Makhṭūṭa.* Dimashq: Dār al-Ghawthānī.

Shukrī, Aḥmad Khālid. 2012. *al-Muyassar fī ʻIlm ʻAdd Āy al-Qur'ān.* Judda: Markaz al-Dirāsāt wa al-Maʻlūmāt al-Qur'ānīya bi Maʻhad al-Imām al-Shāṭibī.

al-Suyūṭī, Jalāl al-Dīn. 2010. *Tadrīb al-Rāwī fī Sharḥ Taqrīb al-Nawawī.* 2 vols. al-Dammām: Dār ibn al-Jawzī.

column 2

オンライン説教

YouTubeとInstagram時代のイスラーム

黒田彩加

イスラーム世界には「説教」と呼ばれるものがある。伝統的には、金曜日に行われる集団礼拝の際にモスクで行われる説教のことを指し、信仰のあり方から社会問題まで、多様な話題が扱われてきた。また20世紀以降は、従来のモスクでの説教とは別に、テレビやラジオでの宗教的講話の発信が盛んとなり、とりわけアラブ世界では、正規の宗教教育を受けていない「俗人説教師」が、衛星テレビ放送に活躍の場を見いだした〔八木 2011〕。いずれの場合もイスラームに関する広義の説教と位置づけられるが、ICT技術の発展とともに、説教はよりバーチャルなプラットフォームへと進出しつつある。

一例として、エジプト人の説教師ムスタファー・フスニー（1978年〜）は、世界でもっとも影響力のあるムスリムを選出する企画『The Muslim 500』でも第26位にランクインするなど（2022年）、大変な人気がある人物である。彼は近年、従来のようなテレビ番組への出演や書籍展開に加えて、オンラインでも精力的な活動を行っている。2023年現在、YouTube、Facebook、Twitter（現X）、TikTokなどの各種SNSを運用しており、特にInstagramのフォロワーは2,000万人以上にのぼる。

過去の撮影動画やテレビ出演動画からの再投稿に加えて、自宅の書斎、車の運転席、モスクと、身近な場所で彼の出演するリール動画は撮影され、穏やかな語り口のアラビア語で、ムスリムとしての心がけが説かれる。預言者ムハンマドが最晩年に「別離の説教」を行ったとされるマッカ近郊のアラファの野から、来世で楽園に行けるよう祈る動画に、心動かされる視聴者も多いようだ。また、Instagramのライブで視聴者からの質問に答えるなど、プラットフォームの性質を生かして、テレビ放送よりも視聴者との双方向性を意識していることが見てとれる。

column 2

フスニーのInstagramアカウント

動画の撮影・編集や、Instagramだけでも1万本以上にわたる投稿の管理など、相当の資本が投入されているだろうフスニーのSNSは、彼のセルフブランディング戦略の一環として理解することができそうだ。一方、かつて説教師やウラマー、知識人の活躍の場であったテレビ放送や出版に比して、元来オンラインには、参入障壁の低さやグローバル性という特徴もある。これを生かしたグローバルなメディア活用の事例や、政治的理由により公共の場で活動することが困難になった人物が、オンラインに活路を見いだす事例もある。

短時間の講話をSNSで発信する説教師の活動のみならず、金曜礼拝の際に行われる説教のオンライン化にも目を向けてみよう。2020年に始まった新型コロナウイルスの感染拡大を通じて、金曜礼拝のオンライン化に対する関心が一時的に高まった。これに対し、アメリカで活動するエジプト出身の知識人ハーリド・アブー・アル＝ファドル（1963年〜）は、コロナ禍に先立つ2019年から、毎週オンラインでの金曜礼拝を実施し、それにともなって英語での説教をYouTubeで配信している（彼は公的なウラマー養成機関を修了したわけではないが、エジプトやクウェートでイスラーム学を集中的に学び、アメリカでイスラーム学の博士号を取得している）。

実のところ、多くのアラブの国では、金曜礼拝の説教の様子は国営放送や一部の宗教系チャンネルで放映されており、YouTubeへのアーカイブ掲載や転載も珍しくない［Galal 2016］。一方、アブー・アル＝ファドルの場合は、テレビを経由せずにYouTubeを活動の場としている点が特徴的である。

column 2

初回の説教の内容は、バーチャル金曜礼拝の法学上の是非をめぐるものであった。彼は、欧米のモスクやイスラミック・センターで学識を欠く指導者による説教が横行している状況や、中東諸国で多くのモスクが政府管理下に置かれ、説教が無味乾燥なものとなっている状況を憂慮し、このような取り組みを始めたという。彼の説教は、時事問題や政府批判を含む内容を扱うことも多く、政府の統制を受けにくいオンラインという場の強みが生かされている。改革派の論客として知られるアブー・アル＝ファドルのラディカルな提言を好まないムスリム・コミュニティの指導者層もいる状況下で、オンライン説教は、リベラル志向の強い欧米のムスリムを中心とする彼の支持者に、ライブ配信を通して直接語りかけることを可能にする。バーチャル金曜礼拝とそれに付随するオンライン説教は、従来のモスクの説教では飽き足らない人々に向けた新たなアプローチとして機能している。

こうしたオンライン空間で展開される説教やイスラームをめぐる語りも、今後は研究対象としていっそう活用されてゆくようになるだろう。

参考文献

八木久美子. 2011.『グローバル化とイスラム――エジプトの「俗人」説教師たち』東京：世界思想社.

Galal, Ehab. 2016. "Friday Khutba without Borders: Constructing a Muslim Audience." In *Political Islam and Global Media: The Boundaries of Religious Identity*, edited by Noha Mellor and Khalil Rinnawi, 86-101. Abingdon: Routledge.

アブー・アル＝ファドルによるオンライン説教の初回の様子（2019年1月25日）

第3章

閉じられたテキストを世界に向けて広げる

デジタル人文学とイスラーム法学のテキスト研究

塩崎悠輝

1. はじめに

ヒューマニティーズ（人文学）はテキストを読み、解釈する知的営為として、古代以来、世界各地で発展してきた。欧米でアジアのテキストが読まれる機会も、アジアで欧米のテキストが読まれる機会も増えた。そして、大学制度が世界的に標準化されるのにともない、人文学も標準化されつつある。

人文学が標準化されるとは、テキストとは何か、という理解が標準化されることを前提としている。テキストの持つ意味、テキストを読むことの意味は地域によって異なるだけではなく、ヨーロッパに限っても、時代によって変遷してきた。

近現代になり、印刷技術が、学校研究が、テキスト研究の世界的標準化が、テキストの意味とテキストを読む意味を標準化してきた。20世紀にテキストがデジタルデータ化（数字化）されたことにより、再びテキストとその読解を成り立たせる意味の体系が、新たな変化を遂げようとしている。

本章は、テキストの意味とその読解の意味の歴史的変遷を概観したうえで、現在、テキストのデジタルデータ化がテキスト研究に起こしつつある変化の一部を、イスラーム法学に関わるテキスト研究を例に、解説する。

2. 世界としてのテキストと聖なる言語

「初めに言があった。言は神と共にあった。言は神であった。この言は、初めに神と共にあった。万物は言によって成った。」［新約聖書新共同訳 1:1–5］と『ヨハネによる福音書』の冒頭にあるよう、前近代において、テキストは単なる記号ではなかった。

前近代にはほとんどの言語は宗教と不可分であり、神によって記されたと考えられるテキストが存在した。ベネディクト・アンダーソンが、『想像の共同体』で「聖なる言語で結ばれたこうした古典的共同体」［Anderson 2007, 36］

と呼んだように、ラテン語、アラビア語、サンスクリット語、漢語の聖典、古典を読解する者たちの共同体は地域にまたがって千年以上に渡り存在していた。

聖なる言語の共同体は、地域を越えた知の継承と人の移動を促しただけではなく、各共同体に属する人々の世界観を共有させた。とりわけ、世界の創造主の存在を前提とする一神教にあっては、聖なるテキストは創造の手段、あるいは創造主と一体と見なされ、世界の秩序と不可分と考えられた。「すべての偉大な古典的共同体は、聖なる言語を媒体として超越的な力の秩序と結合し、かくしてみずからを宇宙の中心としてみなした」[Anderson 2007, 36]。

聖なるテキストの著者は神であり、神学者（イスラームでいえばウラマー）の役割は、聖なるテキストを敷衍していくことであった。イスラームの法学や神学は、クルアーンを第一の典拠として、そこに注釈を重ねていったものである。法学派の祖といわれるようなウラマーがクルアーンとハディースを典拠として著したテキストに、さらに後世のウラマーが注釈を重ねていった。

古典的なイスラームの法学や神学のテキストにおいて、クルアーンやハディースからの引用は明示されるが、過去に注釈を重ねてきたウラマーについては、引用元として言及されることもあれば、言及されていないこともある。これは、キリスト教やその他の宗教の古典においても広く共通していることである（ただし儒教の訓詁学はやや異なる）。テキストは著者のものではなく、聖なるテキストから敷衍されたものであり、人間の著すテキストというのは、テキスト間の相互関連（間テキスト性／intertextuality）の複雑な重なりの中で偶成されるものに過ぎなかった。個々のテキストが、「知的伝統全体の豊饒な複雑性と相互関連性の内にある一つの点（ノード）を表しているに過ぎない」[Christensen et al. 2021, 49] のは、前近代においてはキリスト教においてもイスラームにおいても同様であった。

このような前近代のテキストには現代の学術書と異なり、引用と出典明記の慣習は必要とされておらず、多くのテキストには著者の名さえ記されていなかった。テキストが著者のオリジナルな産物であるとも考えられていなかった。

このことは、テキストが常に他のテキストと神の創造した世界に対して開かれ接続していたということでもあり、テキストは著者という個人の人格の産物ではなかった、ということでもある。

なお、イスラームにおいては、今日でもなお聖なるテキストであるクルアーンとハディースを敷衍していく行為、そして聖なる言語の共同体は健在である。イスラームの法学や神学に関する、ウラマーによるテキスト読解と欧米などのオリエンタリストたちによるテキスト読解の間には断絶があり、両者は基本的には交わることの少ない別の営為である。

3. 閉じられたテキストと記号としての言語

18世紀のヨーロッパにおいて、聖なるテキストとしての聖書がその権威を失っていくとともに、テキストは著者の人格の産物と見なされるようになっていった。フランス革命を契機として、ラテン語がヨーロッパで聖なる言語としての地位を失っていき、ヨーロッパ各国では、フランス語などの国民の言語が学校教育とメディアで普及していった。キリスト教の聖なる言語よりも、世俗的な国家が国民の言語に優越的な地位を与える時代となった。このことは、同時に聖なる言語の知的伝統の蓄積と複雑な間テキスト性からテキストが生成されてくるという、前近代的なテキスト生成のあり方が否定されようになった、ということでもあった。

> 「すべての言語がこうして世俗(内)的地位を共有するようになれば、すべての言語は研究・賛美の対象として原理的に平等の価値をもつことになる。しかし、誰が研究・賛美するのか。論理的に言えば、今やいかなる言語も神のものではないのだから、それはその新しい所有者たち、つまりそれぞれの言語を母語とする話者と読者が、ということになる。」[Anderson 2007, 124]

近代には国民の言語によるテキストが主流となり、それは聖なる言語の知的伝統とは断絶し、著者がテキストの所有者となった。テキストは第一義的には著者の独占物となり、このことは、テキストを相互に断絶した、孤立した小さな体系にしてしまった。

19世紀になると、文学は著者の人格を敷衍したテキストと考えられるようになり、学術書では出典が明記されるようになり、著者のオリジナリティが尊重されるようになった。

テキストが、著者がその人格(生い立ちや体験を含む)を意図的に体現した産物である、というのが19世紀のロマン主義的なテキスト観であった。この発想によるテキスト研究は、著者の人格を分析すること、著者のイデオロギーや伝記的な著者の体験を分析することが、テキストを分析することである、ということになった。

19世紀の末になると言語とテキストとテキストの読解について、全く異なる見方が出てくるようになった。その源泉となったのが、ソシュール（1857〜1913）の思想であった。ソシュールは、まず、言語の体系とは「シーニュ（記号）」の体系であり、シーニュは「シニフィアン（意味するもの）」と「シニフィエ（意味されるもの）」が対になったものである、とした。そして、シニフィアンとシニフィエの関係は恣意的なものでしかなく、必然的な関係は無いことを明確にした。

ソシュールは、彼の講義の記録から、以下のように述べたと記録されている（以下、訳は丸山による）。記号は価値体系の中で価値をもつ。

> 「シーニュ［記号］の体系という単位の体系は、価値体系にほかならぬ。経済学をも含めて、あらゆる次元の価値はシーニュ［記号］である。」（Engler版『一般言語学講義 改訂版』断章1842番）［丸山 2012, 67］
>
> 「いかなる価値といえども個的存在ではあり得ず、記号は集団［体系］の容認によってしか即自的な価値をもつには至らないであろう。」（Engler版『一般言語学講義 改訂版』断章1842番）［丸山 2012, 67］

ソシュールによるシニフィアンとシニフィエの分離は、記号が価値の体系の中でこそ価値を持つことができるということを明示した。それは、シニフィアンとシニフィエがランダムに恣意的に結びついただけでは記号の体系が成立する訳ではない、ということでもある。ソシュールが以下のように述べているように、シニフィアンとシニフィエの結びつきは必然的ではなく恣意的であるが、その結びつきによってできた記号に価値を持たせるのは、他の記号との関係、価値の体系である。

> 「我々には一つの語が単独に存在し得るという幻想があるが、ある語の価値は、いかなる瞬間においても、他の同じような単位との関係によってしか生じない。語や辞項から出発して体系を抽き出してはならない。そうすることは、諸事項が前以て絶対的価値を持ち、体系を得るためには、それらをただ組立さえすればよいという考えに立つことになってしまうだろう。その反対に、出発すべきは体系からであり、互いに固く結ばれた全体からである。」（Engler版『一般言語学講義 改訂版』断章1847番）［丸山 2012, 68］

テキストは著者の人格や体験の表現ではなく、あくまで著者の人格とは別個の、記号の体系的集積として理解しうるようになった。そして、記号の集積であるテキストもまた、価値の体系の中で、他のテキストとの間の関係性（間テキスト性）からこそ生成されうるという認識が再び共有されるようになっていった。

4．外部に向かって開かれていくテキスト／データとしてのテキスト

20世紀後半から、テキスト研究のあり方が変容を続けている。テキストが記号の集積であり、個人の人格の産物ではなく、世界各地で歴史的に形成されてきたいくつもの知の価値体系の産物であると認識されるようになりつつある。個々のテキストは、「知的伝統全体の豊饒な複雑性と相互関連性の内にある一つの点（ノード）を表しているに過ぎない」［Christensen et al. 2021, 49］という前提に立てば、著者の個人的な生い立ちや思想だけが、テキストを生成するわけではないといえる。

19世紀に、著者の人格との閉じられた関係から理解されようとしていたテキスト研究は、20世紀後半以来、知的伝統全体の中で発生する相互関連（間テキスト性）の研究を通してテキストの生成過程を解明していこうとするように移行してきている。知的伝統全体、とは、世界各地で通時的・共時的に発展してきたいくつもの価値体系と、それらを形成した人々の知のネットワークである。

人文学が、テキストを読解する学であることは、有史以来変わりはない。もちろん、「テキストとは何か」という理解が、時代によって変遷してきた以上、「テキストを読解する」ということ自体が、時代によって変遷してきたのであるが。

19世紀から20世紀にかけて前提とされていたテキストの完結性とは、すなわちテキストの閉鎖性であり、その発想に立っていても、読解者（分析者）は、あるテキストを他のテキストや社会・歴史の事象と比較することは可能であった。しかし、その際の比較対象のテキストや事象の取捨選択は恣意的であり、テキストの成立過程を解明した実証的な研究であるための根拠が欠けていた。

2023年現在、大規模言語モデル（large language model）によるテキスト生成

が急速な発展を遂げている。大規模言語モデルは、オンライン上にあるデータとしての言語（億単位の変数）を対象にコンピュータで自然言語処理を行うことで可能となった。大規模言語モデルによる自然言語処理は、テキストの完結性を完全に無視し、人間によるテキストの生成には特定の指向性が存在することを捨象している。

間テキスト的なテキスト分析を行ううえで、大規模言語モデルは、分析者の恣意性（間テキスト的な比較を行うためのテキスト選択に関する恣意性）を排除することに成功している。いい方を変えれば、テキストが閉じられたものであることを否定し、それどころか完結的なテキストのあり方自体を無視している。これは、コンピュータとインターネットの登場によって可能になったことで、膨大な量のデジタル的（数字化された）データとしての言語を確率論的に処理することができるという技術の進歩の成果である。

今後、言語とテキストがデジタルなデータとして扱われ、数学的な方法による研究対象となる時代が続くであろう。古文書や手稿を含むテキストのデジタル化、TEI（テキスト・エンコーディング・イニシアチブ）のような国際的な共同事業は、データとしてのテキストをデジタル化して、数学的な分析方法の対象にしていくための準備作業といえる。

テキストは間テキスト的な相互依存を通して成り立つ。その相互依存が知の広大なネットワークを築いてきた。20世紀に記号として言語、記号としてのテキストいうパラダイムが成立し、コンピュータとインターネットと数学の進歩によって、「文書としてのテキスト」パラダイムから「ネットワークとしてのテキスト・パラダイム」［Christensen et al. 2021, 47］への回帰が可能となった。この移行を現実化するためのデジタル的基礎をつくる［Christensen et al. 2021, 48］ということは、すなわち「知のネットワーク全体へのアクセスを可能にする」［Christensen et al. 2021, 53］ためのインフラをつくるということでもある。

前近代の「ネットワークとしてのテキスト・パラダイム」では、知のネットワーク全体へのアクセスは個人ではほぼ不可能なことであり、多くのテキストにアクセスする機会を得た非常に限られた数の人間の博覧強記によって部分的に可能になるのみであった。デジタル化したデータサイエンスとしてのテキスト分析は、前近代よりもはるかに多くの人間が、知のネットワークの間から生成される諸々のテキストへのアクセスと、分析の手段を得ることを可能にする。

5. デジタル化されたテキストとイスラーム人文学

イスラームに関わる人文学は、イスラーム世界で発展してきたものとヨーロッパで発展してきたものでは、歴史的に大きな違いがあった。イスラーム世界では、テキストはアッラーが創造したクルアーンを基点として、イスラームの知的伝統の体系／ネットワークから生成されていくものであった。

ヨーロッパで発展してきたイスラームに関わるテキスト研究は、聖書学の周縁に位置し、キリスト教人文学を補完する役割を期待されてきた。聖書学的な文献学が適用され、一部の碩学を例外として、膨大なイスラームの知的伝統の体系／ネットワークを踏まえたうえでのテキスト研究とはいい難かった。

21世紀になって、両者の差異は縮まりつつある。その理由は、一つにはムスリムの欧米への移住が進み、欧米でもイスラームの知的伝統を踏まえた研究者がイスラームに関わるテキスト研究に従事するようになったことである。もう一つの理由は、情報通信技術の発展により、欧米の研究者がイスラームに関わるテキストにアクセスすることが容易になったためである。この技術発展の成果には、テキストのデジタル化とオンラインでのアクセスが可能になったことも含まれる。

テキストのデジタル化とオンライン化は、デジタル人文学の基礎的な準備作業である。そのうえで、数学と情報技術を応用した新たな研究方法のテキスト研究への適用が可能になる。テキストのデジタル化とオンライン化は、世界中の文書館や大学などで進んでおり、日本でいえば国立公文書館デジタルアーカイブや国立国会図書館デジタルコレクションがそれに相当する。

イスラームに関わるテキストのデジタル化とオンライン化は、ヨーロッパ諸国で最も進んでおり、中東、アフリカではまだ非常に限られている。世界でも最も多くのテキストがデジタル化・オンライン化されている機関の例として、大英図書館（https://www.bl.uk/manuscripts/）などがある。

デジタル人文学は、情報工学の成果の導入によっていくつもの新しい研究方法を獲得しつつあるが、それらの研究方法は、おおまかに、テキスト分析、空間分析、ネットワーク分析の3つに分類することができる［Meeks 2011］。

本章では、イスラームに関わるテキストの研究で特に適用可能なテキスト分析およびネットワーク分析に着目するが、3つの柱は多くの研究対象に併用して用いることが可能である。GIS（地理情報システム／Geographic Information System）を編集し分析するような空間分析的研究方法は、テキストそのものの分析とは無関係ともいえる。しかしながら、テキストが生成されていく知のネットワークが存在しているのは、現実の地理空間である。間テキストの相互影響が起きるのも、学校や師弟関係といった人間関係、あるいは書物の流通、図書館や書店を通してである。とりわけ、印刷技術や情報通信技術が未発達であった前近代では、知のネットワークの展開は、地理的環境に大きく制約された。テキストは現実の世界に対して閉じて存在している訳ではなく、実際にはテキストが世界に対して開かれてあるからこそ知のネットワークは維持され、紡がれていく。テキストの生成と地理空間の間に歴史的関係がある以上、テキストのデータと地理空間のデータを併用してテキストの生成過程を分析する研究方法も、将来的には期待される。

デジタル人文学の研究方法の3つの柱は、多くの場合、可視化をともなう。特に、空間分析とネットワーク分析で、データの可視化が盛んに行われている。データの可視化もまた情報工学の人文学への応用であり、データがデジタル化され、コンピュータで処理することで可能になった。データの可視化は、研究方法というよりも、読者の研究対象への理解を助ける効果があり、いわばプレゼンテーションの手法として優れている。ただし、研究方法としての意義は薄く、分析者が研究対象についての概観把握や視座の転換を試みるうえでの参照用の手段と位置づけることができる。

デジタル人文学の研究方法上の強みは、図3-1のように万単位以上の膨大なデータをコンピュータで処理できることであり、データ科学で発展してきた数学的な分析を、テキスト分析に応用できることである。

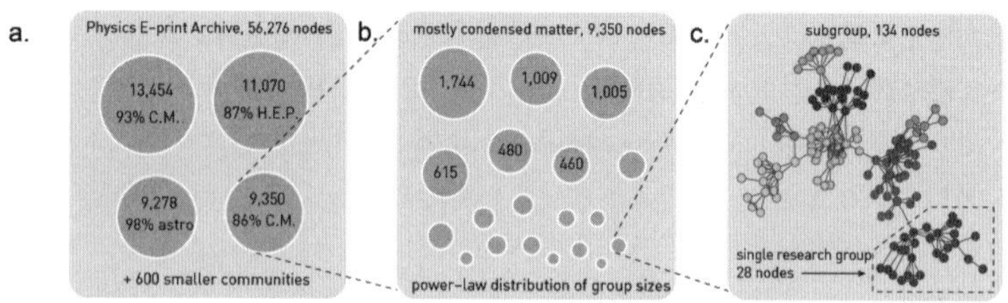

図3-1　物理学者のネットワークにおけるコミュニティ構造［Barbási 2019, 357］

図3-1は、arXiv.orgへの投稿論文をデータとして、投稿者である56,276人の物理学者が研究において形成しているネットワークの構造を考察し、その一部を可視化したものである。この考察は、数学でいう最適化問題であり、投稿者たちのコミュニティ・クラスターを捉えることを目的としている。a. は、まず投稿者を、物性物理学（C. M.）、高エネルギー物理学（H. E. P.）、宇宙物理学、それ以外の小さな600のコミュニティに分割している。b. は、9,350人の物性物理学のコミュニティを多くの小さな下位コミュニティに分割している。c. は、b. で表示された下位コミュニティの1つの内部にいる134人が形成しているネットワークを可視化している。このように、大量のデータを数学的に処理すること（モジュラリティの最適化）で、万単位の人間のコミュニティとネットワークの構造を予測することができる［Barabási. 2019, 354–357］。ウラマー（イスラーム学者）も、歴史を通して地域を越えたコミュニティとネットワークを形成しており、数万人が関わる知のネットワークからテキストが生成されてきた。ネットワーク分析の研究方法を用いることで、イスラームのテキストの膨大なデータを数学的に処理し、歴史的なウラマーのコミュニティとネットワークの構造を推測することも可能であろう。

6．ハーバード大学のシャリーアソース・プロジェクトによるデジタル人文学的イスラーム・テキスト研究

今やデジタル人文学はヨーロッパと北米のいくつかの中心地において、日進月歩の発展を遂げている。発展とは、主に、研究に要するインフラ的基盤の整備、新たな研究方法の開発、そして研究成果の発信に分類することができる。

これまで欧米におけるイスラームのテキストに関わる研究の基盤として、最も重要なのは、

・アラビア語、ペルシア語、その他諸言語のテキストを読解する訓練
・中東、アフリカ、アジア各地でフィールドワークを行う訓練
・イスラーム世界で収集された古文書の所蔵

であった。

これらの研究基盤において、北米の研究機関は、ロンドン、ライデン、パリといったヨーロッパの研究拠点に現在でもなお及ばない。しかしながら、北米への大規模なムスリムの移住が進んできていることと、米国のいくつかの

研究拠点の圧倒的に潤沢な予算ですでに訓練を積んで業績のある研究者を招へいし、雇用することで、ハーバード大学などが研究の中心として台頭しつつある。また、ヨーロッパの研究拠点が所蔵する古文書がデジタル化、オンライン化されたことで、古文書を所蔵している研究機関がすなわち研究の中心地、という訳ではなくなっている。

デジタル人文学において、研究に要するインフラ的基盤の整備とは、まずデータベースの構築とそのオンライン化が挙げられる。ハーバード大学法学部内にあるプロジェクト、シャリーアソース（SHARIAsource）（https://beta.shariasource.com/）は、デジタル人文学的なフィクフ（イスラーム法学）の研究に要するインフラ的基盤とツールをオンラインで提供している。

シャリーアソースのデータベースの特筆するべき点は、イスラーム法学に関わるテキストを統一された規格のテキストデータに加工してオンライン上で公開していることである。イスラーム法学の基礎的な文献から始まり、常時収録点数を追加しながら、テキストデータのみを数量重視で公開している。従来の、研究機関が所蔵する古文書を画像として公開している既存の大部分のデータベースとは異なっている[1]。

デジタル人文学の強みは、デジタル化されてデータとなった膨大な量のテキストを、コンピュータを用いて数学的に処理し、分析できることである。テキストがデジタルデータ化されていなければ、検索にかけられないのはもちろん、各種ソフトウェアによる分析もできない。つまり、シャリーアソースのデータベースは、コンピュータを用いたテキストの分析を前提としたものである。

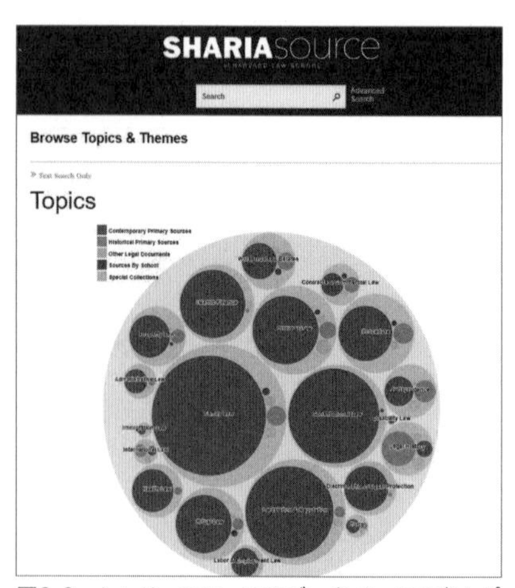

図3-2　シャリーアソースのデータベースの各トピックへのリンク画面

シャリーアソースのデータベース構築は、まだ端緒の段階にあり、収録されているテキストは数千点に過ぎない。イスラームの法学に関わるテキストは、古典的な法学書に限らず、ファトワー（教義回答）、現代の法令、裁判の判例、契約書など、多岐に渡る。シャリーアソースのデータベースはそれらのテキストも収録対象としている。7世紀から現代までの、世界各地のこういった法学に関わる多言語のテキストを収録していけば膨大な点数となるが、収録点数が数百万、数千万と増えていけば、このデータベースがイスラーム法学研究の欠くべからざるインフラ基盤となるであろう。そして、他のデジタル人文学の諸分野と同様に、テキストのデジタルデータ化とデータベース化が進んでいくことで、様々な数学的な処理による分析という、新たな研究方法の導入が可能となる。

7. 複数のテキスト構造体をつなげていく仕組みとしての法学

膨大なイスラーム法学のテキストがデジタルデータ化されたうえで、それをどのように分析して、何がわかるのか、ということが問題となる。

テキストがデジタルデータ化されていれば、データマイニングの一種であるテキストマイニングが可能になる。データマイニングはデータ科学の一部であり、KDD（knowledge-discovery in databases）とも呼ばれるが、膨大なデータベースから新たな知識を発見することである。

データマイニングのために、確率論、圏論、行列論、線形代数、回帰分析など数学的方法のデータ科学への応用が発展してきた。これらの方法のテキストデータ分析への活用が進んだことで、現在の自然言語処理や、機械翻訳、大規模現モデルの発展がある。

デジタル人文学の中心的課題は、テキストの研究に、広義のデータ科学が応用されていくことであろう。広義のデータ科学、にはネットワーク科学も含まれるが、以下、ネットワーク科学がイスラーム法学研究にいかに応用されつつあるのかを考察していく。

イスラーム法学のテキストを含め、人文学のテキストはランダムなデータの羅列ではない。法学の個々のテキストには、構造とアルゴリズムがある。テキストの構造とアルゴリズムをつくっているのが、イスラーム法学の、知的伝統のネットワークである。既存のテキストの内部にある構造をつなぐテキスト間のネットワークがある。つまり、複数の構造体（いわばソースコードのようなもの）を論理的につなぐ（コーディング）仕組み（ハイパーテキスト）があり、その仕組みが、この場合法学である、ということもできる。

法学において、テキスト間のネットワークは、グラフ理論でいう有向性非巡回（directed acyclic graph）グラフで可視化することができる。少なくとも、テキスト間の引用のネットワークは、理論的には有向性非巡回となる（図3-3）[2]。図3-3ではaの方がb、cよりも時系列に早く出版されているので、bやcがaを引用することはあっても、その逆は無いと考えられ、そのため有向性グラフとなる。

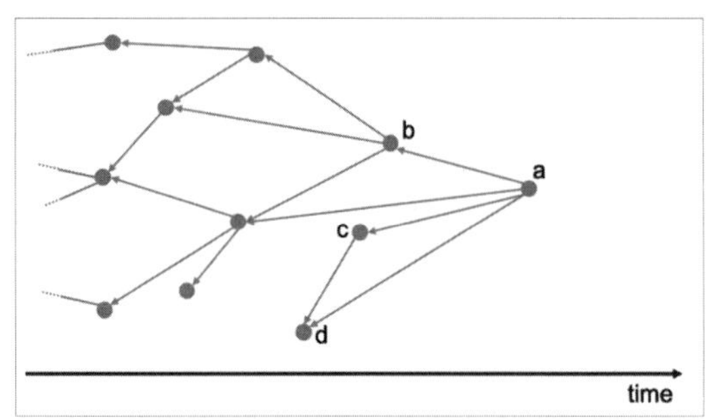

図3-3　引用ネットワーク可視化の例

図3-4は、「可視化法学」という構想により、特定分野の日本の法令を、法令というテキスト間の関係を、参照関係に基づいて可視化したネットワーク図である。参照数が多い法令ほど、大きな円（ノード）で表されている。

図3-4　鉱業分野関係の法令の参照関係［芝尾 2017, 12］

『可視化法学』の第1章第2節「法律≒プログラミングコード」では、以下のように述べられている。

法律は、英語でCODE（コード）とも呼ばれる。エンジニアがコンピュータでプログラムを動かすためプログラミング言語を用いて書くものも、CODE（ソースコード）と呼ばれる。同じ名前で呼ばれるように、一見別々だと思われがちな法律もソースコードも似たような特徴を持つ。

その特徴とは、

1. 極めて論理的で、構造化された言語で書かれている
2. 社会やコンピュータなど複雑なシステムを動かすのに使う

［芝尾 2017, 2］

たとえるならば、ウラマーは、法学のテキストによって、ムスリム個人やムスリム社会、国家を律しようとするが、それは、エンジニアがソースコードによってコンピュータのシステムを動かすのと類似している。ただし、イスラーム法学のテキストの大部分は、現代日本の法令と同じ意味での法令ではなく、クルアーンやハディースの解釈であり、宗教儀礼を含む人間の諸行為の規範を示したものである。

ソースコードと法の類似性をさらに挙げるならば、どちらもテキスト間の参照があり、その参照の系統が複雑化しすぎるとバグが起きる。ネットワーク図でいえば、ノードとノードを結ぶ辺（エッジ）が複雑に絡まりすぎると、コードがシステムを動かす際に障害が起きる。バグを避けるために、コード／法令間の参照関係はシンプルであるべきであり、できるだけシンプルなネットワーク図で表せるようになっているべきである。

図3-5は社会保険分野の法令の参照関係を可視化したネットワーク図であるが、図3-4の鉱業分野の法令の参照関係と比べると非常に複雑である。参照関係のネットワーク図がシンプルであるためには、基本法などの中心となる法令があって、それが最も大きいノードとなり、それを取り巻くように法令ができていることが望ましい。

図3-5の場合、健康保険法、年金保険法、国民保険法といった中心的なノードが複数存在してグループを成している。そして、これらのグループに属する法令が、他のグループに属する法令との間で相互参照を行っている事例が非常に多い［芝尾 2017, 218–19］。おそらく、政治的利益関係に関わる法令が多いため、運用上の都合で頻繁に法令が追加されていった結果であると考えられるが、このような参照関係の複雑化は、システムを動かしている時にバグが発生するリスクを高める。

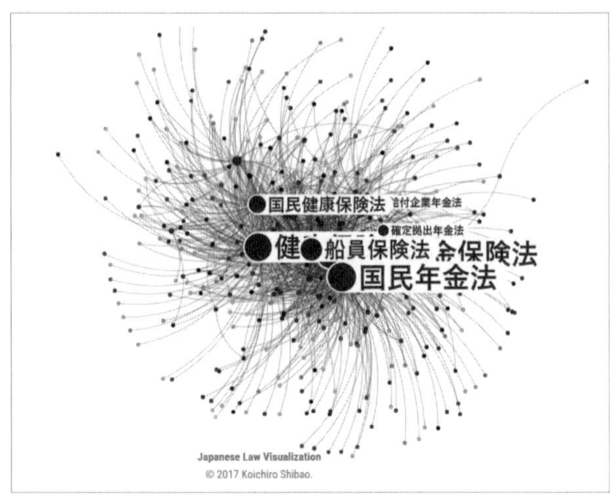

図3-5　社会保険分野関係の法令の参照関係［芝尾 2017, 18］

法令の運用においてバグが起きるリスクを減らすためには、可能であれば、中心となるノードから、整合性がとれたかたちで有向性非巡回グラフとしてネットワークが発展していくことが望ましい。ネットワークを整合性のとれたシンプルな構造とするためには、数十〜数百程度の法令テキストであれば、可視化されたネットワーク図から考察することも可能である。しかし、万単位以上のテキストの参照関係の分析は、数学的な方法が必要であり、たとえば図3-1で行われているように最適化問題の解を求めることで、最適なネットワーク構造を予測することができる。

8. イスラーム法学とネットワーク科学

イスラーム法学のテキスト間の参照関係を可視化する試みはすでに始まっている。図3-6、図3-7は、Footprinter（フットプリンター，https://quran-in-fiqh.hum.uu.nl/）と名づけられた、クルアーンとイスラーム法学の古典のテキスト間の参照関係を可視化して表示できるオンライン上のツールである。

図3-6は、クルアーンの112章1節とそのテキストを引用したイスラーム法学の複数の古典書の間の参照関係を可視化した引用ネットワーク図の一部である。実際に112章1節を引用している法学のテキストは膨大な数にのぼる。ここで表示されるのは、Footprinterのコーパスに収録されているテキストのみ

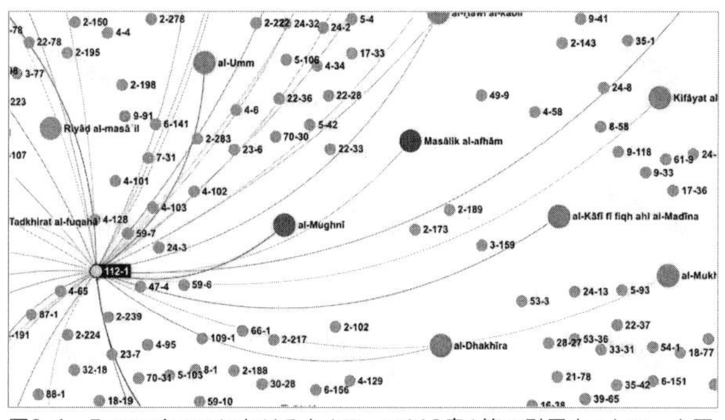

図3-6　Footprinterにおけるクルアーン112章1節の引用ネットワーク図 [Lange et al. 2021, 252]

である。また、Footprinterは、特定の法学派や指定された年代のテキストのみをネットワーク図上に表示するフィルター機能がある。

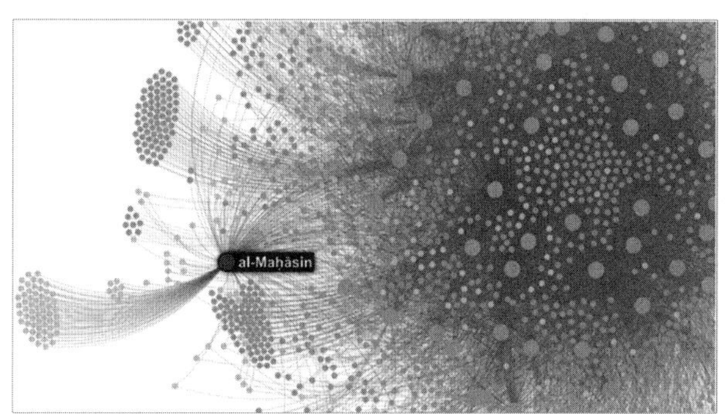

図3-7　Footprinterにおける『マハーシン』の引用ネットワーク図 [Lange et al. 2021, 18]

図3-7は、Footprinterで表示された、シーア派のハディース集『マハーシン』(al-Maḥāsin) の参照関係を可視化した引用ネットワーク図の一部である。ここで表示されているのも、Footprinterのコーパスに収録されているテキストのみであるが、それだけでも複雑なネットワーク図となっている。テキストデータの数が増え、万単位になっていくと、数学的なデータ処理がより必要となっていく。

ハーバード大学のシャリーアソース・プロジェクト内の法廷・法典研究グ

ループ（CnC Research Group）が、現在開発中のツールに、CnC-Qayyim（シー・エヌ・シー・カイイム）がある。このツールは、ムスリム諸国でイスラーム法学に基づいて作成された法典と、古典的な法学書との間の参照関係を解明していくことを目的としている［SHARIAsource n.d.］。

1877年にオスマン帝国が施行した民法典、メジェッレ（Mecelle-i Ahkâm-ı Adliye）のように、歴史上、現在に至るまで、ムスリム諸国の統治者が公布した成文法としての法典がある。こういった諸法典は、イスラーム法学に基づいており、過去に作成された他の法典や、いずれかの法学派の古典書を参照して作成されていると考えられる（メジェッレの場合は、ハナフィー派）。

しかしながら、法典に出典が記されている訳ではなく、法典の各条文がどの法典やどの古典書（複数の場合もありえる）のどの箇所を参照して作成されたのかは詳らかではない。CnC-Qayyimは、まず法典と多数に渡る古典書、そして法廷関係文書のテキストデータのコーパスを構築したうえで、法典と古典書の間の参照関係を把握し、可視化することを目的とした分析ツールである。このツールはまだ開発中であり、端緒というべき段階にあるが、今後、テ

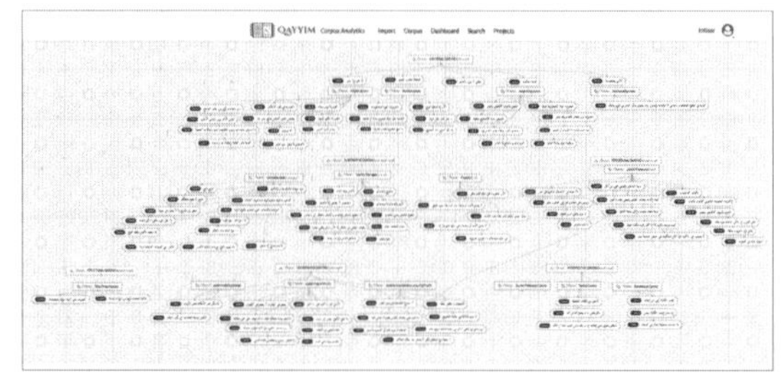

図3-8　CnC-Qayyimによるメジェッレと他の法典のテキスト間の参照関係

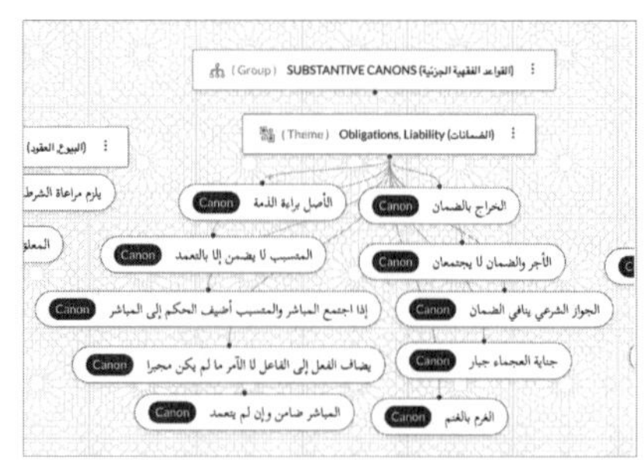

図3-9　CnC-Qayyimによるメジェッレと他の法典のテキスト間の参照関係（拡大表示）

キストデータの量が充実し、分析方法が洗練されていくことで、イスラーム法学の中でも法典と裁判に関わる研究に大きな貢献をするツールとなることが期待される。

9．まとめ

テキストとは何か？　という認識に、近現代のヨーロッパで大きな変動があった。聖なる言語とそのテキストの権威が失われ、20世紀には記号としての言語、価値体系に基づく記号の集積としてのテキスト、という認識に移行していった。その延長上で、データとしての言語、データを集積した構造体としてのテキスト、という認識が21世紀には定着した。

このタイミングでコンピュータとインターネットと数学が飛躍的な成長を遂げていたことで、デジタル人文学が成立する条件が整った。テキストが、知的伝統のネットワークの中からどのような過程で生成されているか、という人文学的問題を解明するための、従来よりもはるかに解像度が高く、実証的な研究方法を手にする道が開かれた。

人文学の研究対象であるテキストがデジタルなデータとなったことで、膨大な量のテキスト間の関係を数学的に把握できるようになった。さらにはテキストデータに地理空間情報さえも併せて分析する方法も発展しつつある。

イスラームに関わるテキスト研究も、他の人文諸学同様、デジタル人文学の研究方法を手に入れたばかりであり、試行錯誤とより洗練された有効かつ実証的な研究方法へと高度化させていく取り組みを始めたところである。世界の数ヵ所で、イスラームに関わるデジタル人文学の中心が構築され、オンライン上でデータベースと分析ツールを提供していくことが続くであろう。そういったインフラ的研究基盤を活用できるようになることが、研究に必要なディシプリンの一部となっていく。

注

1　世界のいくつかの研究機関では、所蔵しているテキストのテキストデータ化とそのオンライン公開化が進められつつある。日本でいえば、その一例が、国立国家図書館の次世代デジタルライブラリーにおけるOCRテキストデータ表示機能の整備である[NDL Lab 2022]。OCR（光学文字認識）の発達によって、個人であっても古文書の画像上の文字をテキストデータ化することは着実に容易となってきてはいる。しかし、研究機関が所蔵するテキストをテキストデータ化してオンライン公開することは、利用者、とりわけデジタル人文学に従事する研究に関わる者にとって、インフラ的基盤としての大きな意義がある。

2　引用ネットワーク（citation network）が、理論的には有向性非巡回グラフとなること（しかし、現実では巡回グラフになることもある)については、[Salatino 2018]を参照。

参考文献

芝尾幸一郎. 2017.『可視化法学』東京: トム出版.

丸山圭三郎. 2012.『ソシュールを読む』東京: 講談社.

Anderson, Benedict. 2007.『定本想像の共同体——ナショナリズムの起源と流行』白石隆、白石さや訳. 東京: 書籍工房早山. 原書名 *Imagined Communities: Reflections on the Origin and Spread of Nationalism.* Rev. ed (London: Verso, 2006).

Barabási, Albert-László. 2019.『ネットワーク科学——ひと・もの・ことの関係性をデータから解き明かす新しいアプローチ』京都大学ネットワーク社会研究会訳. 東京: 共立出版. 原書名 Network Science (Cambridge: Cambridge University Press, 2016).

Christensen, Michael, and others. 2021. "Re-Conceiving the Christian Scholastic Corpus with the Scholastic Commentaries and Texts Archive." In *Digital Humanities and Christianity: An Introduction*, 47-75. Berlin, Boston: De Gruyter.

Lange, Christian, and others. 2021. "Text Mining Islamic Law." *Islamic Law and Society* 28, no. 3: 234–281.

Meeks, Elijah. 2011. "More Networks in the Humanities or Did books have DNA?" Stanford University Libraries. https://dhs.stanford.edu/visualization/more-networks/.

NDL Lab. 2022「次世代デジタルライブラリーにOCRテキストを画像に重ねて表示する機能を追加しました」お知らせ一覧. https://lab.ndl.go.jp/news/2022/2022-11-08/.

Salatino, Angelo. 2018. "Are Citation Networks Really Acyclic?" Angelo Antonio Salatino. https://www.salatino.org/wp/are-citation-networks-really-acyclic/.

Saussure, Ferdinand de. 1967 Cours de *Linguistique* Générale: Édition Critique par Rudolf Engler. Wies bader: Harrassoeitz.

SHARIAsource. n.d. "Courts And Canons."*Islamic Law Blog*. https://islamiclaw.blog/tag/courts-and-canons/.

column 3

Unicodeとアラビア文字
文字をグローバルに繋げる仕組み

徳原靖浩

今日、私たちは特にフォントや文字コードを意識することなく、海外のウェブサイトを閲覧したり、アラビア文字やその他の様々な文字を使ってメールやSNSでやりとりしたりすることができる。かつては頻繁に見られた「文字化け」も、今や過去のものになりつつあるかのようだ。

このような多言語環境の進展を支えている技術の一つがUnicodeである。Unicodeとは、世界中の文字を収めることを目指して設計された革新的な文字コード（符号化文字集合）であり、1991年に最初のバージョンが制定されて以来、現在も拡張が続けられている（2023年6月現在の最新バージョンは15.0）。

コンピュータでアラビア文字を表示するための文字コード規格は、アラビア語圏のASMO 449やイランのISIRI 3342のように、国や地域ごとに発展してきた。同じ文字でも規格によってコード値が異なるため、ウェブページやテキストファイルでは、正しい文字符号化（エンコーディング）方式が指定されていなければ容易に文字化けが起こる。また、それに対応したフォントがなければ文字を出力することができない。世界中の文字に一意的な符号位置を与えるUnicodeを採用することにより、アラビア語もヒンディー語もモンゴル語も同じ符号化方式で表示が可能になるのである。また、Unicode 2.0~2.1に含まれるグリフ（字形）を網羅したArial Unicode MSフォント（Microsoft Office 2000~2003に付属、またMacOS Leopard 10.15以降のシステムに内蔵）も、多言語PC環境の普及に大きく貢献した。

さて、文字化けとまではいかないが、Unicode対応のアプリケーションやフォントを使っているのにアラビア文字が正しく繋がっていない文書や画像を今でも見かけることがある。周知の通り、アラビア文字は前後の文字と繋がるという特徴を持っており、各文字は、前後の文字と繋がるかどうかによって、それぞれ異なった字形に変化する。

活版印刷においては、これらの字形ごとに異なる活字を用意する必要があった。さらに、美しい書体を表現するためには、どの文字と繋がるかによっても微妙に字形を変える必要があり、合字と同様の処理が必要になる。コンピュータでアラビア文字を出力する際にも、個々の文字に対して複数のグリフが必要である。しかし、各グリフに別々のコード値を与えると、データ上は別の文字とみなされるため、検索には不便である。このような字系の違いによる検索の不具合を回避する工夫が必要となる。Unicodeでは、符号位置U+0600〜06FFに基本的なアラビア文字（ペルシア語などに使われる追加文字や符号類も含む）をあて、それとは別に、U+FB50〜FDFF、FE70〜FEFFのブロックに、各文字の表示形や、複数の文字の組み合わせによる合字などを割り当てている。キーボードから文字を入力する際には、表示形による違いを区別することなく、ب であればب のキーを押してU+0628のコード値を与えれば、アプリケーション側で前後の文字との繋がりを判断し、適した表示形に置換して出力してくれるのである。その際、データ上はU+0628のコード値を保持したままなので、各表示形も同じ文字として検索することができる。この処理を可能にするため、Unicodeには文字データベースというテキストファイル群が用意されており、その中のArabicShaping.txtというファイルにおいて、アラビア文字の結合による変形の情報が定義されている。また、トルコ語におけるIの小文字がiではなくてıであること、iの大文字がİであるといったルールも、SpecialCasing.txtというファイルで定義されている。Unicode対応を謳うアプリケーションでも全ての言語に対応しているとは限らないから、エディタや動画編集ソフトがこうした定義を適用していなければ文字を正しく出力し、検索することができないのである。

	独立形	尾字形	中字形	頭字形		ب + م	ب + ى	ب + ج		ا + ل + ل + ه
字形・合字	ب	ـب	ـبـ	بـ		بم	بى	بج		الله
符号位置	FE8F	FE90	FE92	FE91		FC08	FC09	FC05		FDF2

表示形や合字に割り当てられた符号位置の例

このように、多言語環境におけるUnicodeの利点は明らかであるが、個々の言語にとっては不都合な場合もある。たとえば、ペルシア語使用者にとっ

て、ك (U+0643 "Arabic Letter Kaf ") とک (U+06A9 "Arabic Letter Keheh ") は、字体こそ違えど同じ文字であるが、Unicodeはこれらに別々の符号位置を与えている。ペルシア語のی (U+06CC “Arabic Letter Farsi Yeh”) とアラビア語のي (U+064A “Arabic Letter Yeh”) も同様である。従って、これらを同じ文字として検索するためには、検索プログラムやデータベースの側で何らかの正規化処理を行う必要がある。実際、CiNii Books（国立情報学研究所が運営する、全国の大学図書館等が所蔵する図書や雑誌の情報を検索できるサービス）およびその基となる総合目録データベースNACSIS-CATにおいては、正規化処理が行われているため、上記の文字の違いを意識せずに検索することが可能になっている。例えば、村上春樹の作品のアラビア語訳を探したい場合、著者名をアラビア文字で書くとهاروكي موراكاميとなり、上記の異体字が含まれるが、正規化処理が行われるため、アラビア語訳だけでなくペルシア語訳も同時に検索される。

多言語で共通の人名やキーワードを検索するには便利であるが、言語によっては、こうした異体字を区別したい場合もあるだろう。たとえば、オスマントルコ語の文書においては、ك がڭ (U+06AD "Arabic Letter Ng") やگ (U+06AF "Arabic Letter Gaf") の異体字として用いられている場合がある。しかし、これらを全て同じ文字に正規化してしまうと、逆にこれらを区別するペルシア語や一部のテュルク諸語では検索に支障をきたしかねない。アラビア語・ペルシア語のه (U+0647 "Arabic Letter Heh") と、ウルドゥー語の2つの"Heh"、すなわちھ (U+06BE "Arabic Letter Heh Doachashmee") とہ (U+06C1 "Arabic Letter Heh Goal") などについても同じことが言える。

このように、同じアラビア文字を用いる言語でも、文字と字形と字体と書体の境界が言語ごとに異なりうるため、文字コードのグローバル化はローカルな文字使用体系との間に軋轢を生じやすく、関係国間での難しい調整が必要になる場合もある。また、地域ごとに異なる文字コードによって蓄積されてきたデータベースやアプリケーションなどの遺産とどのように折り合いをつけるかということも、文字コードのグローバル化における課題の一つとなっている。

第4章

自動文字認識とテキスト化

Transkribusによるウルドゥー語の自動翻刻

須永恵美子

1. はじめに

テキスト化の意義

近年多くの大学図書館や国立図書館が写本のデジタル画像化に取り組んでおり、従来貴重コレクションとして閲覧が難しかった資料が万人に公開されるようになっている。アラビア語をはじめ、ペルシア語、オスマントルコ語、ウルドゥー語などの資料を、大学の所属学生に限定せず、インターネット上で誰でも閲覧・研究利用可能としている館も多く、資料集めの効率は格段に上がっている。中には、ケンブリッジ大学のクルアーンのように（第1章を参照）、本文のフルテキストや注釈まで公開しているケースもあるが、多くは画像の公開にとどまっている。むしろ、現在はデジタル資料が増加し続けており、手に入っても読み切れないほどのデータがあふれている状態にある。

入手したデジタル画像の中身（本文、テキストコンテンツ、挿絵の情報など）を自らの研究で使うために調べたり読み解くのには、当然ながら多くの時間がかかる。文量が長ければ長いだけ、書かれた時代が古ければより一層時間が必要となる。この「テキストを読み解く」ために必要な労力を半減させるため、何が書いてあるかをコンピュータに書き起こさせるのが、本章で扱うOCR（Optical Character Recognition／自動文字認識／オー・シー・アール）であり、特に古い資料など、手書きで書かれた資料のテキストを認識することをHTR（Handwritten Text Recognition／手書きテキスト認識／エイチ・ティィー・アール）と呼ぶ。

資料のテキスト化は、計量分析と相性が良い。テキスト化された文章から単語の抽出、単語動詞の関係性、人物などをTEIでタグ付けしておけば、師弟関係の相関図や、手紙の中で言及された人物の関係、帳簿の処理などが容易になる（第6章を参照）。写本が含む情報の構造化や、検索・処理が可能なアーカイブを作成することもできる。こうした計量分析の補助だけではなく、質的分析としても、従来は論文に必要な箇所を抜き出して精読していたスタイルが、大量の文書のなかから関係のある複数の箇所を選定して比べていくことができる。

本章では、まず、イスラーム研究における写本と刊本の位置づけ、文字史料の在り方、テキスト化について概観する。第2節では、OCRとHTRの研究を概説し、アラビア文字に対応したソフトを取り上げる。第3節ではHTRソフトTranskribus（トランスクリバス／トランスクライバス）の特性と機械学習の方法をまとめる。第4節ではウルドゥー語の雑誌を題材として、実際にTranskribusでトレーニングを行う。

イスラーム研究におけるテキスト

イスラーム地域の古い時代の研究をする際、写本を読むことがある。手稿本、すなわち手書きで作られる書物のなかでも、オリジナル（種本）から書き写された本を写本と呼ぶ。印刷機のない時代、人の手によって一文字ずつ書き写されるため、大量生産は不可能で、必然的に貴重になる。

アラビア語の写本は、7世紀から生産され続けてきた。8世紀おわりには、アッバース朝下のバグダードに製紙工場ができ、「紙と書物を売る市場」が成立した［小杉 2014, 16］。写本の内容は科学、文化、宗教など幅広く、イスラームの広がりとともに中東だけではなく、東南アジアや中国、アフリカ、中央ユーラシアにもアラビア語の写本が残されている。従来のイスラーム研究としては、歴史学、言語学、文学の観点から、包括的な量的分析よりも、一つの写本をじっくりと読み込む個別研究が行われてきた。

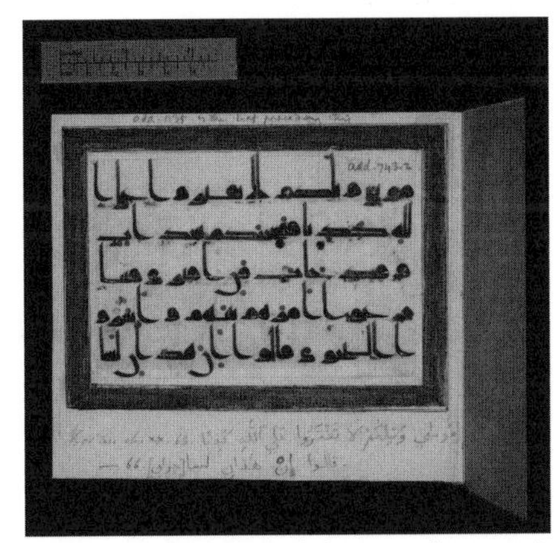
図4-1　ケンブリッジ大学デジタルライブラリーで公開されている8世紀のクルアーンの写本（https://cudl.lib.cam.ac.uk/view/MS-ADD-00743-00002/1）

写本というからには、それを書き写す書家がいるわけだが、10世紀ごろまでの写本には書道家や製作された時期の情報が記載されていないことが多い［大川 2005, 36］。そうなると、様々な解析によって年代や筆跡の特定をすることになる。たとえば、クルアーンの文字の大きさや行数には、地理的・年代的な特徴が反映されている［Chammas et al. 2022］[1]。

15世紀にグーテンベルクの印刷技術が生まれ、16世紀にはイタリアで最初のアラビア語の活字（ハンコのような一文字一文字のスタンプ。これを並べて組版し、塗料を塗って転写する）が作られた。初期のアラビア文字活字はいびつであったため広くは普及せず、18世紀までは手写しの文化が続いていた。

19世紀になると、カイロのブーラーク印刷所を中心に、近代的な印刷機による本格的な活版印刷が開始された［小杉 2014, 397］。少しさかのぼって、18世紀には石版印刷術（リトグラフ）も中東に導入された。石版印刷は、手書きの文字や絵を石灰岩に写し、印刷する技術である。活字印刷とは異なり、書道家の書いた文字の美しさをそのまま復元できるため、活字印刷以上に早く受け入れられた。こうして多くの部数をまとめて印刷された書物を、写本に対して刊本という。

活版印刷と石版印刷の普及により、20世紀に入ると刊本は質量ともに高められ、写本は刊本へと置き換えられていった［小杉・林編著 2014］。印刷技術が向上することで、流通のスピードが上がり、季刊誌、月刊誌、週刊誌、日刊紙といった定期刊行物の出版が可能になり、アラブ諸国ではムハンマド・アブドゥフの『固き絆』やリダーの『マナール（灯台）』といったアラビア語の雑誌が数多く刊行されるようになった。

イスラーム研究とテキストの特徴は、刊本印刷の普及が遅かったため、その分写本の量が多いことである。アラビア文字を使用するアラブを中心としたイスラーム地域では、長らく写本の時代が続き、19世紀に印刷技術が定着し、20世紀になってから活字のテキストが広まるようになった。そして、21世紀の現在、急激なスピードでコンピュータへの移行が進んでいる。

写本を研究で使用する際、購入や譲渡で原本を手元に置ければよいが、文書館や個人宅などに私蔵されている場合は、複写する作業が必要になる。コピーや写真が許可されていない場合は、手で書き写したり、パソコンで入力しながら写すことになる。

本章で扱う現在のOCR／HTR技術を使えば、これらの資料画像をテキスト化し、全文検索をすることが可能になる。しかも、ある程度まとまった資料群であれば、テキスト化は自動で進められる。現地で収集した書籍や、図書館で撮った大量の文書の画像やコピー、マイクロフィルムなど、積読になってしまっている資料のうち、どの頁に何が書いてあるのかを瞬時に把握できるとしたらどうであろう。OCR技術によるテキスト化は、歴史的な写本・刊本に問える研究課題が広がる可能性を秘めている。

2. OCRとHTR

アラビア文字OCR研究史

OCR（Optical Character Recognition／自動文字認識）は、パターン認識技術の中でも文字認識を応用したシステムである。日本語や英語では、画像データをテキスト化するOCRの技術が進歩している。スマートフォンのカメラをかざすだけで文字を読み取るGoogleレンズや、LINEのテキスト認識サービスは、無料で使える便利な機能として定着しつつある。

アラビア文字のOCRはアルファベットや漢字圏に比べて一世代遅れている。機械が文字を読み取るには、どこに文字が書いてあるか（レイアウト）、一つ一つの文字を読み取れること（文字認識）などをクリアしていかなければいけない。アラビア文字の特徴である右から左へ書くこと、単語内の文字がつながっている（一部つながらないものもある）こと、単語内の位置によって文字の形が異なること、草書体であることなどから、ラテン文字に比べて複雑なプロセスが必要になる［Romanov et al. 2017; Sahlol et al. 2020］。

機械に文字を認識させる際のアラビア文字独特の課題としては、①合字、②セグメンテーション（分割）、③データセット（学習用サンプル）の不足という3つが挙げられる。

まず①合字（ligature）とは複数の文字が繋がり1つの文字として変形することを言う。アラビア語にはこの合字が多数あり、基本線に沿って左側の真横に次の文字を書くのではなく下方向に次の字を垂らす綴りになる。次の図ではカーフ（ک）とアリフ（ا）、ラーム（ل）とアリフ（ا）が合字になって、それぞれ（اک）と（ال）になっている。

図4-2　ウルドゥー語の合字

合字を使わずに表記する方法もあり、また古い活字やフォントでは合字を採用していないケースもあり、合字かどうかの判断が資料によって異なる。

次の②セグメンテーション（分割）は、画像を線、単語、文字などの構成要素に分離する行程を指す。アラビア語のような草書体では、文字間の明確な分離がないため、判別が困難になる。従来のセグメンテーションの手法は、文字の特徴に基づく法則や目視に依存していたが、畳み込みニューラルネットワーク（CNN）やリカレントニューラルネットワーク（RNN）などの新たな深層学習技術によって、アラビア文字の分割の精度は向上している［Faizullah et al. 2023］。

③OCRの精度向上には、サンプルとなるデータセットを使って、できる限り多くの文字を学習させる必要がある。こうした機械学習に使えるアラビア語のテキストデータセットは、現在その数が増えつつあるが、研究者が自由に利用でき、量や正確に広く定評のあるデータベースは存在してこなかった。その中で、2002年に、「アラビア語手書き単語データベース（IFN/ENIT-database）」が公開されたことは、アラビア語テキストのOCR研究史の起点となった。2005年からは文字認識の技術を競うICDARなどの競技会が開催されている。また、2006年9月には、米国メリーランド州カレッジパークで「アラビア語・中国語手書き文字認識サミット（SACH2006）」が開催され、アラビア文字認識のための学術ネットワークが組織されるようになった。

図4-3　ICDAR2023

こうしたアラビア文字のOCR技術発展の成果の一つが、クルアーンペンである。イスラーム地域において、クルアーンの文字をなぞるとその個所を読み上げるクルアーンペン（クルアーンリードペン）というIoTデバイスが2010年前後から登場している。これは、「刊本の紙面と朗読の音声をリンクさせる新しい形でのデジタル機器」で、マレーシアやインドネシアから広がった［小杉麻 2014, 389］。

クルアーンペンはもともと、視覚障害者を支援するため開発されたもので、目の不自由な人や読み書きのできない人のために、クルアーンの朗誦をサポートしている。クルアーンペンには、クルアーンのテキスト画像データセット（QTID）をOCRで読み込む技術が使われている［Faizullah et al. 2023］。

手書きテキストの読み取り

どの言語でも、タイプライターやコンピュータで印刷された文字は均一で、いくつかのパターンを学習させればかなり正確に再現できる。一方で、手書きや筆記体のテキストは文字や単語の形が書くたびに変形すること、書き手による配置の揺れ、線の傾き、隣接する単語との重なりなどの歪みがあり、正確に認識させるのが困難である。当然、同じ文章でも書き手一人一人の癖がある。ゆっくり、くっきり、丁寧に書かれていれば可読性は高く、走り書き、殴り書きでは可読率は下がる。

たとえば、手書き文字でも郵便番号ならば、はがきに書かれた枠線の中に留まるが、ノートや手紙に書かれる文字は紙の大きさや文字の大きさ、どこに文字や絵が描かれているのか、紙の種類（葉、石版、獣皮、パピルス、木版、紙）、書き手、筆記具の種類（竹、筆、ボールペン、サインペン、鉛筆）などなど、が大きく異なる。まずは、どれが文字か、どこまでが文字かという識別（レイアウト認識）が必要で、そのうえで何が書いてあるか、何語で書いてあるか、いつ書かれたかなどの判別が始まる。

こうした手書きの文字の認識は、HTR（手書きテキスト認識）と呼ばれる。HTRの仕組みは、デジタル画像に書かれているテキストの文字を、既存のテンプレートと比較することによって、機械的に符号化されたテキストに変換している。テンプレートを作るには、機械に学習させるための「教師データ（グランドトゥルース）」が必要で、HTRの場合はコンピュータに個別文字の曖昧性を一つ一つ学習させなければならない。

アラビア語のHTR研究

英語のローマ字が、手書きになると筆記体として形が大きく変わることとは異なり、アラビア文字は活字でも手書きでも草書体であり、文字の形は変わらない。ただし、手書きになると文字同士の境界に重なりができるため、セグメンテーション（文字の分割）が複雑になる。

アラビア文字に対応した有償OCRソフト（Sakhr's Automatic Reader、ABBYY FineReader、Readiris、NovoVerusなど）は、商品化するにあたり90％台後半の読み取り精度を謳っている。しかし、マキシム・ロマノフが古典写本の高品質画像を用いてABBYY FineReaderとReadirisをテストしたところ、実際の読み取り精度は65〜75％程度であった［Romanov et al. 2017］。

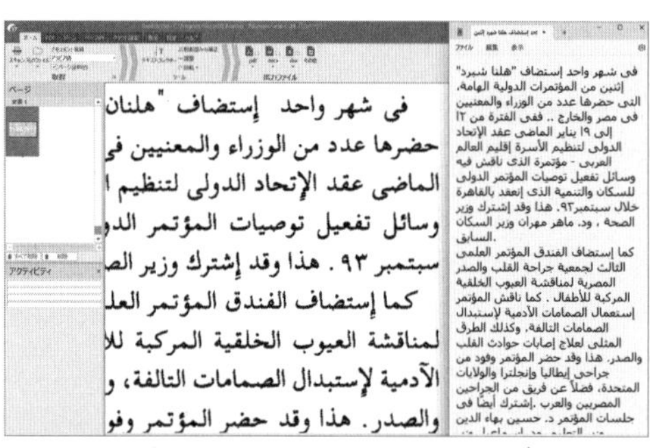

図4-4　Readiris 17Readuris17 PRO でアラビア文字サンプルを読み込んだ画面。右はテキストとして翻刻した結果。

一方で、ウルドゥー語のような商業的利益が見込めず、かつ文字認識の学習段階が十分でない言語では、研究者や学術機関、文化財団、一般市民によるボランタリーな機械学習が必要となる。そこで、「AIを育てる」OCRやHTRのオープンソフトが活用される。アラビア文字に対応したオープンソースのOCR／HTRとしては、Tesseract、Kraken、Calfa、eScriptorium、OCR4all、本章で扱うTranskribusがある。研究者や大学機関によるOCR／HTRの育成は、その学習過程自体が論文や学会発表として公開されるため、「機械に何を学習させてきたか」というプロセスを批判的に評価することができる。

これらOCR／HTRの精度を比較した研究としては、［Romanov et al. 2017; Al-Barhamtoshy et al. 2021; Rouchdi 2021; 宮川 2022; Faizullah et al. 2023］がある。一部の先行研究で、90％を超える文字認識率を謳っているケースもあり、一見そのソフトの性能が十分であるかのようにも見える。しかし、これはあくまで特定の時代・書家のフォントを学習させた結果であり、即座にアラビア文字一般に適応できるものではない。

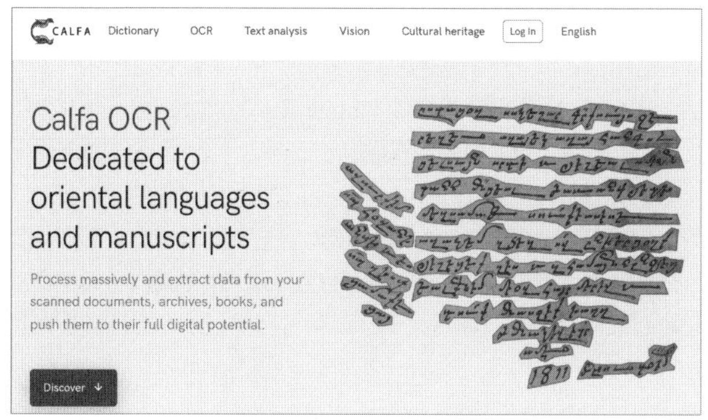

図4-5　Calfa

3. HTR学習ソフトTranskribus

Transkribusの概要

Transkribus（トランスクリバス／トランスクライバス）はオーストリア・インスブルック大学を中心に共同開発された、手書きのテキストを抽出することを専門とするフリーソフトウェアである。その特徴は、オープンソースであること、GUIを兼ね備えていること、共同作業に向いていることなどが挙げられる。

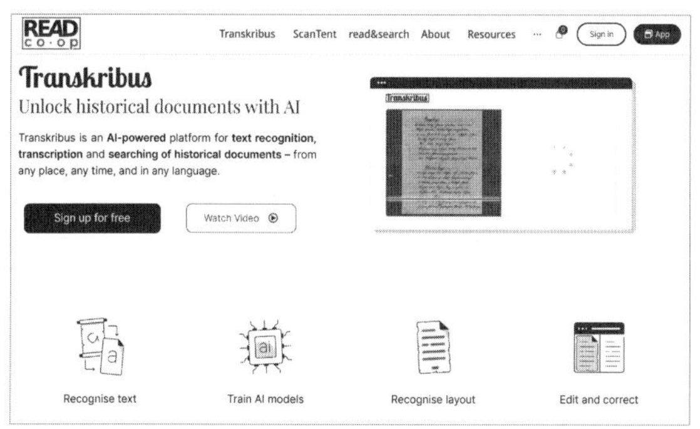

図4-6　Transkribus

2016年より、欧州委員会から資金援助を受けREADというOCRの共同開発プロジェクトが始まった。READは、コーディネーターのインスブルック大学を中心に、バレンシア工科大学（スペイン）、ロンドン大学、デモクリトス大学（ギリシャ）、ウィーン工科大学、ロストック大学（ドイツ）、ライプツィヒ大学（ドイツ）、NAVER LABS Europe（フランス）、ローザンヌ工科大学（スイス）、フィンランド国立公文書館、チューリッヒ州立公文書館（スイス）、パッサウ教区文書館（ドイツ）、エディンバラ大学（イギリス）など、30か国135組織のメンバーからなる［READ-COOP 2023］。フィンランド国立文書館を始めとしたヨーロッパの公文書館がREADにデジタル画像を大量に提供し機械学習を進めてきたため、ヨーロッパの諸言語ではすでに高精度な認識が可能となっている。

Transkribusのおおまかな流れは、手書きの手紙やノート、写本といった画像を読み込ませ、AIが文字のエリアを認識し、Unicodeで文字を抽出し、自動翻刻でテキスト化する。従来のOCRと異なるのは、手書き文書に特化しているため、レイアウト認識や行認識、ポリゴン認識を強化している点にある［Muehlberger et al. 2019］。

Transkribusはヨーロッパで発展してきたが、特定の時代・地域に縛られず、様々な言語の機械学習を前提としているのが特徴である。たとえばペルシア語やウルドゥー語など、Transkribusで未学習の言語では、画像を入れたら自動でテキスト化してくれるわけではなく、使いたい人が自ら教師データを提供し、学習モデルを作り上げていく。この点で、末端のユーザーを含めた共同プロジェクトという側面が大きい。Transkribusのユーザーは学習済みモデルを使って手書きや印刷されたテキストからデータを抽出することができ、同時に機械学習の原理によって同技術の改良に貢献している。

一方、Transkirbusはオープンソースではあるものの、収益型モデルとして2020年10月より有料化している。新たな言語を学習させる「トレーニング」は無料であるが、既存の公開モデルを使ったテキスト化（すなわち蓄積されたシステムの使用）は有料になる（最初は500クレジット分は無料）。

Transkribusの特性

Transkribusは大学や研究者が主体となり、誰でも自由に利用することが可能な学術ソフトで、ユーザーとして図書館司書、人文学者、コンピュータ系研究者、一般市民が想定されている［Muehlberger et al. 2019, 957］。2018年の時点で15,000人の個人ユーザーが登録されており、2019年に20,000人、2020年に40,000人、2021年に50,000人と近年認知度を高めている［READ-COOP 2023］。Transkribus自体はオープンソースで、GitHubで公開されている。

Transkribusは、パソコンにダウンロードして使用するデスクトップ版として開発が始まった。カーソルを動かしボタンを押すなどして視覚的に操作するGUI（Graphical User Interface／グラフィカル・ユーザー・インターフェース）のインターフェースであり、コンピュータの専門的な知識を持たないユーザーにも使いやすい。2021年にブラウザ版としてTranskribus Liteが開発され、インストール不要でさらに多くの人が手軽に利用できるようになった。

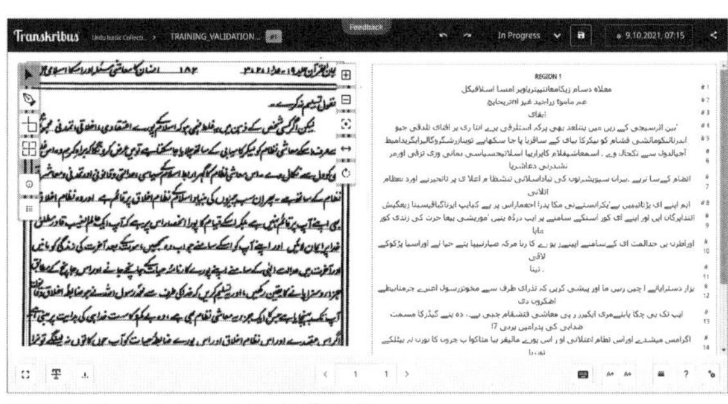

図4-7　Transkribus Lite操作画面

Transkribusのモデルを用いたテキスト化の方法

これからは、Transkribusのダウンロードして使用するデスクトップ版（Windows / Mac OS / Linux 対応）を前提にその仕組を詳しくみていく。Transkribusのインターフェースは英語で、詳しいダウンロード方法についてはYouTubeで公式動画が配信されているほか、日本語では［宮川 2022］で解説されている。

図4-8　Transkirbusスタート画面

Transkribusでは、他のユーザーが作成した文字認識精度の高い公開モデル（Public AI Model）を使用して、手持ちの画像を自動的にテキスト化することができる。有償のOCRソフトと同じように、ユーザーは言語の知識を求められない。

この公開モデルや学習済みHTRモデル（後述）を用いて文字認識、自動翻刻を行うには、画像をアップロードした後、参考にするモデルを選び、Text Recognition > Run を押す。数分から数時間で、自動翻刻されたテキストが書き起こされる。出来上がったテキストは、プレーンテキストの他、TEI（第6章を参照）やPDFとして書き出すことができる。

READプロジェクトの主要メンバーでもあるロンドンカレッジ大学のベンサム・プロジェクトでは、英語モデルが公開されている。このプロジェクトではイギリスの哲学者ジェレミー・ベンサム（1748〜1832年）とその秘書が書いた論文を学習データとし、5万語以上の単語を学習済みで、文字の認識率は95％と高い。このモデルは「Transkribus English Handwriting M3」というタイトルで公開されており、誰でも使用することができる。

言語別では、2023年6月時点で、115のモデルが登録済みで、ドイツ語やオランダ語は書体や年代別に20以上のモデルが公開されている。フランス語（モデル数12、2023年6月時点、以下同）やデンマーク語（11）、ラテン語（15）といったヨーロッパの諸語は公開モデルの数が多い。アジアの言語としては、ハイデルベルグ大学図書館の資料を使い、19世紀のヒンディー語（1）のデーヴァナーガリー文字モデルが公開されている。日本では、小風尚樹氏がフランス語でフランスの科学研究機関であるパリの王立科学アカデミーの18世紀の議事録を使ったフランス語のHTRモデルを作成している［小風 2020; 2022; Kokaze 2022］。

図4-9　オスマントルコ語の公開モデル

アラビア文字としては、19世紀後半から20世紀初頭の雑誌や辞書を学習したオスマントルコ語（1）のモデルが公開されている。こうした公開モデルを使った自動翻刻の精度は、テキスト

化したい資料とモデルが同じ言語、同じ書家、同じ書体であれば、より高くなる。

❦ 4．ウルドゥー語でTranskribusを実践する

それでは、実際にアラビア文字の自動翻刻の例として、ウルドゥー語の資料を用いてTranskribusを使ってみたい。

図4-10　手書きで書かれた『月刊クルアーンの翻訳者』前書き1991年9月号

ウルドゥー語の特徴

はじめにウルドゥー語について説明しておくと、北インドからパキスタンまで、南アジアを中心に話されている言語で、最大の特徴は、口語レベルでヒンディー語とほぼ同一言語ということである。ヒンディー語がデーヴァナーガリー文字で書かれるのに対し、ウルドゥー語はアラビア文字で記される。このため、ウルドゥー語話者とヒンディー語話者は電話で会話ができるが、文通はできない。

図4-11　コンピュータで入力された『月刊クルアーンの翻訳者』前書き1991年10月号

ウルドゥー語の基本的な書き方は右から左で、単語ごとに文字が連結するというルールはアラビア語と変わらない。アラビア語が28文字で、独自の音を追加したペルシア語が32文字、ウルドゥー語はさらにヒンディー語系の音を3文字足した35文字である。

ウルドゥー語とテキストについては、二つの特徴が挙げられる。まず、ウルドゥー語は他のインド地方諸語に比べて早く出版語として定着し、現在まで残る資料が膨大にある。南アジアでは、1820年にアワド王国のナワーブ（太守）が、北インドの文化

都市ラクナウーにムスリムによる最初の印刷所を作った［Green 2009, 217］。これ以降、各地に複数の印刷所が開業した。1858年にラクナウーに開かれたナワルキショール出版社（Nawal Kishore Press）では、ウルドゥー語を含めた書物が、創業者ナワルキショールの生涯だけで4,000点以上出版された［鈴木・田中 1974, 115］。

もう一つの特徴は、歴史文書や公文書、新聞、雑誌、文芸書などを問わず、1990年代まで職業書道家による手書きの原稿が多かったことである。1990年代に入ってようやくナスターリーク体入力ソフトの開発が進み、新聞社は徐々にコンピュータを導入していった。たとえば、パキスタンの大手宗教雑誌『月刊クルアーンの翻訳者』では、1989年12月号まですべて手書きの原稿であった。翌1990年1月号から活字の原稿の割合が増えており、1991年10月までに表紙・本文ともに全面活字化された。

アラビア文字にはいくつもの書体があり、ウルドゥー語ではナスターリーク体というペルシア語でも使われるフォントが好まれる。アラビア語でよく用いられるナスフ体やスルス体で書き表すことも可能であるが、ウルドゥー語話者はナスターリーク体に美しさを見出す。アラビア語のナスフ体と異なり、ナスターリーク体では上下の行間が狭い。特に、一行の中で文字が上下するナスターリーク体特有のセグメンテーションが技術面でのハードルになっている。次の図では、کاの文字がنの上に配置されているが、語順としてکاはانسانの後に来る。また、下の文章には後述するレイアウト分析が施されており、文字の上の薄いマーカー線が単語の並び順を示している。単語ごと

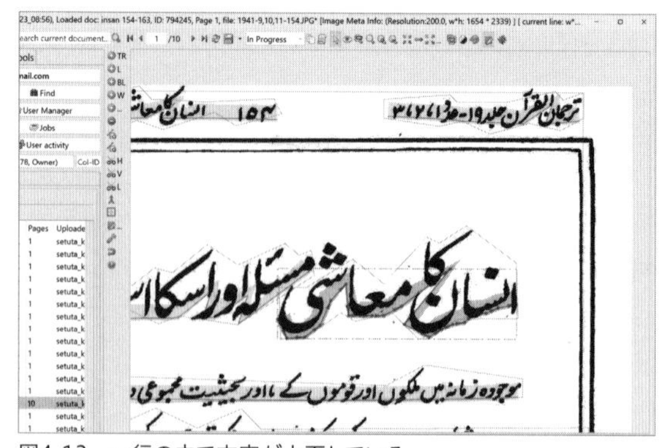

図4-12　一行の中で文字が上下している

に右から左に下がり、次の単語になるとまたかぶさるように右上から左下に文字が流れているのがわかる。

ウルドゥー語OCRの研究やシステム開発は2003年ごろから始まった。特にここ10年は、研究関心が高まっているものの、いまだ実用化には至っておらず、ABBYY FineReader、Readiris、OmniPageといったアラビア文字をカバーする商業OCRソフトでは、ウルドゥー語はサポートされていない。これまでに、セグメンテーションの技術や［Pal and Sarkar 2003; Durrani 2007］、ナスターリーク体の活字の認識について［Naz et al. 2014; 2016a; 2016b, 2017］研究が進められてきた。また、オープンソースであるTesseractを使用した研究としては、［Durrani and Sarmad 2010］がある。

Transkribusでの学習方法

ドイツ語や英語など、すでにTranskribusに公開モデルのある言語では、年代や地域を絞って読み込ませたい資料と似ているモデルを選ぶことで、かなりの程度自動的翻刻が進む。一方、アラビア語やウルドゥー語など多くのアジア諸語では、公開モデル自体がほとんど存在しない。

公開モデルのない言語では、ユーザーがAIに学習させるための手本となる教師データを整え、読み込ませたい画像と教師データをサーバに送り、機械学習の結果を確認して、文字の誤りを正していく。この一連の過程をトレーニングという。

教師データはグランドトゥルースとも呼ばれ、機械に学習させるための教科書、見本と位置付けられる。教師データの単語数が多ければ多いほど、モデルはより正確になる。Transkribusでは、活字なら5,000語（約25ページ）、手書きなら15,000語（約75ページ）のグランドトゥルースのデータセット（画像とテキスト）で高性能な学習データを作成することができるとされている［Muehlberger et al. 2019, 959］。

極端な例であるが、ある雑誌の100ページ分の教師データを用意したとする。Transkribusならば、これだけでかなりの精度の学習モデルができるであろう。ただし、たまたま100ページ目までに一度も使われなかった文字が、101ページ目に初めて出てきた場合、機械は読むことができず、学習済みの別の文字に読み替えてしまう。また、Transkribusでは書き手の癖を学習するので、複数の書き手がいる文書では、より多くの学習データが必要になる。

ウルドゥー語のデータセット

教師データを作成するにあたり、自ら読みたい資料を目視で打ち込むほかに、データセットと呼ばれる画像とテキストを利用して学習モデルをある程度育てる方法もある。パキスタン国内で比較的大規模なデータセットの構築を進めているのは、国立コンピュータ新興科学大学のウルドゥー語言語処理研究センター（CRULP）である。同研究所では、ウルドゥー語の大手日刊紙であるジャング紙の生コーパスを収集するなど、ウルドゥー語の言語処理に関する研究を進めている。変わったところでは、街中の看板の写真をまとめたデータセットもある［Arafat et al. 2021］。こうしたデータセットを利用する際は、研究で読み解きたい文献と、できるだけ近い書体で書かれた資料を選定する必要がある。

表4-1 ウルドゥー語のデータセット

データセット名	内容
国立コンピュータ新興科学大学ウルドゥー語言語処理研究センター（CRULP） https://www.nu.edu.pk/	パキスタン／国立コンピュータ新興科学大学 (i) 1,900万語のウルドゥー語テキスト（主にジャング紙から）の生コーパス (ii) PENN Treebankの構文タグセット (iii) 10万語の品詞コーパスに手動でタグ付け (iv) 新聞や学生の誤植に基づく230のスペルエラーコーパス (v) パキスタン主要都市の電話帳から抽出したウルドゥー語の人名コーパス (vi) 120,000項目と80,000語の注釈付きオンライン・ウルドゥー語辞書（OUD） (vii) 上記OUDにXMLタグを付け、単語ごとに約20のパラメータを付与 (viii) 12,000語の英語翻訳 (ix) 頻度データとアノテーションを含む5万語の語彙コーパスベース
EMILLE (Enabling Minority Language Engineering) プロジェクト https://www.lancaster.ac.uk/fass/projects/corpus/emille/	イギリス／ランカスター大学 最初期のウルドゥー語コーパス。現在9,600万語以上 モノリンガルデータ、パラレルデータ、アノテーションデータ 1,640,000語のウルドゥー語テキスト BBCラジオから提供された512,000語のウルドゥー語音声 ベンガル語に翻訳された20万語の英文 グジャラート語、ヒンディー語、パンジャービー語、ウルドゥー語に翻訳された20万語の英文 言語間の並列コーパス
パキスタン言語工学センター（CLE） https://www.cle.org.pk/clestore/	パキスタン／ラホール工科大学 スポーツ、ゲーム、ニュース、金融、文化・娯楽、消費者情報、パーソナルコミュニケーションといった幅広い領域から収集された1,930万行の高頻度合字コーパス 雑誌Urdu Digestから収集した異なるフォントサイズのUrdu ナスターリーク体書体フォント

出典［Khan and Awais 2018］などを参照して筆者作成

トレーニングの実践

ここから、Transkribusでウルドゥー語のテキスト化を行うためのトレーニングについて過程を説明したい。

前提として、ウルドゥー語のTranskribusの公開モデルは存在しないので、教師データ（グランドトゥルース）を自ら作り、AIにウルドゥー語を学習させて、そのうえで自動翻刻してほしい資料を読み込ませる、という段階を踏むことになる。つまり、教師データを作るため、初期段階でアラビア文字を最低限入力できる人員が必要になる。

【1 画像のアップロード】読み込ませたい画像をサーバにアップロードする。

ウルドゥー語の教師データ（グランドトゥルース）から学習済みモデルを作成する場合、まずは資料の画像をアップロードする。

Transkribusのインストールやユーザー登録（無料）が済んだら、読み込ませたいテキストの画像を用意する。写本を撮影したカメラの画像（JPEG、TIFF）のほか、スキャンしたPDF画像、IIIFなどを読み込むことができる。Import document(s) ボタンを押して画像をアップロードすると、画像データがTranskribusのサーバに送られる。画像データや作成した教師データは、初期設定では非公開で、後からほかのユーザーと共有することが可能である。ここでは1941年の雑誌『月刊クルアーンの翻訳者』の論考「人間の経済的問題およびそのイスラーム的解決」を使ってトレーニングしている。

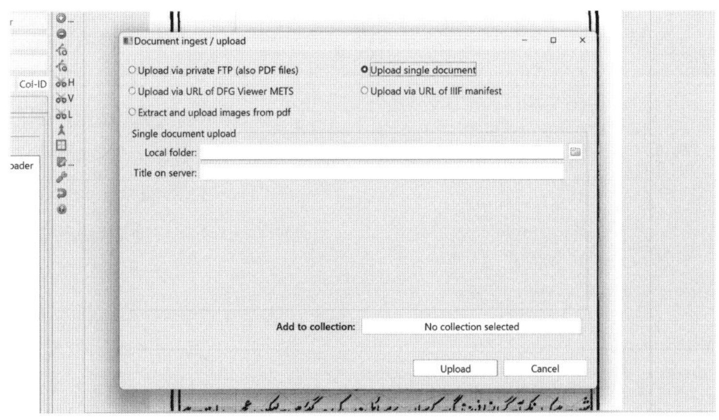

図4-13 画像データアップロード画面

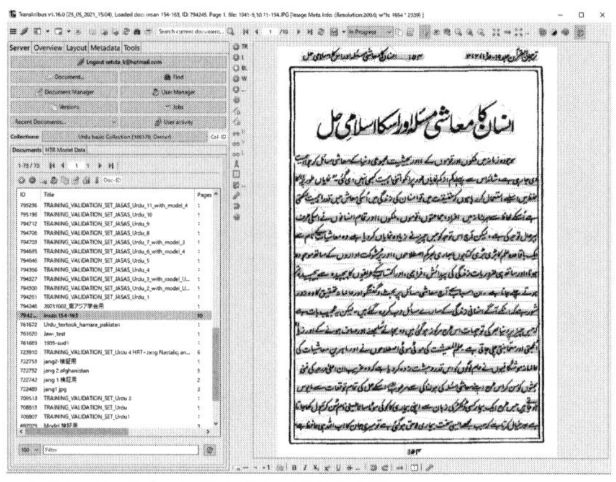

図4-14　画像データアップロード完了画面

【2 レイアウト分析】次に、レイアウト分析、即ち、どの文字を読み込むのかの判別を行う。これは機械が自動的に読み取ってくれるので、修正箇所がなければ手を加える必要はない。まず、Tools タブから、Find Text Regions が選択されていることを確認し、Run ボタンを押す。数秒待つと、自動的に行やテキストの範囲が認識される。レイアウト分析では、文・区切りと関係なく行 (lines) ごとのまとまりを重視している [Muehlberger et al. 2019]。

認識されていないテキストがあった場合には、画像の左に緑色のプラスマークが並んでいる個所から L (Line/行) を付け足せば、新たなテキスト入力欄が作られる。行の順番に誤りがある場合には Layout タブを選択すれば調整できるが、

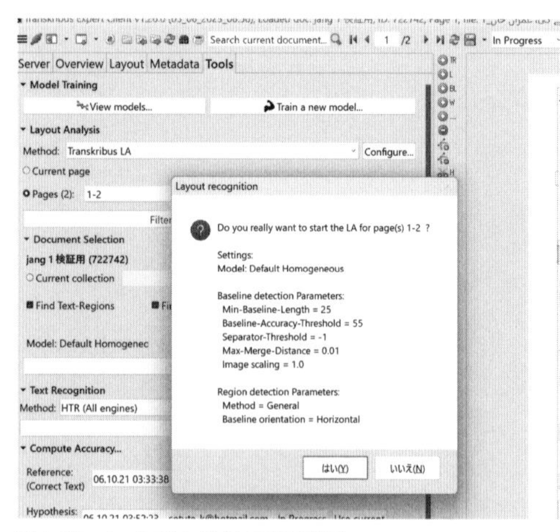

図4-15　レイアウト分析の実行画面

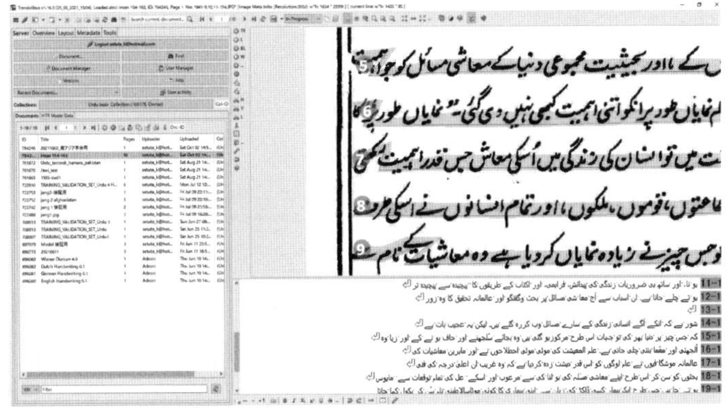

図4-16　レイアウト分析完了画面、右上の文章の行ごとに自動的に行番号が振られている

転写入力の際に入力欄を誤らなければ、行の順番自体は機械学習に影響しない。

先述の通り、上下、前後する文字のレイアウト認識率は低いため、文末のhai (ہے)や、語末のイェー（ے）は特に注意して補う必要がある。

【3　テキスト入力】画面下のテキスト入力欄に、各行の左端に振られた行番号に対応するテキストを転写入力する。この際、原文がスペルミスをしていたり、切りの悪い箇所で改行されている場合も、見たままに書き写しをする必要がある。

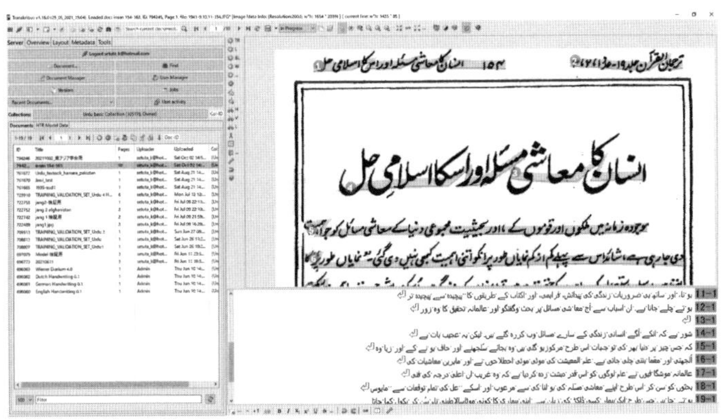

図4-17　画像の下の欄にテキストを入力する

このテキスト入力の作業は、人力で文字を打ち込むしかないわけだが、作成した学習済みHTRモデルを使って別のページの自動翻刻が可能になるため、まずは数ページ入力した時点でトレーニングを実行するのが良い。

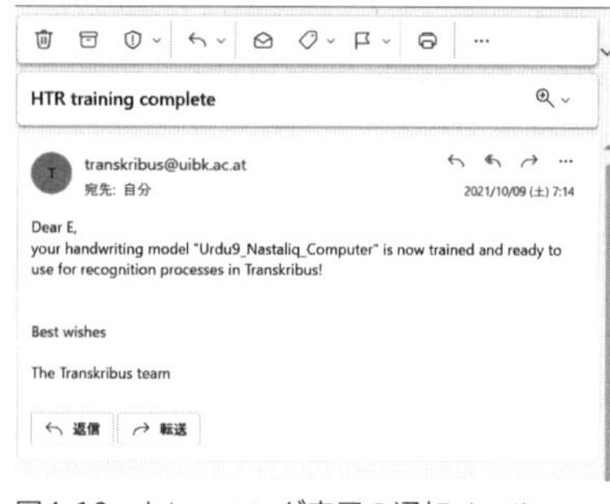

図4-18　トレーニング完了の通知メール

【4 トレーニングの実施】画像とテキストのセットをTranskribusのサーバに送ると、Text2Imageを行うアルゴリズム[2]によってAIが画像とテキストを結びつける機械学習をし、HTRモデルが完成する。学習済みHTRモデルの受け取りまでには数時間から数日かかることがある。筆者がウルドゥー語で50ページ分の教師データをサーバに送った際は、学習済みHTRモデルを受け取るまでに3日かかった。こうして作成した学習済みHTRモデルは、他の文書を自動翻刻するためのモデルとして使用することができる。学習済みHTRモデルに誤りがあれば手動で修正をし、さらにトレーニングを繰り返す。

メールアドレスで紐づけられた他のユーザーと学習済みHTRモデルを共有することができるので、共同で一つのモデルの精度を上げていくことも可能である。

【5 学習済みモデルの評価】 Transkribusに限らず、OCRやHTRには評価という工程がある。これは、機械が認識したテキストの精度と品質を測定するものである。特に学習トレーニング中のHTRにおいては、誤りがあることを前提にチェックをする必要がある。目視で元の画像と出力されたテキストを見比べて誤りを見つけることも可能であるが、Transkribusには認識されたテキストを元の入力画像や文書と比較し、さまざまな性能指標を算出して、OCR出力の品質を評価する機能がついている。この際、1文字ずつ比較して計算する文字エラー率（Character Error Rate／CER)、単語の単位で比較して計算する単語エラー率（Words Error Rate／WER)、F1スコアといった指標が使用される。

評価はTranskribusにおいて重要なステップで、ユーザーはテキスト出力の精度と品質を評価し、必要に応じて教師データの改善または調整を繰り返し、精度を高めていく。なぜこのような数値になったのか、認識率を下げている要因などを把握するのも必要なことではあるが、エラー率の算出方法を理解していなくても、機械が誤って読んだ文字を重点的に人の手で修正できれば、認識率自体は向上する。

学習済みHTRモデルを受け取ったら、機械がどれくらい学習を完了させたのかを測るエラー率などを確認する。ごく短い教師データをトレーニングにかけた結果が右上である。

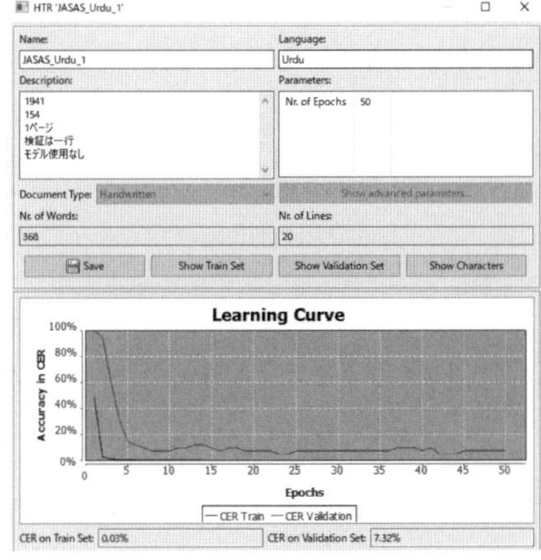

図4-19　エラー率

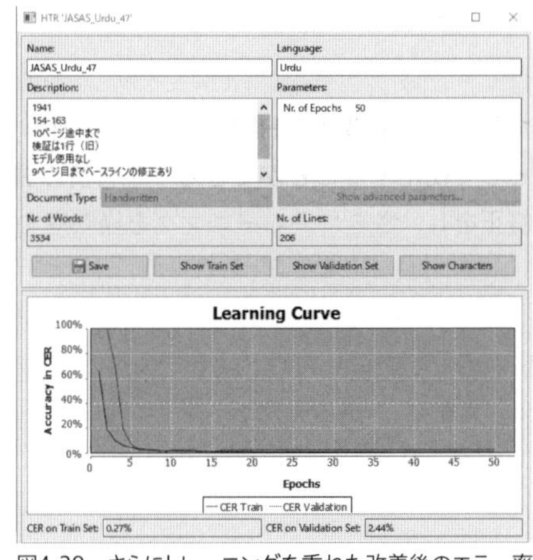

図4-20　さらにトレーニングを重ねた改善後のエラー率

この時点では、学習済みの情報が限られているため、翻刻の精度は低い。そこで、1〜3の画像の追加、レイアウト分析、テキスト入力行程を繰り返し、教師データの精度を上げていく必要がある。

右下の図は、3,000字を学習済みのモデルである。誤認識率は格段に下がり、自動翻刻後の軽微な修正で対応可能な精度になった。

具体的に、どれだけ学習が済んでいるのかを、完成したテキストで確認することもできる。機械が自動でテキスト化した結果と、教師データとして使用したテキストを比較するソフトにかけた結果が、次の図である。

General results

CER	14.72
WER	30.77
WER (order independent)	30.77

Difference spotting

Insan 182 グラウンド・トゥルス.txt	Insan 182 Urdu 48を使った検証結果.txt
انسان کا معاشی مسئلہ اور اس کا اسلامی حل ترجمان القرآن جلد 19- عدد 1، 2، 3 لیکن اگر کسی شخص کے ذہن میں یہ غلط فہمی ہو کہ اسلام کے پورے اعتقادی ، اخلاقی، تمدنی مجموعہ میں سے صرف اسکے معاشی نظام کو لیکر کامیابی کے ساتھ چلایا جا سکتا ہے تو میں عرض کرونگا کہ بارہ کرم وہ اس غلط معتدبہ فائدہ اٹھا سکینگے.	انسان کا معاشی مسئلہ اور اس کا اسلامی حل ترجمان القرآن جلد 19- عدد 1، 2، 3 لیکن اگر کسی شخص کے ویہن میں یہ غلط تہمی ہو کہ اسشکا کم پورے استعلادی، اخلاقی، تدنی بجیر است سے صرف اسکے معاشی نظام کو یکر کا یالی کے ساتھ چلایا جا سکتا ہے تو میں حرض کردنگا کہ براد کرم وہ اس طر مسعتہ یہ فائدہ اٹفا یکیگے.

Error rate per character and type

Character	Hex code	Total	Spurious	Confused	Lost	Error rate
	20	65	3	0	1	6.15
-	2d	1	0	0	0	0.00
.	2e	1	0	1	0	100.00
1	31	2	0	0	0	0.00
2	32	1	0	0	0	0.00

図4-21　教師データとトレーニング結果の比較

左側が教師データ（グランドトゥルース）、右がモデルを使用した読み込みの結果である。あみかけの部分が誤りのあった個所で、誤りの例として、ゼヘン(ذ)やノウ(نو)をワーオ(و)で読んでしまう、ウターナー(اٹھانا)のハー(ھ)をフェー(ف)と間違えるケースが見受けられた。感覚として、ウルドゥー語の学習歴2～3年目の学生程度の識別力である。

文字エラー率が10%を超えると、明らかに誤りが多く研究資料としての耐性は低くなる。教師データ自体に誤りがあるか、教師データの量が不十分であるため、追加のトレーニングが必要になる。文字エラー率が一定の値まで下がると、Transkribus本部より連絡があり、公開モデルとして採用される。

この後もさらにトレーニングを続けたものの、認識率100%を達成することはやはり難しく、完全なテキスト化には人の手による確認作業が必要になる。このため、HTRを利用する際は、完璧なテキスト化を目的とするのではなく、大量のページを（多少の誤記に目をつぶって）テキスト化し、全体を見渡し、必要箇所のみ人力で修正してくことが良いかと思われる。この意味で、Transkribusは一部の貴重なページをテキスト化するためのツールではなく（それは現状では人間がやるしかない）、大量の資料をざっくりと書き起こす目的に有効である。Transkribusの特性上、字の癖も学習するので、一人の書き手が担当した多巻本や、同じ形式・書体で書かれている雑誌や新聞などを扱う研究であれば、多少の時間をかけて教師データを作ってでも、その後は学習済みモデルから効率的に画像の自動翻刻が可能になる。

5. おわりに

本章では、アラビア文字に対応したOCR／HTRを紹介しながら、資料のテキスト化の事例を見てきた。最後にOCRやHTRをイスラーム研究で使う意義や想定場面を問いたい。

現状では、万能のアラビア文字OCR／HTRパッケージは有償・無償ともになく、自動翻刻をしたい場合は機械を学習させるところから始めなければいけない。手間暇をかけてもOCR／HTRを構築する意義は、イスラーム研究において蓄積されていた、読解すべき資料の膨大さにあると考える。

イスラーム研究は、聖典クルアーンやハディースをはじめとして、ごく初期から書かれたものが多く残されてきた分野であり、現在まで宗教書やファトワー（法見解）が新しく発行されるなど、その素材は無限ともいえる。これまでは、どれだけアラビア語に熟達した研究者でも、時間的制約のなかで関連する資料をすべて読み上げるのは難しかった。それが、OCRやHTR精度の向上により、大量のテキストを処理することができるようになり、研究スタイルの広がりを示唆する段階にある。歴史的な文書に含まれる情報へのアクセスが増加することは、研究者だけでなく資料を保存・提供する機関にとっても前向きな変革の可能性が高まるという点に、社会的意義が見いだせる。Transkribus開発の中心メンバーであるギュンダー・ミュールベルグが述べるように、「多種多様な歴史的テキストを自動認識することは、世界的な文化遺産である文字記録のアクセシビリティに大きな影響を与える」可能性を秘めている［Muehlberger et al. 2019, 955］。

注

1　写本のデジタル化については、[Lit 2020]を参照。

2　Text2Imageは、Diffusionなどテキスト入力に基づく画像生成AIにも使用されているモデルツールである。

参考文献

大川玲子. 2005.『図説コーランの世界――写本の歴史と美のすべて』東京: 河出書房新社.
小風綾乃. 2020.「Transkribusを使った18世紀フランス語手稿史料の翻刻実践」『西洋史学 = The studies in Western history』269号: 78–80.
――. 2022.「Transkribus実践レポート――100年分のフランス語議事録翻刻プロジェクト」『人文学のためのテキストデータ構築入門』石田友梨ほか編著, 110–127. 東京: 人文情報学研究所.
小杉麻李亜. 2014.「聖典の刊本とデジタル化」『イスラーム書物の歴史』小杉泰, 林佳世子編著, 375–395. 名古屋: 名古屋大学出版会.

小杉泰. 2014.「イスラームの誕生と聖典クルアーン」『イスラーム書物の歴史』小杉泰, 林佳世子編著, 10–30. 名古屋: 名古屋大学出版会.

小杉泰, 林佳世子編著. 2014.『イスラーム書物の歴史 』名古屋: 名古屋大学出版会.

鈴木斌, 田中敏雄. 1974.「ムンシー・ナワルキショールについて」『東京外国語大学論集: area and culture studies』24号: 99–125.

宮川創. 2022.「ディープラーニングを用いた歴史的手書き文献の自動翻刻——コーパス開発の効率化に向けて」『KU-ORCASが開くデジタル化時代の東アジア文化研究』宮川創, 沈国威編, 323–335. 大阪: 遊文舎.

Al-Barhamtoshy, Hassanin M.,and others. 2021. "Arabic Documents Information Retrieval for Printed, Handwritten, and Calligraphy Image." *IEEE Access* 9: 51242–51257.

Arafat, Syed Yasser, and others. 2021. "Urdu signboard detection and recognition using deep learning." *Multimedia Tools and Applications* 81, no.9: 11965–11987.

Chammas, Michel and others. 2022. "A deep learning based system for writer identification in handwritten Arabic historical manuscripts." *Multimedia Tools and Applications* 81, no.21 : 30769-30784. https://doi.org/10.1007/s11042-022-12673-x.

Durrani, Nadir, and Sarmad Hussain. 2010. "Urdu word segmentation." In *Human Language Technologies: The 2010 Annual Conference of the North American Chapter of the Association for Computational Linguistics: Proceedings of the Main Conference*, 528–536. Los Angeles: Association for Computational Linguistics.

Durrani, Nadir. 2007. "Typology of word and automatic word. Segmentation in Urdu text corpus." Master's thesis, National University of Computers and Emerging Sciences.

Faizullah, Safiullah, and others. 2023. "A Survey of OCR in Arabic Language: Applications, Techniques, and Challenges." *Applied Sciences* 13, no.7: 27. https://doi.org/10.3390/app13074584.

Green, Nile. 2009. "Journeymen, Middlemen: Travel, Transculture, and Technology in the Origins of Muslim Printing." *International Journal of Middle East Studies* 41, no.2 (May): 203–224.

Khan, Naila Habib, and Awais Adnan. 2018. "Urdu Optical Character Recognition Systems: Present Contributions and Future Directions." *IEEE Access* 6: 46019–46046. https://doi.org/10.1109/ACCESS.2018.2865532.

Kokaze Ayano. 2022. "Using Transkribus to Transcribe Eighteenth-Century French Historical Manuscripts." *Historical Studies of the Western World* 1: 9. https://doi.org/10.57271/hsww.1.0_9.

Lit, L.W.C. van. 2020. "Among Digitized Manuscripts. Philology, Codicology, Paleography in a Digital World." In *Handbook of Oriental Studies. Section 1 The Near and Middle East*, edited by Maribel Fierro et al., vol. 137. Schöningh: BRILL.

Muehlberger, G., and others. 2019. "Transforming scholarship in the archives through handwritten text recognition: Transkribus as a case study." *Journal of Documentation* 75 no. 5: 954–976. https://doi.org/10.1108/JD-07-2018-0114.

Naz, Saeeda, and others. 2014. "The optical character recognition of Urdu-like cursive scripts." *Pattern Recognition* 47, no.3 (March): 1229–1248.

Naz, Saeeda, and others. 2016a. "Zoning Features and 2DLSTM for Urdu Text-line Recognition" *Procedia Computer Science* 96: 16–22.

Naz, Saeeda, and others. 2016b. "Offline cursive Urdu-Nastaliq script recognition using multidimensional recurrent neural networks." *Neurocomputing* 177 (February): 228–241.

Naz, Saeeda, and others. 2017. "Urdu Nastaliq recognition using convolutional-recursive deep learning." *Neurocomputing* 243: 80–87.

Pal, Umapada, and Anirban Sarkar. 2003. "Recognition of printed Urdu script." In *Seventh International*

Conference on Document Analysis and Recognition, 2003. Proceedings 1183–1187. Edinburg: IEEE.

READ-COOP. 2023. "Transkribus. Unlock historical documents with AI." https://readcoop.eu/transkribus/.

Romanov, Maxim, and others. 2017. "Important New Developments in Arabographic Optical Character Recognition (OCR)." ArXiv abs/1703.09550.

Rouchdi, Rami Khalil, Mohamed Ahmed Ellotf and Hala M. Bayoumi. 2020. "Egyptian press archive of CEDEJ. A challenging case study of Arabic OCR." *Digital Archiving in the Arab World* 22: 41-55. https://doi.org/10.4000/ema.13156.

Sahlol, Ahmed Talat, and others. 2020. "Handwritten Arabic Optical Character Recognition Approach Based on Hybrid Whale Optimization Algorithm With Neighborhood Rough Set." *IEEE Access* 8: 23011–23021. https://doi.org/10.1109/ACCESS.2020.2970438.

column 4

マイナー手書き書体のデジタル化

Transkribusを用いたアラビア語マグリビー体写本の翻刻

棚橋由賀里

筆者は、15〜16世紀のモロッコにおけるスーフィーの思想と活動について研究している。スーフィーはイスラーム神秘主義者と訳されることが多いため、物静かな学者や禁欲的な修行者といったイメージを抱いている読者も多いかもしれない。しかし、レコンキスタに伴うキリスト教勢力の侵攻と、支配王朝の交替期による混乱のさなかにあった当時のモロッコにおいて、彼らは政治の腐敗や宗教実践の堕落を鋭く批判したり、キリスト教徒に対するジハードに参戦したり、民衆への教育活動を行ったりと、実社会の問題に積極的に取り組んでいたのである。筆者は、彼らの著作を読み解くことで、モロッコ史においてスーフィーたちが果たした役割を明らかにしたいと考えている。筆者の研究対象となるスーフィーたちの著作は少なくとも計数十点に及ぶ。しかし、その多くが手書き写本の状態にとどまっており、内容を分析するためには写本の文字起こしからはじめる必要がある。そこで筆者は、Transkribusを用いて写本をデジタル化することに関心を持った。

第4章にもある通り、Transkribusは、手書きのアラビア文字を学習できる。モロッコをはじめとするマグリブ地域や西アフリカのアラビア文字写本で用いられるマグリビー体という書体は、弁別点の打ち方などに特徴があり、その他の地域で一般的なアラビア文字書体と大きく異なる。そのため、マグリビー体専用のアラビア語HTRモデルを作成する必要がある。

アラビア文字写本を扱う際に難しいのは、紙葉の余白に書かれる注釈のレイアウト認識である。アラビア語写本の注釈は、本文を取り囲むように書かれ、見た目で注釈とわかるよう、本文に対し斜めに書かれたりするなど、行の方向も

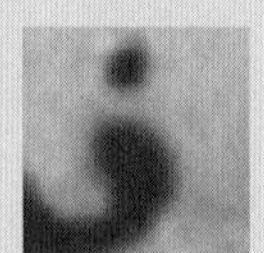

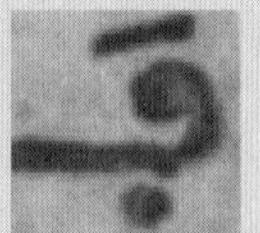

マグリビー体におけるカーフ(ق、左)とファー(ف、右)

一定ではない。このような場合のレイアウト識別は、Method の Configure... から Selected model を Mixed Line Orientation に、Baseline orientation を Mixed に設定することで可能である。ただし、自動的なセグメンテーションでは、注釈のベースラインの範囲や順番の認識の正確性は低いため、手動で修正する必要がある。また、写本の虫食い穴や飾り枠を文字だと認識するケースがあり、手動での修正が不可欠である。このように手間はかかるものの、写本の紙面のすべてをテキスト化できるという利点は大きい。

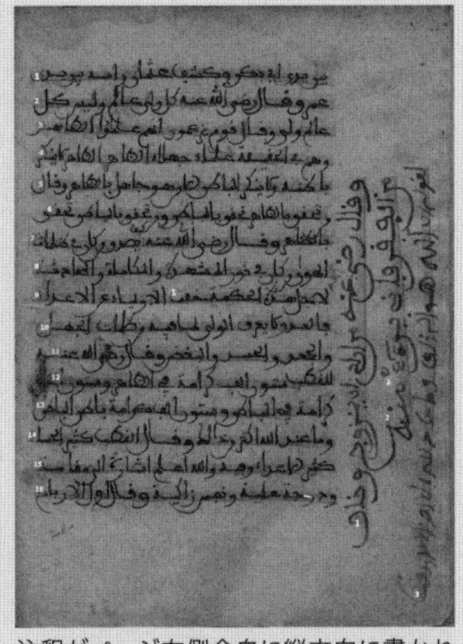

注釈がページ右側余白に縦方向に書かれている写本

筆者は、総フォリオ数39葉の写本である、ムハンマド・イブン・スライマーン・ジャズーリー（Muḥammad ibn Sulaymān al-Jazūlī, d. 1465）の『禁欲についての書』（*Kitāb fī al-zuhd*）の教師データをもとにHTRモデルのトレーニングを行った。この写本の約9割に当たる35葉程度をトレーニングしたところ、残りの4葉については、自動翻刻によるテキスト認識が9割程度成功した[1]。トレーニングする写本を増やし、精度を向上させていけば、類似の筆跡のマグリビー体写本の翻刻に適用できるようになるだろう。ただし同じマグリビー書体といえども、書写生ごとの癖により、文字の傾きやバランスにはさまざまなパターンがある。また、教師データの作成にあたって、多くの場合シャクル（アラビア語の母音記号）は無視されてきたが、シャクルが弁別点等と誤認識されている可能性がある。シャクルも含めて再トレーニングすることは今後の課題である。

注

1　2021年11月、CITlab HTR+で作成したモデルによる。2023年4月に仕様変更があり、現在のTranskribusはPylaiaのみに対応している。

第5章

計量テキスト分析

文字データを量的に解析する方法

山尾大

1. はじめに

計量テキスト分析とは何だろうか。この手法を使うと、どのようなことができるようになり、何が分かるのだろうか。本章ではこうした点を概観していきたい。

まず計量テキスト分析とは何か、という問題からみていこう。KHコーダーと呼ばれる日本語テキストを分析するための無料ソフトウェアを作ったテキスト分析の第一人者によれば、計量テキスト分析とは「計量的分析手法を用いてテキスト型データを整理または分析し、内容分析（content analysis）を行う方法」［樋口 2014, 15］である。他方、政治学の分野を中心に計量テキスト分析を広めた渡辺は、計量テキスト分析を、「自然言語処理技術を用いた文書の統計的な分析」と定義づけ、量的テキスト分析（quantitative text analysis）と呼ぶべきだと主張している［カタリナク・渡辺 2019］。

これらの点を踏まえるならば、計量テキスト分析とは、「テキストを自然言語処理技術を用いて量的な情報として取り出し、それをもとに統計分析を行う手法」と定義づけられるだろう。依然として一部でテキストマイニングなどと呼ばれることもあるが、何か重要なものを掘り起こす（mining）こと自体が目的ではなく、テキストを数字として取り出し、それをもとに意味のある関係性や相関を統計的に分析していく方法論であるという点に鑑みるならば、量的テキスト分析や計量テキスト分析と呼ぶ方が適切であろう。

さて、計量テキスト分析は、欧米を中心としたメディア研究者のあいだで広まったが、近年では筆者が専門とする政治学や国際関係の分野でも用いられることが多くなってきた。その背景には、インターネットを通じて政治学的に重要な文書が大量に、かつ容易にダウンロードできるようになったこと、コンピュータの性能が著しく向上したこと、そしてテキストを処理するためのソフトウェア開発が進んだこと、などがある。

とはいえ、計量テキスト分析は、これまで英語を中心とする欧米諸語を対象にした研究に限定されてきた。それにはもちろん理由があった。分析対象となる文書の処理が比較的容易な欧米諸語と比べ、日本語などのアジア言語やアラビア語をはじめとする中東・イスラーム世界で用いられている言語の処理が困難であったためである。本書の読者が興味を持っているであろうアラビア語やペルシア語、ヘブライ語は、右から左に記述する言語であり、それをコンピュータで処理するための技術開発は、最近まであまり進んでいなかった。だが、本章で中心的に紹介するQuanteda（クアンティーダ）と呼ばれるR言語のパッケージでは、アラビア語などの右から左に表記する言語を含め、あらゆる言語で書かれたテキストを問題なく分析することが可能となり、筆者がQuantedaの開発者とともにアラビア語のテキストの分析に必要なツールについても準備・整備した。技術的な問題はほどんどすべてクリアできているため、本章執筆段階では他の欧米諸語同様の分析が可能になっている。

このように他分野、多言語に広がりを見せる計量テキスト分析であるが、この手法を援用すればいったい何ができるようになるのだろうか。詳細は本章で述べることになるが、簡単に言えば、これまで研究者が一つずつ数え上げていたキーワードの出現回数を、より大規模なデータであっても瞬時に計算することができる。これまで膨大な時間を費やしてきた数え上げの作業を飛躍的に短縮できるだけではなく、時間と労力をかけることで生じる人為的ミスや数え上げ基準のブレなども、コンピュータ処理では起こりえないというメリットもある。キーワードを変えて分析をやり直すことも容易だ。これらの初歩的な頻度分析に加え、文書ごとのキーワードの違いに着目して文書を類型化したり、どのような話題（トピック）が述べられているのかを推定したりすることもできる。これらの分析を時系列で行えば、関心がある語句の頻度や重要性、話題の変化も浮き彫りにできるだろう。加えて、こうした表面的な分析にとどまらず、特定の話題についてポジティブなのかネガティブなのかをはかる感情分析なども、比較的容易に実行可能になっている。なによりも、テキスト分析によって量的に抽出されたデータを回帰分析などの様々な統計的手法によって解析することで、研究者が設定した仮説を、かなり自由度の高い方法で検証することができるようになる。もちろん、もとになるテキストデータは、新聞やSNS、政党のマニフェストや政治家の演説、議事録や歴史的な文書など、何でもよい。それらのデータの特徴や明らかにしたい問題によって、分析手法を複数組み合わせることも可能である。

他方で、もちろん、テキストを機械的処理で数値化して分析するデメリットも存在する。単純な頻度分析にはほぼ誤差はないが、感情分析などの複雑なモデルになるほど誤差が生じやすい。そうした誤差の影響を可能な限り小さくするためには、より大規模なテキストデータが必要になる。とはいえ、多少の誤差すら許容しないような分析デザインには、計量テキスト分析は向いていないであろう。他にも、テキストデータの前処理には多少のプログラミング・スキルが必要になるため、入り口のハードルが高いという問題もある。だが、後述するようにRで分析を進めるためのプログラミングのサンプルコードが公開されているので、この点は大きな障害にはならないかもしれない。ツールはすべてそろっているので、やる気と根気さえあれば誰もが使える分析手法であるともいえよう。

本章では、すでに指摘した統計分析を得意とするコンピュータ言語であるRと、R言語で機能するテキスト分析のパッケージQuantedaを用いた分析の事例を紹介する。無論、GUI（アイコンをクリックすることで分析を進めるインターフェイス）のKHコーダーや別のコンピュータ言語であるPythonのNLTKパッケージなど、テキスト分析のソフトウェアは複数存在するが、本章執筆時点でQuantedaが最も機能的であり、何よりも中東・イスラーム世界で使用されているアラビア語などの言語で書かれた文書の分析が可能であるため、本書の読者がテキスト分析を始めるならば、Quantedaが最も有力な選択肢となるだろう。なお、本章で紹介するのは、RStudioを用いてR言語のスクリプトを書いて分析を進めるプログラミングのスキルが必要とされるが、Quantedaのマニュアル等に掲載されているサンプルコードが充実しているので参照されたい[1]。

2. データ収集・コーパス作成・前処理

データ収集

まず、計量テキスト分析のワークフローから確認しておこう。はじめに分析対象となるデータを収集し、それをRに読み込んで前処理を行う。前処理後に文書行列を作成し、問題設定に応じた手法で統計分析に移る。以下では、各フローを簡単に説明していくが、テキスト分析では、テキストデータの収集と前処理の難易度が最も高い。逆に言えば、それさえクリアできれば、分析そのものは比較的スムーズに進めることができるだろう。

では、データの取得からみていこう。分析対象になる文書は、筆者の専門とする政治学分野では、多くの場合インターネット上に様々な拡張子でアップロードされているため、それらを取得することから始まるだろう。ダウンロードの方法は、オンラインの新聞記事をコピーしてテキストエディタに張り付けるといった手作業のほか、自動での収集、各新聞社と交渉してデータセットを購入する、などがある。自動で大量のデータをダウンロードすることをスクレイピングと呼ぶが、PythonのBeautiful SoupやRのRvestなどのパッケージを用いたり、複雑な構造のウェブサイトであればSelenium経由で操作したうえで、ダウンロードしたりすることが多い。これらの方法は、HTML言語の高い理解度も求められるため、容易ではないうえ、該当ウェブページの構成が変わったとたん機能しなくなる不安定な技術である——テキスト分析そのものよりもはるかに難易度は高い。新聞記事を収集する場合、新聞社によっては過去の記事を販売している場合もあり、また世界各国の新聞記事を集めているDow JonesのFactiva Analyticsが提供するサービスのように、様々な新聞ソースを一括して購入することができる場合もある。もちろん、インターネット上にテキストデータが見当たらないこともあるだろう。歴史文書であれば、文字認識プログラム（OCR）を用いてデジタル化するほかないだろう。このように、データ収集は個別の事情に依存するため、確立した方法は存在しない。Quantedaを用いる場合、データは、テキスト（.txt）、コンマ区切りテキスト（.csv）のほかJSON（TwitterやFacebookの拡張子）、PDF、Microsoft Wordなどの形式のものであれば、読み込み可能である。

2）コーパス作成と前処理

これらのデータを、Rに読み込んでコーパス（corpus）を作成する。明らかにしたい問題にもよるが、新聞などのデータであれば、新聞名と日付、本文があれば、時系列に並べて分析が可能となる。コーパス化は、Quantedaに実装されている関数（分析を簡単に行うためのツール）を用いれば非常に容易であり、コーパス化する前に文書の性質を表す名称や、GDPや死者数、難民申請数などの関心のあるテキスト外の様々な変数を追加したり、コーパス化した後に複数のコーパスを足し合わせたりすることもできる。

次に行うのが、トークン化（tokenization）と呼ばれる処理で、文章を単語や数字、記号などの要素に分解する作業である。英語や、アラビア語の文章は、単語のあいだの境界が明確であるため、日本語と比較して複雑な処理は必要としない[2]。なお、トークン化には様々なオプションがあり、たとえばUnited NationsやAbd Allahなどの複数の単語を合わせて意味を成す語句をあらかじめ分解せずに繋げたままにしておくこともできる。また、トークン化においては、通常データを単純化するために、記号や文法用語（前置詞や接続詞、助動詞など）などの分析に不必要な単語（ストップワーズ）を削除する場合が多く、削除する対象を指定したものをストップワーズ・リストと呼ぶ。以前は、Snowballと呼ばれる欧米語中心のストップワーズ・リストを用いることが一般的であったが[3]、アラビア語などの中東・イスラーム世界の言語やアジア言語のストップワーズは整備されていなかった。この問題を乗り越えるために、Quantedaの開発者の1人が作ったMarimoと呼ばれる多言語共通基準のストップワーズを利用することが推奨されている[4]。アラビア語のストップワーズ（Marimo）については、筆者が作成したので活用していただきたい。こうしてトークン化したコーパスでは、分析者の関心を持つキーワードがどのような文脈で使用されているのか、即座に検索することができる。

トークン化の後は文書ごとに集計し、文書行列（document-feature matrix）を作成する。ここまで終われば、必要なテキストデータの前処理はほぼ完成したことになる。重複を取り除いたり、頻度が極端に低い単語を文書行列から削除したりする場合もあるが、基本的にはコーパス化、トークン化、文書行列化という過程を経て、統計分析が可能な状態となる。

なお、冒頭でも指摘したとおり、ここまでのテキストの前処理が最も複雑で難易度が高くなるが、マニュアル（Quanteda Tutorials）などを参照していただきたい。また、アラビア語のような右から左に書く言語の分析を行う場合、Windows OSやmacOSを用いると、分析結果が人間の目では判別不可能なUnicodeで返ってくるという現象が起こることが多い。Linux OSではその問題が生じないので、アラビア語などのテキストの本格的な分析にはLinuxを用いることを強く推奨する。

3. 分析デザイン

頻度分析／辞書分析

前処理を終えたテキストデータは、どのように分析できるのだろか。まずは、最もシンプルな記述統計分析から始めたい。つまり、ある文書のなかで、どのような単語の使用頻度が高いのかを数える頻度分析である。具体的な例として、イラクの日刊紙『ザマーン』の政治面の記事を収集して作成したコーパスで試してみよう。これらの新聞記事のなかで、最も出現頻度が高い上位10単語を、全体の単語に占める割合でプロットしたのが、図5-1である。ここでは、「イラク」(العراق) や「県」(المحافظة) などに加え、「ダーイシュ」(داعش) が頻出単語の上位に位置づけられることがわかる。新聞記事の分析では、このような単純な頻度分析を行うことはまれであるが、大統領のスピーチの変化を調べるなどの目的では、有効な手法になるかもしれない。

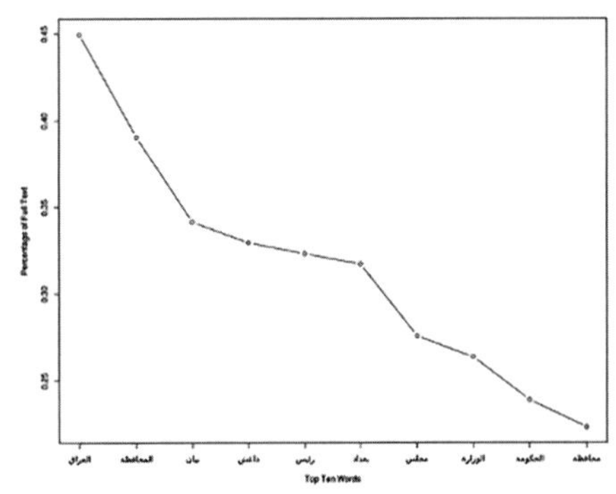

図5-1　頻出語彙上位10単語(%)

コーパス内の頻出単語をプロットしたワードクラウドもよく知られている。頻出単語を中央に大きく表示するもので、学術的な分析結果とは言い難いものの、図5-2で示したようにプレゼンテーションでは視覚的効果が高い。なお、ワードクラウドは、Quantedaが提供する関数で簡単に実行可能である。以上のような頻度分析は、分析対象となるテキストデータがどのような特徴を持っているのかを知るうえで非常に重要な作業になるので、新しいコーパスを分析する際はその都度確認しておくとよい。

頻度分析がコーパス全体の単語の出現頻度を求める手法であったのに対し、分析者が特定の語句をあらかじめ指定し、その出現頻度を求める分析を、辞書分析と呼ぶ。あらかじめ指定する語句は、単一である必要はなく、特定の問題にかかわる複数の単語を含む辞書

図5-2　ワードクラウド

を作り、それらの頻度の総計を求めることもできる。図5-3は、イラク主要紙のコーパスを用いて、複数の問題に関連する複数のキーワード群の頻度の変化を調べた辞書分析の結果である——詳細は、後述する第3節の辞書分析を参照。ここからわかるように、暴力（violent）にかかわる単語（IS、テロ、爆弾、自爆など、図5-2を参照）が、ISが台頭した2014年6月ころから極端に多くなり、ISが勢力を縮小させる2017年12月ころまでそれが続いている。

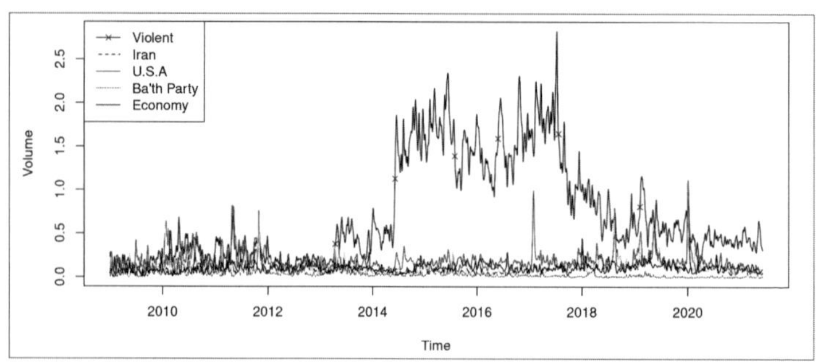

図5-3　辞書分析の結果

辞書分析は、テキスト分析のためのソフトウェアが開発される以前は、研究者が手作業で数えあげていた古典的な手法である。それをコンピュータで行うことにより、大量のデータを瞬時にほぼ誤差なく解析することが可能となった。こうして量的に取り出した頻度は、辞書スコアとしてその後の統計分析に活用することができるため、非常に便利である。広い問題関心に有効な分析手法であるため、まず辞書分析から始めてみることをお勧めする。

文書中の重要な語句のピックアップ

単語の出現頻度をカウントするだけではなく、内容の解析も可能である。最も初歩的な内容分析は、出現頻度と合わせて文書内の重要な役割を担う語句を浮き彫りにするキーネス（keyness）と呼ばれる手法である。より具体的には、対象となる文書と、参照する文書（あるいは同一文書内の異なるグループ／サブセットでもよい）のあいだで頻出する単語を特定し、それぞれの文書間で頻度を手掛かりにして使用されている単語の重要性をはかるのである。このように、文書間の相違だけではなく、同一文書内に独自に設けたグループ間の比較も容易であり、時系列でグループ化すれば、重要な語句の変化も浮き彫りにすることができる。

イラクの日刊紙のコーパスを事例にキーネスをはかった結果をプロットしたのが、図5-4である。プロットの色付けされた上部がこの時期の新聞記事の重要なニュアンスを持った語句を示しており、下部のグレースケールで示した他の時期の重要単語と対比させている。左パネルは、2013年の地方選挙をまたぐ時期の新聞記事であるため、「選挙」（الانتخابات）や「地方」（المحافظة）という単語が重要な位置づけになっており、当時のマーリキー首相率いる政党連合が圧勝したこともあって、「マーリキー」（المالكي）という単語も上位に食い込んでいる。一方、右パネルはISが台頭した時期の新聞記事で、ISが支配した「モスル」や、モスルのなかでも戦闘が激しかった「対岸」地域の重みが非常に高いことを示している。いくつかの時代区分で同様の分析を行った結果を比較すれば、時代ごとに文書内の重要な単語の変化を明らかにすることもできるだろう。

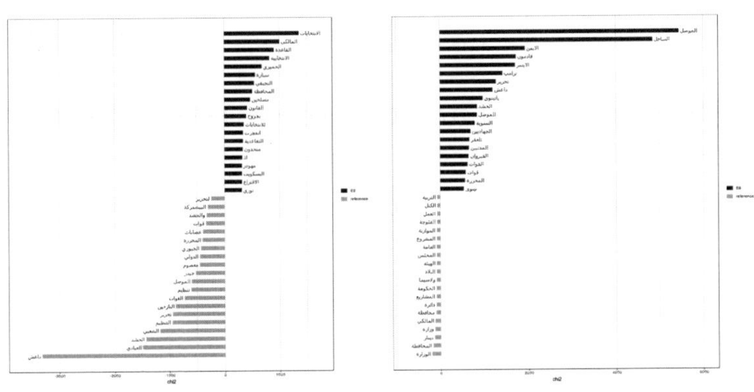

図5-4　キーネス分析の結果

次に、より複雑な内容分析のもう一つの例は、政治学、特に政党研究の文脈でしばしば用いられているワードフィッシュ（wordfish）という分析手法である。これは、文書ごとにさまざまな語の出現頻度を分析し、それらの文書のあいだで特定の語の出現頻度に偏りが生じることに着目して、文書間の傾向の違いを最もよく表現できるように各文書の位置を推定する手法である[Slapin and Proksch 2008]。これにより、例えば、選挙時に政党が発表するマニフェストをテキストデータ化し、そこに含まれる語の出現頻度から政党の

「政策位置」を推定することが可能となるのである。

これらはいずれも、文書のあいだの違いや特徴、あるいは同一文書内でも時期による違いや特徴などを、単語の使われる頻度に着目して推定する分析手法であり、特に複数の文書の差異を実証したい研究には、便利な方法であろう。同様に、文書間の類似性をはかるためには、クラスター分析という手法もあり、様々な尺度で文書間の特徴の類似性を解析したうえで、最もよく似ているまとまりごとにグループ化していく階層クラスタリングをプロットすることができる。クラスター分析は、キーネスやワードフィッシュ同様、Quantedaパッケージに内装された関数を用いて容易に実行できる。

語句の繋がり

次に注目するのは、単語どうしの結びつきの強さと頻度である。具体的には、共起ネットワークと呼ばれる、どの単語とどの単語がどの程度強く結びついているのかをはかる分析手法である。共起ネットワーク分析は、大きなコーパスでの分析は、すべての単語のつながりを計算するための負荷にコンピュータが耐えられず、困難である場合が多いため、あらかじめ関心のある特定の語句を指定したうえで、その語句と強く結びついて出現する単語を析出する方法をとることになる。図5-5は、同じくイラクの新聞のコーパスで、宗派主義にかかわる特定のキーワードが、どのような単語と強くつながって出現するのかをプロットしものである。図5-5はコーパス内の単語の共起関係の分析であるが、例えばTwitterのハッシュタグやユーザーどうしの繋がりなどを用いても同じ分析が可能であり、結びつきの強さを数値で取り出し、それを用

図5-5　宗派主義にかかわる単語の共起ネットワーク

いてネットワーク分析を進めることも可能となる。

最後の事例が、文書から話題を抽出する方法である。これはトピックモデル（topic model）と呼ばれ、どのような語句が同時に使われやすいのかを分析することで、ともに使われる単語のまとまりをトピックとして抽出する。これにより、コーパス全体でどのようなトピックが最も言及されているかを明らかにすることもでき、また、コーパス内の各文書がどのようなトピックを含むものかを分析することで、文書間の違いを明らかにすることもできる。トピックモデルの手法は、多様なテーマやトピックへの言及が含まれる新聞記事やTwitterなどのSNSデータの分析においてもしばしば用いられる。以上で紹介した分析方法の詳細は、サンプルコードとともにQuanteda Tutorialsでみることができる。

4．分析の事例

以上をふまえ、筆者が実際に行ったより発展的な内容分析の事例として、LSS（Latent Semantic Scaling）を紹介したい。LSSとは、内容分析のなかでも、文書がある特定の話題についてネガティブなのかポジティブなのかをはかる感情分析を発展させたものであり、ネガティブ／ポジティブだけではなく、例えば右翼と左翼、保守とリベラル、英雄と脅威といった対極に位置する概念に文書を分類することができる。LSSは機械学習の一部であるが、正確には「準教師ありモデルの機械学習法」であり、あらかじめ分析者が対になる概念を示した種語（seed words）を準備し、それをもとに文書にスコアを付与していく。事前に指定した辞書にもとづいてカウントする辞書分析が「教師ありモデル」、何も指定せずにトピックを推定するトピックモデルが「教師なしモデル」と呼ばれるのに対し、LSSは、あらかじめ種語を指定したうえで、アルゴリズムに種語からの距離を計算させる、という意味で、「準教師ありモデル」というわけだ[5]。

このLSSを用いて、筆者がIS台頭後のイラクの報道で、宗派主義にかかわるトーンがどの程度強くなったのか／弱くなったのかを分析した研究を、山尾［2021］の第6章をもとにみていこう。筆者はLSS分析を以下のように進めた。まず、宗派主義にかかわる報道トーンをはかるための種語を選定し、それらの種語とコーパス内に含まれる各単語との関係の深さを、LSSのアルゴリズムを用いてコーパス全体を使って機械学習によって計算させる。各単語と種語との関係性はLSSスコアという形で定量化され、各文書に含まれる単語のスコアを総計することで文書のスコアが得られる。こうした分析作業により、相反する意味を持つ種語（本章の場合は宗派主義と和解／国民統合）によって両極が定義される一次元上の空間に、各文書を位置づけたのである。

背景

具体的な分析に入る前に、その背景を確認しておこう。IS後のイラク国内の状況については、これまでISが宗派意識を刺激して宗派主義を広め、スンナ派とシーア派の宗派対立を扇動したといわれてきた。ISがシーア派を不信仰者と断罪し、その殺害を主張したことによって宗派主義が刺激され、宗派対立が加速したと考えられてきたからである。ISの台頭によって、宗派主義の言説が拡散された、という主張はこれまでイラク政治研究において通説であった。

はたしてそれは本当なのだろうか。筆者はイラク国内の日刊紙をデータにして分析してみた。主要紙の報道に限定されているが、報道トーンにみる宗派主義の強さを浮き彫りにすることが可能となり、どのような場合に宗派対立がどの程度激化していったのかという点を、かなりの程度実証的に解明できるだろうと考えたからだ。

まず、ISの台頭とイラクでの領域支配確立の前後でイラク政治がどのように変動したのかについて、国民統合のための和解と、それに反対する宗派主義の扇動という軸に着目して、概観しよう。具体的には、2011年の「アラブの春」からIS掃討作戦が終了するまでに生じた重要な政治イベントを取りあげ、上記の対立軸上に位置づけるのである。分析の対象とする時期について

表5-1　重要な政治イベントと時期区分

ラベル	イベント	特徴
T1	2013/4/20	IS以前：アラブの春～権威主義化、地方選挙まで
T2	2014/6/10	IS流入期：IS流入～モスル陥落まで
T3	2015/3/30	人民動員隊によるIS掃討作戦期
T4	2016/6/25	宗派対立拡散期：スンナ派へ嫌がらせ事件など
T5	2016/10/17	批判拡大期：人民動員隊への批判拡大
T6	2017/7/10	モスル解放作戦期（16/10/17-17/7/10）
T7	2017/12/9	IS衰退：モスル解放～対IS完全勝利宣言
T8	2020/2/29	IS後：第4回議会選挙

は、ISがもたらした紛争の重要な分水嶺となる出来事を契機にして、T1〜T8の8区間に分類した。

T1は、「アラブの春」後、体制を批判する街頭行動が広がり、政府の支配が及ばない地域ができるようになった時期であり、T2は2014年4月の地方選挙を経て、ISが次第にイラク国内に侵入するようになった時期に設定した。この2つの時期は、IS台頭前であり、分析のベースラインに位置づけられる。

他方、T3は、2014年6月のモスル陥落以降、ISがイラク国内に相当程度の支配地を獲得し、イラクが国家存亡の危機に陥った時期である。この時期には、PMU（人民動員隊）と呼ばれるシーア派を中心とする民兵のアンブレラ組織が形成され、IS掃討作戦が開始された。T3の時期には、PMUがIS支配から複数の地域を解放し、国家存亡の危機を救った英雄とされた時期である。

ところが、T4にはPMUが解放区でスンナ派住民を弾圧したことで、宗派対立が広まっていく。PMUがイラン革命防衛隊の支援を受けていたこともあり、IS支配に協力したスンナ派に対するシーア派の報復といった宗派対立論が広まった時期でもあった。

こうした批判をかわすために、T5期にはPMUを形式的にであれ、国家の制度に取り込む政策がすすめられた。具体的には、2016年11月にPMU関連法が国会で可決され、PMUを首相府直属の公的組織に位置づけることで、宗派主義の批判をかわそうとした。T6期には、モスル解放作戦が開始されたが、この時期の軍事作戦では正規軍が最前線に立ち、PMUが後方支援を行うという場面が目立った。

T7期は、ISが衰退した時期で、モスル解放宣言以降は、ISに代わって、KRG（クルディスターン地域政府）独立のための住民投票に報道の主たる話題が移った。T8期はISに対する勝利宣言が出された2017年12月以降で、この2つの時期はIS後として分析した。

データセット

利用したデータセットは以下のとおりである。すなわち、イラク国内で発行されている主要4紙、『フラート』(Wikāla al-Furāt Niyūz)、『ヌーン』(Wikāla Nūn al-Khabarīya)、『マダー』(al-Madā)、『ザマーン』(Zamān) の政治面の記事を、各紙のホームページからスクレイピングで取得し、データセットを作った。各紙の発行部数については、残念ながら信頼できるデータは存在しないものの、それぞれ刊行母体が明確で、各紙の性格と読者層もはっきりと異なっており、最も広く読まれている新聞の一つであることは間違いない。いずれも大衆よりもエリートの読者層が多い高級紙と位置付けられるだろう。以下で各紙の性格をごく簡単にみていこう。

まず、『フラート』は、イラク戦争後にバグダードで刊行が開始された日刊紙で、明確な政党色がある。もともとイラク・イスラーム最高評議会の機関紙であり、親イラン路線を比較的明確に示してきた政党および機関紙であった。だが、現在は親イラン路線を次第に修正し、中央政府に近い論調をとるようになった。したがって、『フラート』はかなりの程度現政権の見解が反映されていると言えるだろう。

次の『ヌーン』はいずれかの政党の意見を代表する機関紙ではなく、独立派の組織と自称しているものの、実際にはシーア派ワクフ省（宗教的な公共財のために寄進された財産を管理する組織）が発行する新聞である。したがって、イラク国内のシーア派宗教界の見解（むろん宗教界に統一見解があるわけでは必ずしもない）をある程度色濃く反映しているといってよいだろう。

『マダー』はバグダードに本部を有するイラク共産党の機関紙で、自らも共産党の幹部であるファフリー・カリームが編集長を務めている。したがって、共産党の見解を強く反映し、左派系で宗教色の薄い報道を続けている。本章で取りあげる4紙のなかでは、宗派主義と最も距離をとった報道を行っていると考えられる。

最後の『ザマーン』は、旧バアス党時代の機関紙の編集長であった人物が、亡命先のロンドンで1997年以降刊行している日刊紙である。独立を自称しているものの、典型的な亡命エリートの見解が反映されていると考えるのが妥当であろう。

こうしたことから、以上4紙の宗派対立にかかわる報道は、以下のように推測できる。つまり、中央政府に最も近い『フラート』の報道トーンは、政権運営や選挙などを考慮し、大きく宗派主義に振れるとは考えにくく、同様に世俗的で左派的な『マダー』でも、宗派主義を否定する報道トーンで安定するはずである。同じように、典型的な亡命エリートの見解を反映する『ザマーン』は内政に直接的な責任を持たないため、宗派主義を克服すべきだという規範を貫徹できるだろう。他方、シーア派宗教界の見解が色濃い『ヌーン』では、比較的宗派色が強く出る可能性がある。

これら4紙の政治面に掲載されたすべての記事を、一記事を一つのテキストエディタに保存する形で取得した。期間はT1〜T8までのあいだとした。『フラート』は66,449記事、『ヌーン』は59,789記事、『マダー』は25,157記事、『ザマーン』は26,464記事ダウンロードでき、それらを足し合わせた177,859記事からなるコーパスを作った。このコーパスは、政治面のニュース記事すべてであるために、多大なノイズが含まれている。これらを省くため、重複する記事や極めて短い記事、高頻度（20%以上）で句読点を含んでいる記事（おそらくは図表やテーブルであると考えられる）などをコーパスから除外した。その結果、最終的に総計149,574記事からなるコーパスを分析の対象とした。

分析デザインと結果

山尾［2021］の第6章では、辞書分析とLSS分析を組み合わせて行い、それらの結果をさらに回帰分析（要因となる変数が、結果となる変数に与える影響を明らかにする統計的手法で、たとえば長身の両親からは長身の子供が生まれやすくなるといった分析や、新聞をよく読むものほど政治社会問題への関心が高まり、投票に行きやすくなる、といったことを明らかにする場合によく使われる）にかけるという3段階で分析している。第1の辞書分析では、どのようなイシューを扱う記事が宗派主義と密接にかかわっているのか、いかなる問題が宗派主義的であると報じられる傾向が強いのかといった問題を浮き彫りにするために、宗派主義に関係が深いと想定されるイシューを複数選び出し、各イシューに深くかかわるキーワードを配置した辞書をあらかじめ作成し、それにもとづいて各記事に辞書スコアを付与した。第2に、報道トーンが人々のあいだの和解を強調しているのか、あるいは宗派主義を扇動しているのかをはかるために、LSS分析を行った。第3に、辞書分析とLSSから得られた変数、およびテキスト外のデータとして紛争強度などの複数の変数を統合的に用いて計量分析を行い、ISがもたらした紛争が報道トーンに与えた影響を解析した——計量分析のパートについては、本章では割愛する。

辞書分析

まず辞書分析からみてみよう。ここでは、宗派主義を扇動すると想定できる6つのイシューの辞書に含まれる複数の単語が、コーパス内にどの程度出現するか、その頻度をカウントし、辞書スコアとして変数化した。具体的には、イラク政治のなかで宗派主義を扇動する要素としてしばしば登場してきた6つのイシュー、すなわち、「イラン」、「サウディアラビア」、「米国」、「選挙」、「旧バアス党」、「テロ」をとりあげ、各イシューに関連する複数の単語（キーワード）を選びだして辞書を作成した。各イシューに含まれる単語の出現頻度の合計を記事ごとに計上し、辞書のスコアとして各記事に付与した。分析結果は、上述の図5-3のとおりである。

表5-2　辞書――6つのイシューに含まれるキーワード

イラン	サウディアラビア	米国
- إيران （イラン） - ايران （イラン） - ايراني （イランの） - ايرانية （イランの） - ايرانيات （イランの） - إيراني （イランの） - فارسي （ペルシアの） - عجمي （ペルシア人の蔑称）	- المملكة العربية السعودية （サウディアラビア王国） - السعودية （サウディアラビア） - السعودي （サウディアラビアの） - سعودي （サウディアラビアの） - سعودية （サウディアラビアの）	- الولايات المتحدة الأمريكية （アメリカ合衆国） - أمريكا （アメリカ） - أمريكي （アメリカの） - الأمريكية （アメリカの） - أمريكية （アメリカの） - الولايات المتحدة （米国）
選挙	**旧バアス党**	**テロ**
- الصراع السياسي （政治闘争） - فائدة （利権） - استفاد （利益／利権） - انتخاب （選挙） - انتخابات （選挙／選挙の）	- البعث （バアス） - حزب البعث （バアス党） - حزب البعث العربي الاشتراكي （アラブ社会主義バアス党） - اجتثاث （脱バアス党） - تجريم （犯罪） - الصدامي （サッダーム主義の） - العدالة و المساءلة （問責・公正）	- الجهاد （ジハード） - انتحار* （自爆） - هجوم انتحاري （自爆攻撃） - قنبلة انتحارية （自爆） - إرهابي* （テロ／テロの） - داعش （ダーイシュ／IS）

LSS

次に、報道トーンが和解／国民統合を強調しているのか、あるいは宗派主義を扇動しているのかをはかるために、LSSを用いた分析を行った。第3節の冒頭で指摘したとおり、LSS分析のためには種語を指定する必要があるが、ここではIS後に新聞報道のトーンがどの程度宗派主義化したのかをはかることを目的としているため、宗派主義と和解／国民統合を両極とする種語を、イラク政治をめぐる新聞報道で用いられるコーパス内の様々な単語を検証した結果、次のように選定した（表5-3）。まず、宗派主義を扇動する報道トーンを示す種語として、スンナ派に対する蔑称である「ナースィビー」

(Nāṣibī, Nawāṣib／ناصبي, نواصب)[6]、「ウマイヤ朝の」(al-Umawī／الأموي)、「ワッハーブ派の」(Wahhābī／وهابي)、「タクフィール主義者」(Takfīrīyūm, Takfīrīyīn／تكفيريون , تكفيريين)、タクフィール主義者の(Takfīrī／تكفيري)、そしてシーア派に対する蔑称である「魔術師／マジュース」(Majūs／مجوس)、「悪魔の党」(Ḥizb al-Shayṭān／حزب الشيطان)、「ヒズブッラート」(Ḥizb al-Lāt／حزب اللات)、「ヌサイリー」(Nuṣayrīya／نصيرية)[7]、「サファヴィー朝の」(Ṣafawī／صفوي)、「離反者」(al-Rāfiḍa／الرافضة)[8]、そして宗派主義が引き起こす負の帰結として表象されることの多い「内乱」(al-Fitna／ الفتنة)を選び、+1の重みづけをした。

反対に、宗派主義を克服して和解を促進し、国民統合を進めるべきだとの報道トーンを示す種語として、「国民和解」(waḥda waṭanīya／وحدة وطنية)、「イスラーム的統一」(waḥda Islāmīya／وحدة اسلامية)、「反宗派主義」(lā li-l-Ṭā'ifiya／لا للطائفية)を選び、−1の重みづけを行った。これらの種語と関係が深い単語をコーパス全体から機械学習によって選び出してスコアを振り、コーパス内の全報道記事(合計で149,574)に重みづけを行った。分析に用いた種語のリストは、表5-3のとおりである。

表5-3　LSS分析のための種語

宗派主義 (+1)	和解／国民統合 (-1)
反シーア派 (نصيرية , نصيري, النصيرية, مجوس, حزب الشيطان, حزب اللات, الرافضة, صفوي)	統一 (وحدة وطنية, وحدة اسلامية, لا للطائفية)
反スンナ派 (ناصبي, نواصب, وهابي, الأموي)	
過激 (التكفيريون, التكفيريين, التكفيري, تكفيري, تكفيريون, تكفيريين)	和解 (المصالحة, مصالحة, مصلحة, المصلحة, وحدة)
混乱 (فتنة, الطائفية, طائفي, طائفة)	

LSSによる解析で重みづけされた特徴的な単語の配置は、図5-6に示したとおりである。この図は、横軸の数値が増加する(右に行く)ほど宗派主義を強く扇動する単語として重みづけされ、逆に減少する(左に行く)につれて和解／国民統合を促進するタームであることを示している。縦軸は頻度を指し、上に行くほど頻出単語であることを指し示している。まず、宗派主義を扇動する報道トーンとして高いスコアを付与された単語(横軸の右側に配置された単語)をみていこう。いくつかハイライトした単語のなかには、

図5-6の最も右側にある「殺戮」（القتال）をはじめ、「攻撃」（الهجمات）、「殺害者」（لمقاتلين）、「闘争」（الصراع）、「テロ」（الإرهاب）、「過激」（التطرف）、「宗派／学派主義の」（المذهبي）、「扇動」（التحريض）、「不正」（الظلم）などがある。反対に、和解や国民統合を促進する単語は、図5-6の最も左側にある「参加」（الشراكة）をはじめ、「接近」（تقريب）、「改革」（لاصلاحات）などである。

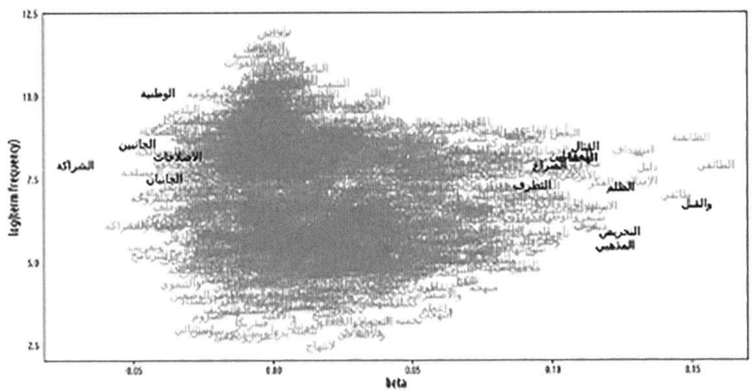

図5-6　重みづけされた単語

これらのハイライトした単語は、いずれも種語とは異なるものであり、宗派主義や反対の和解／国民統合を表すために日常的に新聞報道で使用されるキーワードだといってよいだろう。したがって、図5-6からは、LSSの推計およびそのための種語の選定が適切に機能していることを証明している。

では、各紙の報道トーンはどのように変化したのだろうか。図5-7は新聞ごとに報道トーンを可視化したものである。横軸は時間の経過を、縦軸は報道トーンをそれぞれ示しており、縦軸を上昇するほど宗派主義のトーンが強い報道であることを指し示している。報道トーンを示すラインは各記事のLSSスコアの移動平均線（直近10%のデータの平均）をとったもので、各ラインの上下にある破線は95%信頼区間（母平均が95%の確率でその範囲にある区間）を示している。ここから視覚的にわかるように、いずれの新聞も、ISがモスルを陥落させる以前、とりわけ2013年4月に実施された第3回地方選挙後に報道トーンが最も宗派主義に偏っている（LSSスコアが最も上昇している）。反対に、

ISがイラク国内に支配地を維持しているあいだ（「IS期間中」）は、報道トーンがむしろ和解／国民統合に向かっている（LSSスコアが低下している）ことがわかる。IS後には、報道トーンは和解に向かっているということだ。

新聞ごとに見てみよう。一瞥してわかるとおり、宗派主義トーンが最も強い報道を行う傾向があるのは□マーカーのラインで示した『ヌーン』であり、ごくごく一時的な例外を除き、最も和解／国民統合を重視した報道を行っているのが○マーカーの『フラート』である。×マーカーの『マダー』と△マーカーで示した『ザマーン』については、報道トーンにあまり大きな変動がなく、宗派主義と和解／国民統合のちょうど中間あたりを推移している。

より重要なのは、各新聞の報道トーンの推移をみると、ISが台頭する以前と比較して、IS台頭後に宗派主義の傾向が弱まっているという点である。IS掃討作戦の開始にともなって実際に宗派対立が激化したとされる時期（たとえばT4やT5の時期）には、むしろ報道トーンが和解／国民統合を強調するようになっている（LSSスコアが低下している）ことがわかる。

これと同様に興味深いのは、それなりにばらつきがあった主要4紙の報道トーンが、ISがもたらした紛争によって実際の宗派対立が最も深刻になったと考えられてきた時期（T4とT5にあたる2016年半ばから2017年の半ばころまで）に、宗派主義でも和解／国民統合でもない中間地点に寄っているようにみえる点である。これは、新聞の発行元の特徴が大きく異なる4紙が、いずれも実際に現場で生じている宗派を主因と喧伝する宗派対立を克服するために、同じよ

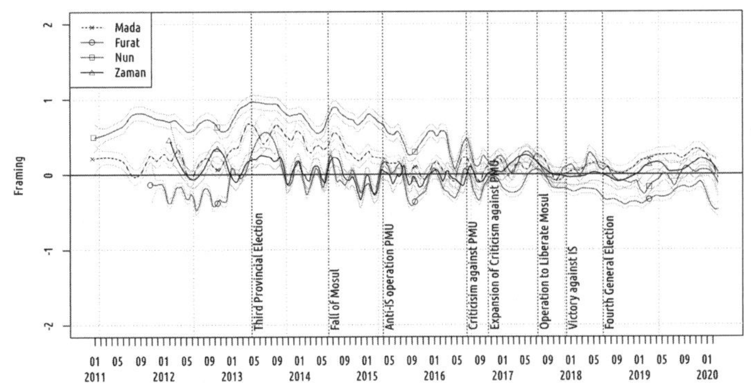

図5-7　新聞ごとの報道トーン

うに和解／国民統合的な報道に収斂していったことを、視覚的に示している。言い方を換えると、宗派対立が実際に極めて深刻になったため、それを制御しようとする報道トーンを、いずれの新聞もとるようになったことがみてとれるのである。この点が、準教師ありモデルの機械学習であるLSS分析によって視覚的に浮き彫りにすることができた、最も興味深い発見であろう。

計量分析

山尾［2021］の第6章では、辞書スコアとLSSスコアを合わせて統計分析を行ったが、これは本章の射程を超えるため割愛するが、これまでの計量テキスト分析によって量的に取り出した変数から、具体的にどのようなことが言えるのかについて、簡単に指摘しておこう。

まず、最も直感的な分析は、どの新聞が最も宗派主義的か、という問題である。これは、図5-7の新聞ごとの報道トーンの推移をみれば、おおよそ判別することができるが、各新聞のLSSスコア、すなわち宗派主義のトーンの強さを平均値にして回帰分析することで、明らかにすることができる。データセットのところで示した想定通り、『ヌーン』が最も強いトーンで宗派主義を報道していたことが、統計的に確認できた。

加えて、時期区分に着目すると、IS台頭前後で報道トーンがどのように変化したのかも明らかになる。IS台頭前を参照カテゴリにし、IS掃討作戦中やIS後の報道トーンにみられる宗派主義の強さを回帰分析にかけてみると、宗派主義の報道トーンは、IS台頭後には弱くなり、むしろ国民統合を促進するような報道に代わっていくことが明らかになった。言い換えるなら、「IS台頭後には、実際にはISが扇動した宗派主義を回避・克服し、和解を重視する報道トーンがみられるようになった」、ということである。つまり、IS台頭・支配後には、報道トーンは和解／国民統合を促進する傾向をみせるようになったのである。

また、辞書分析の結果を合わせて回帰分析することで、どのイシューの記事が宗派主義を扇動しやすいのかということも明らかになる。ごくかいつまんで分析結果だけをみると、いずれの新聞でも宗派主義トーンを強めるイシューは、「サウディアラビア」、「旧バアス党」、「テロ」の三つである、ということが分かった。しかも『フラート』では、「旧バアス党」と「テロ」にかかわる記事では、宗派主義トーンが極めて高くなる傾向がみられた。

この他、テキスト外のデータとマージすることで、別の議論も展開可能になる。たとえば、紛争強度をはかるためにISによる死者数を示すデータを用いるならば、紛争強度が上がると報道トーンがどのように変化するのか、といった問題も調べることができる。統計分析の詳細については、山尾［2021］の第6章をみていただければ幸いである。

5. おわりに

本章では、計量テキスト分析でどのようなことが、どこまで明らかにできるのかを中心に紹介してきた。筆者の専門は現代政治であるため、新聞記事やSNSなどをテキストデータにすることが多いが、歴史文書などを主として扱う人文系の研究者であっても、十分に応用できる方法論であると思われる。

もちろん、本章は、計量テキスト分析が万能のツールだと主張しているわけではない。本章で紹介した様々な分析手法は、言語を問わず同じ基準でテキストを量的に取り出すことができる画期的な方法論ではある。だが、手法によっては誤差が生じたり、そもそも元となるテキストデータが何を代表しているのかが曖昧であったり、言語が異なることによる微妙なニュアンスの違いが析出できているかについては必ずしも自明ではなかったりと、それなりに問題を抱えていることは事実である。とはいえ、否、だからこそというべきか、分析対象となるテキストデータやそれが書かれた言語、そしてその背景にある政治社会や歴史について、分析者が深い知識を有していることこそが、最も重要なのである。言い換えるなら、中東・イスラーム世界をめぐる深い知識をまずは身につけた地域研究者となれば、同地で使われているテキストをデータとした計量テキスト分析を効果的かつ意義深い形で行える、ということに他ならない。

本章でも述べてきたように、テキスト分析はテキストデータの前処理の難易度が最も高い。前処理さえクリアできれば、分析そのものはQuanteda Tutorialsなどのサンプルコードを参考にすることができ、比較的容易に進めることができるだろう。それでもなおハードルが高いと感じる研究者は、共同研究を始めるのはどうだろうか。試しに計量テキスト分析を援用して中東・イスラーム研究を進めてほしい。コンベンショナルな手法では分からなかった新たな発見が、必ずあるはずである。

注

1　Quantedaについては、「クイック・スタートガイド」と完全版のマニュアル「Quanteda Tutorials」が公開されているので、その通りに進めれば、誰もが使いこなせるツールとなっている。

2　日本語や中国語のように、単語の境が空白で区切られていない言語の場合には、形態素解析を行う必要がある。日本語のコーパスの場合、形態素解析のために最も有名なMeCabを使用することが多いが、Quantedaではこれらの外部ツールなしでもトークン化が可能となっている。

3　Snowballのストップワーズについては、ホームページを参照のこと。

4　Marimoについては、Githubのページ(https://github.com/koheiw/marimo)を参照のこと。

5　LSSのアルゴリズムについては、[Watanabe, 2017; 2018; 2020]に詳しいので、そちらを参照のこと。

6　アリーとその一族(つまりシーア派)に敵対する者の総称、スンナ派に対する蔑称として使われる。

7　アラウィー派の意味、シーア派に対する蔑称として使われることが多い。

8　アブー・バクルやウマル、ウスマーンなどの預言者ムハンマドの教友を見捨てた者という意味で、シーア派に対する蔑称として使われる。

参考文献

カタリナク，エイミー，渡辺耕平．2019.「日本語の量的テキスト分析」『早稲田大学高等研究所紀要』11号: 133–143.

樋口耕一．2014.『社会調査のための計量テキスト分析——内容分析の継承と発展を目指して』東京: ナカニシヤ出版．

山尾大．2021.『紛争のインパクトをはかる——世論調査と計量テキスト分析からみるイラクの国家と国民の再編』京都: 晃洋書房．

山尾大，久保慶一．2020.「計量テキスト分析による関係性分析」『グローバル関係学とは何か』酒井啓子編，グローバル関係学1, 168–190. 東京: 岩波書店．

Slapin, Jonathan B., and Sven-Oliver Proksch. 2008. "A Scaling Model for Estimating Time-Series Party Positions from Texts." *American Journal of Political Science* 52 (July): 705–722.

Watanabe, Kohei. 2017. “Measuring News Bias: Russia’s Official News Agency ITAR-TASS’ Coverage of the Ukraine Crisis.” *European Journal of Communication* 32 (June): 224–241.

——— . 2018. “Newsmap: A semi-supervised approach to geographical news classification.” *Digital Journalism* 6, no.3: 294–309.

———. 2020. “Latest Semantic Scaling: A Semisupervised Text Analysis Technique for New Domains and Languages.” *Communication Methods and Measures* 15, no.2 (November): 81–102.

column 5 

アラビア語史料を遠読する

Voyant Toolsを用いた『歴史序説』解析の試み

荒井悠太

Voyant Tools（ヴォヤント・ツールズ）とは、デジタルテキストの解析・可視化ツールである。単語の使用頻度と用例検索、ワードクラウドや散布図の生成などを手軽に行え、複数のテキストを同時に解析することも可能である。現在ではウェブ上で使用可能な日本語版（https://voyant-tools.org/?lang=ja）が公開されている。本コラムでは、同ツールを用いて14世紀の歴史家イブン・ハルドゥーン（d. 1406）の著作『イバルの書』の第一巻である『歴史序説』の解析を試み、アラビア語歴史史料に対するデジタル解析の可能性を考えてみたい。

いうまでもなく、本解析のためには史料をテキストデータで用意する必要がある。アラビア語歴史史料のテキストデータ利用環境は近年大きく進展しており、OpenITI（Open Islamic Texts Initiative、https://github.com/OpenITI）等のウェブサイトから主要なアラビア語史料のテキストデータを参照・入手することができる（OpenITIについては第6章参照）。

Voyant Toolsでは、テキストデータへのURLの入力もしくはデータのアップロードにより、自動で解析結果が表示される。『歴史序説』の解析画面は上の図のようになる。

画面上段は左から順にシーラス（ワードクラウド）、テキスト本文、トレンド、下段は左からコーパスターム、コンテクストである。例えばシーラスをみると、マリク（王／الملك）が比較的目を引く。しかし実は、同一表記のムルク（王権／الملك）との判別はできていない。そのほか、定冠詞の有無や語形変化にも十分に対応していないので注意が必要である。

デジタル解析はイブン・ハルドゥーン研究にいかに寄与するのだろうか。一例として、イブン・ハルドゥーンと関係の深いマグリブ（المغرب）、ハフス（حفص）、マリーン（مرين）、ムワッヒドゥーン（الموحدون/الموحدين）といった語句を、東方のアッバース家（العباسية/العباسيين）と散布図上で比較してみると（下図）、アッバース家への言及も無視できぬ頻度でみられる。これは、『歴史序説』が提示する／にて示される社会モデルがマグリブ部族社会の構造を反映したものとする定見に対する再考の余地を与える。

Voyant Toolsに限らず、アラビア語歴史史料をデジタル解析に用いる上で最も大きな課題はテキストデータの成型と信頼性の確保であろう。『イバルの書』全体を他のマグリブ史史料と比較解析できれば、間テクスト性など新たな視座から『イバルの書』を論ずることが可能になると見込まれるが、大部なアラビア語史料の成型にはかなりの労力が必要であり、文献学的な信頼性を追求すれば猶更である。この点は新聞記事等の短文を解析する場合と大きく勝手が異なるといえる。

また、歴史史料のデジタル解析は定性的な精読を補完ないし短縮する数量的データを提供できる点で優れているが、それらを適切に活用する上では史料に対する相当の理解が分析者にも要求される。分析者が全く知識を有さない史料について有効な解析を行うことはできず、デジタル解析のみで独自の成果を提示することは現状では困難であるように思われる。精読と解析を適切に組み合わせてこそ、史料の新たな捉え方や活用方法が見出されるだろう。

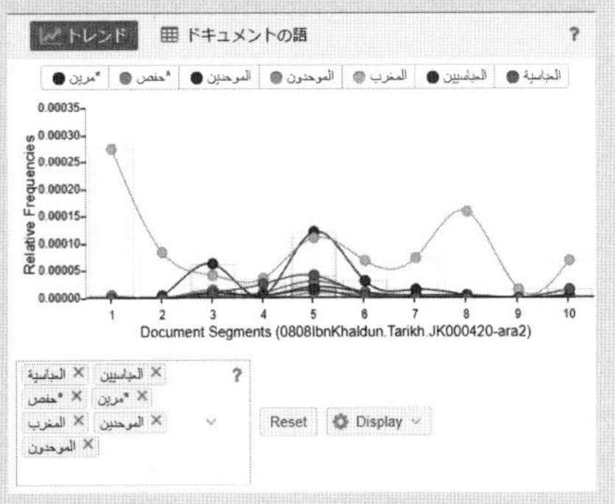

第6章

TEIガイドラインとOpenITI mARkdown

マークアップ手法を用いた歴史研究と分析

熊倉和歌子

1. はじめに

歴史研究は歴史資料を基礎として展開される学問分野である。中近世エジプト史を専門とする筆者の場合、寄進文書や土地台帳などの文書史料や、年代記や地誌などの叙述史料から、研究テーマに関わる情報を抽出・記録し、ある程度の分量が貯まったところでそれらを並べて、そこからどのような傾向や変化を見いだすことができるかを分析する。その際に、情報をどのように抽出・保存するかが問題となる。従来、歴史資料から得られる情報は、研究カードなどの紙媒体と、ワープロソフトや表計算ソフトなどの電子媒体に転記・保存されてきた。筆者も、学部から修士課程在籍時までは研究カードに、博士課程以降はワープロソフトや表計算ソフトに情報を蓄積してきた。しかし、いずれの方法にも共通する欠点がある。それは、それらの媒体に記録された情報は、歴史資料のテキスト全体の一部にすぎず、本来のテキストの文脈から完全に切り離されているという点である。

歴史資料に沈潜する時間的な余裕と記憶力があった頃には、この欠点はあまり問題にはならなかったが、研究を長く続けているといろいろなことを忘れてしまう。たとえば、過去にとった研究カードを見て、「Aという人物がXという職から解任される」という事実を確認することができても、なぜ解任されたのかについてまでは書かれておらず、結局、元のテキストに戻らなくてはならないということがしばしば生じる。また、その逆方向も起こり得る。歴史資料を読み直していて、過去の自分の解釈が誤っていたことに気づいた場合、研究カードなど、抽出した先の情報を書き直す必要が生じる。このように、歴史資料と分析のために抽出した情報が切り離されているがゆえに、右往左往することになる。

果たして、歴史資料に含まれる情報（全体）と、分析しようとする情報（部分）を切り離さずに記録・分析する方法はないのだろうか。そこで浮上するのが、デジタルテキストへのマークアップ手法である。マークアップとは、コンピュータがその意味を識別できるようにタグをつけることである。デジタル人文学において最も一般的なマークアップ記法は、XML (Extensible Markup Language／エックス・エム・エル) をベースとするTEIガイドライン（Text Encoding Initiative Guideline／ティー・イー・アイ・ガイドライン）である。本章では、TEIガイドラインについての説明に加えて、アラビア語テキストの公開と分析を進めるプロジェクトであるキターブ（KITAB, https://kitab-project.org/）が提案するOpenITI mARkdown（オープン・アイ・ティー・アイ・マークダウン）と呼ばれる手法を扱う。以下、それぞれの手法の長所と短所を整理しながら、活用方法について論じる。

2．TEIガイドラインに準拠したマークアップ

XMLとTEIガイドライン

TEIガイドラインは、XMLによるマークアップのガイドラインである。XMLとは、世界標準のマークアップ言語であり、開始タグ<xxx>と終了タグ</xxx>で文字列を囲むことにより、その文字列に対し機械可読可能なタグをつけていくものである。たとえば、<日付>2023年8月1日</日付>と記述することにより、コンピュータが「2023年8月1日」という文字列に「日付」というタグがついていることを判別できるようになる。XMLでは、<日付>の“日付”に当たる部分をエレメント（要素）と言い、ユーザー側が自由に設定することができる。そのため、XMLは、さまざまなテキストを構造化する際に有用である。

テキストの構造化とは、テキストの情報を表形式に変換可能な形に記述することである。たとえば、先ほどの<日付>2023年8月1日</日付>は、「日付，2023年8月1日」という形で表形式に変換することができる。同様に、「2023年8月1日、由比ヶ浜小学校での第1回ラジオ体操の参加者は、13名だった」という文章に対し、次のようにタグをつけると、表1のようにその内容が構造化されることとなる。

<日付>2023年8月1日</日付>、<場所>由比ヶ浜小学校</場所>での<イベント>第1回ラジオ体操</イベント>の参加者は、<参加人数>13名</参加人数>だった

表6-1　マークアップによるテキストの構造化

日付	2023年8月1日
場所	由比ヶ浜小学校
イベント	第1回ラジオ体操
参加人数	13名

表6-1のような形にすることが目標であれば、テキストから情報を抽出し、表計算ソフトに入力していけばよいのではないかと思われるかもしれない。しかし、その作業をテキストベースで進められるという点が、マークアップ手法の大きな魅力である。とりわけ、文献史学をはじめとするテキストに依拠したデータ分析の場合、情報をテキストから切り離さずに保存・分析できる意義は大きい。

このようなXMLの良さを活かしながら、人文学に適したマークアップの方法を提示するのがTEIガイドラインである［Text Encoding Initiative 2023］。このガイドラインは、TEIコンソーシアムが策定を担い、現在も改良が続いている［永崎 2022a, 33, 128–130］[1]。23の章からなるその内容は、情報のタイプごとにタグ付けの指針が示されている[2]。先述のように、XML文書ではエレメントを自由に設定することができるが、人文学研究にとって標準となるような指針を決めておこうというのがTEIのねらいである。

そこで、改めて、先ほどの例文にTEIガイドラインに準拠したタグを付けていこう。

<p><date when="2023-08-01">2023年8月1日</date>、<placeName>由比ヶ浜小学校</placeName>での<name type="event">第1回ラジオ体操</name>の参加者は、<num value="13">13名</num>だった</p>

冒頭の<p>タグは、段落（paragraph）を表し、終了タグは文末にある。つまり、この一文が一つの段落を構成していることを意味する。文中の日付には<date>タグを用いる。上の例では、このタグの中にwhen="2023-08-01"という情報が含まれている。これをアトリビュート（属性）という。ここでは、@whenというアトリビュートを加えて、"2023-08-01"という値を記述している。これにより、<date>タグで囲んだ文字列に対してさらに詳細な注釈を加えているのである。同様に、「第1回ラジオ体操」には<name>タグを用いつつ、@typeというアトリビュートを加えて、それがイベント名であることがわかるようtype=“event”と記述している。テキストの構造化という点においては、仮に<event>というタグがあれば、わざわざアトリビュートをつけて<name>

タグをつける必要はないが、TEIガイドラインでは、本文中で使える<event>というタグは定義されていない。そのため、イベントの名称を示すようにアトリビュートを含めているのである。

実際にタグ付け作業をしてみると、必ずしも求めているタグがすべてTEIガイドラインにおいて定義されているわけではないことに気づくはずである。これは、人文学が扱うテキストが広範囲かつ多様であることを考えれば当然のことであろう。このようなときには、上述の例のように、大抵はTEIガイドラインにおいて定義されている基本的なエレメントとアトリビュートを組み合わせることで対応可能である。

他方、特殊なテキストを扱う場合など、必要に迫られた際には、TEIガイドラインが提示する指針に沿いながら、タグを拡張することも可能である。TEIガイドラインは、「ガイドライン」という名の通り、固定的・絶対的なルールではなく、ユーザーからの提案を受け入れながら発展してきている。このことを示す好例が日本語のルビにつける<ruby>タグの導入である。TEIガイドラインは、欧米圏の研究者が主導しながら形づくられてきたものであり、アジア圏の言語で書かれるテキストの事情に対応しない部分も多々見られる。日本語のルビもそのような事例の一つである。これに対し、TEIコンソーシアムの東アジア／日本語分科会はルビを構造化するためのタグを提案し、コンソーシアムで検討が重ねられた結果、採用された［永崎 2022a, 132–134］。このように、言語に固有の問題への対応に迫られることも想定されるが、TEIコンソーシアムは機関や個人のユーザーが自由に参加することができるプラットフォームであり、フォーラムやメーリングリストを通じて、質問や相談をすることができる環境が整備されている。

他方、最初からTEIガイドラインに準拠することなく、XMLで自由にエレメント名を設定してタグ付けしていった方が、ガイドラインに束縛されることがないため効率的ではないかと考える人もいるかもしれない。しかし、共通の枠組みでタグを付けていく方が、結果的にはさまざまな点で効率的である。TEIガイドラインへの準拠が推奨される大きな理由は汎用性にある。TEIに準拠している限り、異なるテキストや、異なるユーザーがタグ付けしたテキストであっても、手間をかけずに分析することが可能となる。これは、データをオープンにして二次利用や検証可能な形にすることにもつながる。また、すでにTEIガイドラインが人文学におけるマークアップのスタンダードとなっていることを考えれば、今後、TEI文書で使えるアプリケーションが充実していくことも想定される[3]。このことから、XMLでマークアップする場合には、可能なかぎりTEIガイドラインを参照することが推奨されるのである。

oXygen XML EditorとTEIガイドライン

TEIガイドラインに準拠しながらXMLでマークアップをしていく際には、XMLエディタを使用すると作業効率が上がる。XMLエディタには無料のものと有料のものがあるが、ここでは最もよく使われているoXygen XML Editor（オキシジン・エックスエムエル・エディタ、以下oXygenと略記）を取り上げたい[4]。

ファイルテンプレートを選択
フィルタテキストを入力
最近使った
All [TEI]
XML 文書
XSLT Stylesheet for JSON [XSLT]
HTML
Java Programming Language
JavaScript
JSON
XHTML 5 [XHTML]
Markdown
人気
DITA
DocBook
TEI
XHTML
新しい文書
All [TEI]
別名で保存:
キャンセル
< 戻る
カスタマイズ >
作成

図6-1　新規作成ボタンを押して表示されたポップアップ

oXygenをインストールし、立ち上げたら、先ほどの例文をoXygenでタグ付けしてみよう。最初に、画面左上の文書マークで表される 新規作成 ボタンを押すと、図6-1のようにポップアップが表示されるので、ALL［TEI］を選択する。すると、図6-2のようなファイルが表示される。

oXygenでは、編集を容易にするために、タグに色がついている。しかし、

processing-instruction
```
<?xml version="1.0" encoding="UTF-8"?>
<?xml-model href="http://www.tei-c.org/release/xml/tei/custom/schema/relaxng/tei_all.rng" type="application/xml" schematypens="http://relaxng.org/ns/structure/1
<?xml-model href="http://www.tei-c.org/release/xml/tei/custom/schema/relaxng/tei_all.rng" type="application/xml"
schematypens="http://purl.oclc.org/dsdl/schematron"?>
<TEI xmlns="http://www.tei-c.org/ns/1.0">
<teiHeader>
<fileDesc>
<titleStmt>
<title>Title</title>
</titleStmt>
<publicationStmt>
<p>Publication Information</p>
</publicationStmt>
<sourceDesc>
<p>Information about the source</p>
</sourceDesc>
</fileDesc>
</teiHeader>
<text>
<body>
<p>Some text here.</p>
</body>
</text>
</TEI>
```
テキスト
グリッド
作者

図6-2　新規に作成されたファイル

人間の目にはどのような文章が書かれているのかがわかりにくい。そこで、ウィンドウの下部にある[作者]ボタンを押してみよう。

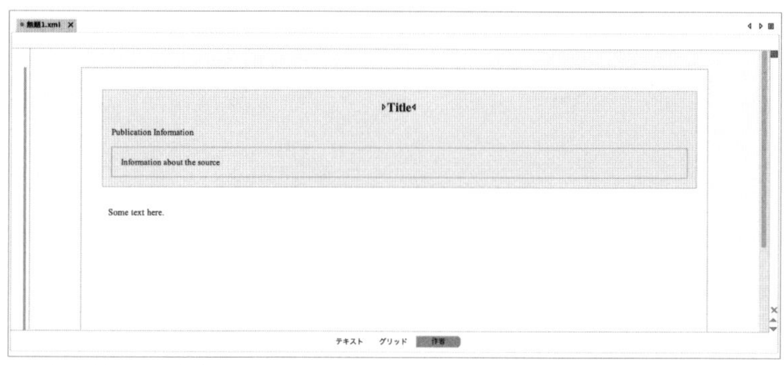

図6-3　作者モードのビュー

すると、図6-3のようにレイアウトされた画面に切り替わる。図6-2と図6-3を見比べてみて、図6-3の各文章が、図6-3のどの箇所に対応するか確認してみよう。図6-2の6行目と18行目にある<teiHeader>タグは、テキストの記述箇所に先んじて設けられたヘッダー部分を意味し、通常この部分には、ファイルのメタデータが記述される。TEI［ALL］のファイルを新規作成した際のデフォルトでは、<fileDesc>タグ（図6-2の7行目と17行目）があり、その中に<titleStmt>タグ、<publicationStmt>タグ、<sourceDesc>タグが含まれ、タイトル、出版、出典に関する情報を記入できるようになっている。19行目と23行目にある<text>タグは、そこにテキストが記述されることを示す。本文を表す<body>タグの部分に表示されている“Some text here.”を消去して、そこに先ほどの例文「2023年8月1日、由比ヶ浜小学校での第1回ラジオ体操の参加者は、13名だった」を入力し、再び[作者]ボタンを押してみよう。すると、例文が表示されていることを確認できるだろう。

次に、この例文に対してタグをつけていこう。最初に<date>タグをつける。日付の前に「<d」と入力した時点で、図6-4のように、dからはじまるエレメントの候補が表示され、それらにカーソルを置いていくと、TEIガイドラインにおけるタグの説明が自動的に表示される。この中から<date>タグを選びEnterを押すと、自動でタグ<date></date>が入力される。あとは、終了タグ</date>をカットアンドペーストで日付の末尾に挿入すればよい。

無題1.xml*
TEI text body p d2023年8月1日、由比ヶ浜小学校での第1回ラジオ ...
```
<?xml version="1.0" encoding="UTF-8"?>
<?xml-model href="http://www.tei-c.org/release/xml/tei/custom/schema/relaxng/tei_all.rng" type="application/xml" schematypens="http://relaxng.org/ns/structure/1
<?xml-model href="http://www.tei-c.org/release/xml/tei/custom/schema/relaxng/tei_all.rng" type="application/xml"
  schematypens="http://purl.oclc.org/dsdl/schematron"?>
<TEI xmlns="http://www.tei-c.org/ns/1.0">
  <teiHeader>
    <fileDesc>
      <titleStmt>
        <title>Title</title>
      </titleStmt>
      <publicationStmt>
        <p>Publication Information</p>
      </publicationStmt>
      <sourceDesc>
        <p>Information about the source</p>
      </sourceDesc>
    </fileDesc>
  </teiHeader>
  <text>
    <body>
      <p><d2023年8月1日、由比ヶ浜小学校での第1回ラジオ体操の参加者は、13名だった</p>
    </body>
  </text>
</TEI>
```
damage
damageSpan
dataSpec
date
del
delSpan
depth
contains a date in any format. [3.5.4. Dates and Times 2.2.4. Publication, Distribution, Licensing, etc. 2.6. The Revision Description 3.11.2.4. Imprint, Size of a Document, and Reprint Information 15.2.3. The Setting Description 13.3.7. Dates and Times]
TEI Guidelines
Element type "d20
テキスト グリッド 作者
図6-4　エレメントの候補とその解説

同様にして、「由比ヶ浜小学校」にも<placeName>タグをつける。次に、「第1回ラジオ体操」と「13名」にタグをつけていくが、これらのタグには、エレメント（要素）だけでなく、アトリビュート（属性）も含める必要がある。まず、先ほどと同様に、「第1回ラジオ体操」に対し、<name>タグをつける。その後、nameの末尾にカーソルを置き、半角スペースを空ける。すると、図6-5のように、アトリビュートの候補とその説明が表示される。

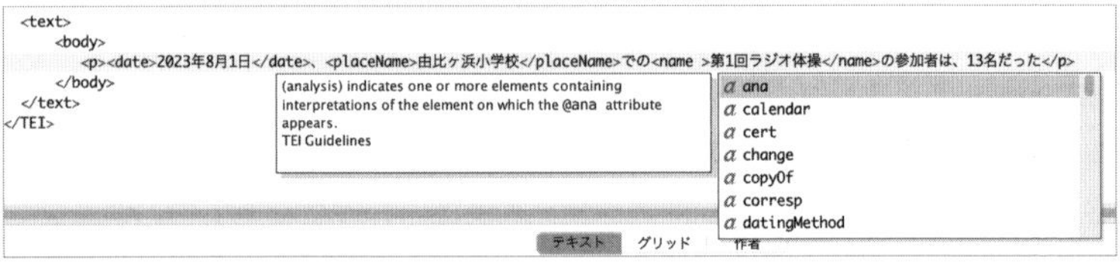

```
<text>
  <body>
    <p><date>2023年8月1日</date>、<placeName>由比ヶ浜小学校</placeName>での<name >第1回ラジオ体操</name>の参加者は、13名だった</p>
  </body>
</text>
</TEI>
```

(analysis) indicates one or more elements containing interpretations of the element on which the @ana attribute appears.
TEI Guidelines

ana / calendar / cert / change / copyOf / corresp / datingMethod

テキスト　グリッド　作者

図6-5　アトリビュートの候補とその解説

この中から、@typeを選び、Enter を押すと、自動でアトリビュートtype=""が表示されるので、カーソルが置かれた位置（"記号の間）にeventと入力する。同様に、「13名」に対してもアトリビュートを記入する。記入後、画面の下部に「正常に検証されました」というメッセージとともに緑色の四角マークが表示されていれば、タグに問題がない状態である。他方、何かしらの書き損じや、TEIガイドラインで定義されていないタグがある場合には、右側のスクロールバーの当該行に赤いマークがつくとともに、ウィンドウ下にも「検証に失敗しました」というメッセージが表示される（図6-6）。

TEI text body p placeName
<?xml version="1.0" encoding="UTF-8"?>
<?xml-model href="http://www.tei-c.org/release/xml/tei/custom/schema/relaxng/tei_all.rng" type="application/xml" schematypens="http://relaxng.org/ns/structure/1
<?xml-model href="http://www.tei-c.org/release/xml/tei/custom/schema/relaxng/tei_all.rng" type="application/xml"
schematypens="http://purl.oclc.org/dsdl/schematron"?>
<TEI xmlns="http://www.tei-c.org/ns/1.0">
<teiHeader>
<fileDesc>
<titleStmt>
<title>Title</title>
</titleStmt>
<publicationStmt>
<p>Publication Information</p>
</publicationStmt>
<sourceDesc>
<p>Information about the source</p>
</sourceDesc>
</fileDesc>
</teiHeader>
<text>
<body>
<p><date>2023年8月1日</date>、<placeName>由比ヶ浜小学校での<name type="event">第1回ラジオ体操</name>の参加者は、13名だった</p>
</body>
</text>
</TEI>
The element type "placeName" must be terminated by the matching end-tag "</placeName>"
テキスト グリッド 作者
U+3067 21 : 54 修正済み

図6-6　タグに何らかの誤りがある場合（間違っている箇所はどこでしょう？）

タグをつけると、アウトラインのビューには図6-7のようにタグの情報が表示される[5]。タグをつけていくと、テキストモードのままでは、可読性が落ちるが、アウトラインを参照することにより、タグ付けした情報が明確になる。

要素名 フィルタ
TEI "http://www.tei-c.org/ns/1.0"
teiHeader
text
body
p 2023年8月1日
date 2023年8月1日
placeName 由比ヶ浜小学校
name "event" 第1回ラジオ体操
num "13" 13名

図6-7　アウトラインのビュー

また、oXygenエディタには、優れた検索機能がついている。テキストの量が増加したときに、検索機能は必須となる。加えて、特定のタグを指定して、その情報を抽出することも可能である［永崎 2022b］。

このように、エディタを使うことにより、タグ付けの作業を正確に、かつ効率よく進めることができる。とりわけ便利なのが、先に述べたエレメントやアトリビュートの候補や意味が表示される機能であるが、これは紫色で色づけされている2行目から4行目に、参照すべきTEIガイドラインのスキーマファイルが指定されているために表示されている。したがって、この3行を消去すると、候補や意味は表示されなくなる。また、日本語版スキーマファイルを指定することにより、日本語の解説を表示させることもできる[6]。

3．マークアップの実践と活用

RTLテキストとXML

TEIガイドラインに準拠したマークアップにおいてネックとなるのが、文字の問題である。イスラームに関連する研究において、アラビア文字系統のテキストを扱う人は少なくないだろう。現在では、これらの文字に対してもUnicodeが整備され、デジタルテキスト化は容易になった（コラム4を参照）。しかし、アラビア文字系統のテキストは右から左へ記述されるテキスト（以下、RTLテキストと略記）であり、この点においてラテン文字系統のテキストと根本的に異なる。XMLは英語のように左から右へ記述されるテキストを前提としている。そのため、RTLテキストに対してXMLでマークアップする際に難しい点もある。

たとえば、“مرحبا! أنا واكاكو كوماكورا، مؤلفة هذه الصورة”（こんにちは！私は熊倉和歌子、本章の筆者です）という文章に対し、<persName>タグを付けてみよう。先ほどと同様に、タグの候補の中から<persName>を選ぶと、図6-8のようになる。

```
<text>
    <body>
        <p>مرحبا ! أنا <persName></persName>واكاكو كوماكورا، مؤلفة هذه الصورة</p>
    </body>
</text>
```

図6-8　RTLテキストに対してタグを付けた結果―1

語順が入れ替わっていることに気づいただろうか。図8では、“مرحبا! أنا”が文末に来ているように見える。ひとまず語順の入れ替わりを無視して、“واكاكو كوماكورا”の末尾にエンドタグを置くと図6-9のようになる。

```
<text>
    <body>
        <p>مرحبا ! أنا <persName>واكاكو كوماكورا</persName>، مؤلفة هذه الصورة</p>
    </body>
</text>
```

図6-9　RTLテキストに対してタグを付けた結果―2

<persName>タグを付けることはできたが、語順は、タグを付けた文字列を中心にして入れ替わった。これが、XML文書においてRTLテキストを扱う際の問題である。こうした問題に対し、oXygenは、RTLテキストをサポート

しており、編集 > テキストの方向を変更 を選択することにより、右側が行頭になる。図6-9のテキストの方向を変更すると、図6-10のように表示される。

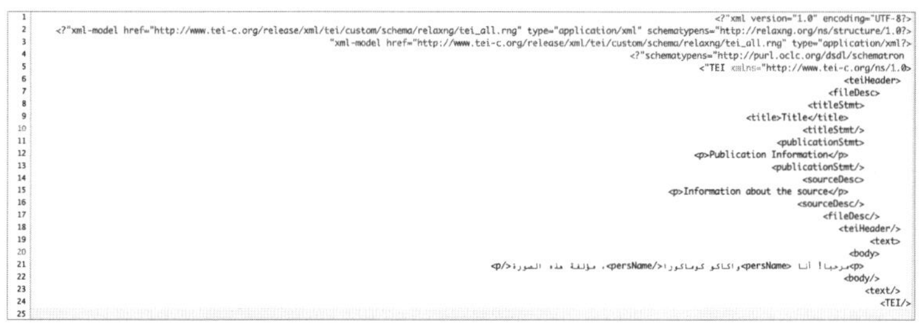
<?"xml version="1.0" encoding="UTF-8?>
<?"xml-model href="http://www.tei-c.org/release/xml/tei/custom/schema/relaxng/tei_all.rng" type="application/xml" schematypens="http://relaxng.org/ns/structure/1.0?>
"xml-model href="http://www.tei-c.org/release/xml/tei/custom/schema/relaxng/tei_all.rng" type="application/xml?>
<?"schematypens="http://purl.oclc.org/dsdl/schematron
<"TEI xmlns="http://www.tei-c.org/ns/1.0>
<teiHeader>
<fileDesc>
<titleStmt>
<title>Title</title>
<titleStmt/>
<publicationStmt>
<p>Publication Information</p>
<publicationStmt/>
<sourceDesc>
<p>Information about the source</p>
<sourceDesc/>
<fileDesc/>
<teiHeader/>
<text>
<body>
<body/>
<text/>
<TEI/>

図6-10　テキストの方向を変更した結果

テキストの方向を変更すると、先ほど入れ替わって見えていた語順が、右から左に流れるように表示される。今度は、通常のXMLテキストに慣れている人にとって、違和感をおぼえる結果となったかもしれない。

このように、oXygenはRTLテキストにも最大限の配慮をしてはいるものの、その機能は一長一短である。いずれにせよ、タグをつけたテキストをテキストモードで読むことは困難である。そのため、情報の確認はアウトラインのビューや作者モードを参照しながら行うことになるだろう。また、タグ付けの作業については、タグを付けたい文字列を選択し、Command + E を押すと、図6-11のように「タグの指定」というポップアップが出てきて、そこから付けたいタグを選択することもできる。この方法でタグを付けていけば、語順の入れ替わりをさほど気にすることなく効率的に作業を進めることができるだろう。

TEI text body p
タグ
タグの指定: persName
?
キャンセル
OK

図6-11　選択した文字列に対してタグをつける

マークアップとノーコードで行う情報の抽出

テキストにマークアップする手法の最大のメリットは、タグに基づいて情報を検索したり抽出したりすることが可能となることである。たとえば、XSLT（XSL Transformation）と呼ばれる手法を用いることで、さまざまな処理が可能となる。oXygenでは、XSLTを処理する機能が標準装備されている［永崎 2022b］。ここでは、事例を紹介しながら、TEIガイドラインに準拠したマークアップのメリットについて示していく。

現在、筆者は、アラビア語で15世紀に編纂された人名録の一部をTEIガイドラインに沿った形でマークアップしている。15世紀の歴史家サハーウィー（1497年没）による『ヒジュラ暦9世紀の輝く光』（以下、『輝く光』と略記）と題するこの人名録は、全12巻で構成され、1万2千を超える人名がエントリーされている。筆者は、このテキストに記述される人的関係性を、マークアップしながら整理・分析しようとしている。一口に人的関係性といってもさまざまな関係性があるが、ここでは、イジャーザ（免状）の授受を通じた学問上の師弟関係をマークアップの手法で分析する方法について紹介したい。

『輝く光』における、イジャーザの授受についての典型的な記述は、「師匠Aが弟子Bに対してイジャーザを与えた（أجاز له فلان la-huのhuが弟子B、fulānが師匠Aに当たる）」という形である。基本的に弟子Bは人名録にエントリーされている人物であり、その人物に複数の師匠がいる場合、それらの人名が列挙される。そこで、これらの記述に対してマークアップしていくが、その前に重要なことは、マークアップの目的を明確にすることである。先に述べたように、マークアップの意義とは、情報の検索・抽出・分析を機械的に行うことである。目的をどう設定するかによって、マークアップする文字列やタグが変わってくる。そこで、まずは目的を設定し、そこに至るまでの道筋を設計をする必要がある。

表6-2 エッジデータ

Source	Target
A	E
B	E
C	E
D	E

この例では、師弟関係のネットワーク図の作成を目標として設定しよう。次に、マークアップの設計である。イジャーザの授受に関する記述においては、さまざまな情報が付加される場合がある。たとえば、イジャーザを得るために仲介してくれた人物、イジャー

ザを得た年や日付、イジャーザを得た場所などである。それらを含む分析を行いたいのか否かにより、マークアップの範囲が変わり、作業も複雑化する。ここでは、師匠と弟子を結ぶネットワーク図を描くことに目的をしぼって作業を進めていこう。

まず日本語の例文「A、B、C、DがEにイジャーザを与えた」でタグ付け作業を設計してみよう。A〜Eはいずれも人名であるが、A〜Dはイジャーザを授与した人物、Eはイジャーザを受けとった人物である。したがって、A〜Dのノード（点）から、Eのノードに結ばれるネットワーク図が描ける。ネットワーク図においては、ノードとノードの関係性を記述したエッジ（線）データが不可欠である。それは、表6-2のように記述される。Sourceはイジャーザを授与した人物、Targetはイジャーザを受けとった人物である。したがって、マークアップによって、このようなデータを取り出すことができればよい。

これらに付けられるタグは<persName>タグであるが、<persName>A</persName>と囲んだだけでは、A：人名、という単純な情報しか抽出できない。そこで、アトリビュートを加えて、分析に必要な情報を抽出できるようにする。つまり、AがEの師匠であることがわかるようにアトリビュートを設定する必要がある。そこで、師匠というのは一種の役割なので、@roleを使い、role="masterOf"と記述することが可能である。role="masterOfE"のように、@roleの中に「Eの師匠である」という情報を記述することも可能だが、分析が発展して異なる関係性についても分析したいと思ったときに、柔軟に対応できるようにあえて目的語は含めない。次に、誰の師匠であるかの情報を、@anaを用いてana="E"と記述する。@anaは、このアトリビュートを伴うエレメントを分析または解釈を表す他のエレメントと関連づけるものと定義されるアトリビュートである。以上の設定内容にしたがい、先ほどの例文にタグをつけると図6-12のようになる。

```
<p><persName role="masterOf" ana="E">A</persName>、<persName role="masterOf" ana="E"
  >B</persName>、<persName role="masterOf" ana="E">C</persName>、<persName
    role="masterOf" ana="E">D</persName>がEにイジャーザを与えた</p>
```

図6-12　<persName>タグをつける

この例文からマークアップした文字列とアトリビュートの値を取り出し、

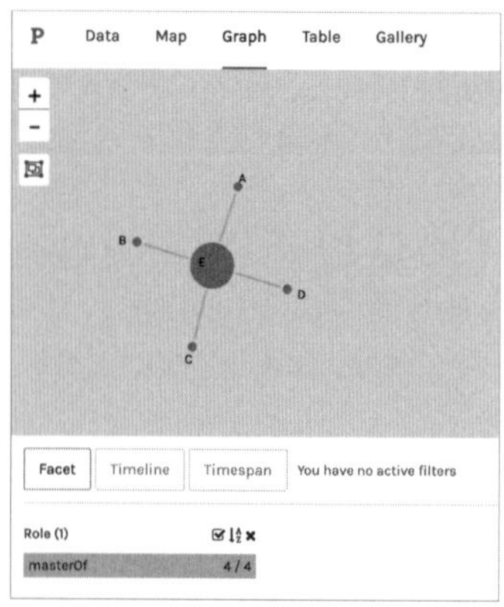

図6-13　Palladioで描いた例文のネットワーク図

Palladio（パッラディオ、https://hdlab.stanford.edu/palladio/）でネットワーク図を描いてみると図6-13のようになる。図の下部にはFacetが表示されているが、ここでソートの対象を@roleに対応する値に設定すれば、@roleの値にバリエーションが増えたときにさまざまな観点からネットワーク図を描いたり分析したりすることができる。

さて、実際にテキストにマークアップしていく際には、人名表記の揺れに気づくことだろう。この問題はアラビア文字系統のテキストに限らず見られるが、ラカブ（尊称）やクンヤ（近親呼称）、イスム（名前）、ニスバ（由来名）などのさまざまな要素から成り立つアラブの人名においては、ことさら深刻である。同じ人物を指し示していたとしても、タグ付けした文字列が異なれば、機械は異なる人物であると認識してしまう。たとえば、Eの人物が、ある箇所では「シャムス・アッディーン」と記され、また別の箇所では「アッシャムスィー・ムハンマド」と記されていた場合、これらの文字列に対し、<persName>タグをつけるだけでは、同じ人物Eであると認識されないのである。

そこで、各人物に一義的なIDを付与する必要が生じる。IDは可能であれば、バーチャル国際典拠ファイル（Virtual International Authority File, VIAF, ヴィアフ）などの国際的な典拠ファイルを参照するのが望ましい。しかし、人名録の中に登場する人物すべてに対してそれを望むことは難しい。そこで、少なくとも分析においては自分の扱うデータの中で一義的なIDを各人物に付与することとする。

国際的な典拠ファイルにIDがない人物を扱う以上、IDをどうつけるかは各自の判断に委ねられる。その際、oXygenには、IDを付与する機能が備わっているのでこれを活用するのが便利である。試しに、先ほどの例文の中でAにつけた<persName>タグに@xml:idを書いてみよう。すると、図6-14のように、アトリビュートの値が空欄のままだと左手の行番号の欄に赤いランプマークが表示される。このランプマークにカーソルを当てて、クリックすると、図6-15のように「一意のID値を生成する」という選択肢が表示されるのでそれを選択すると、自動的にIDが生成される。

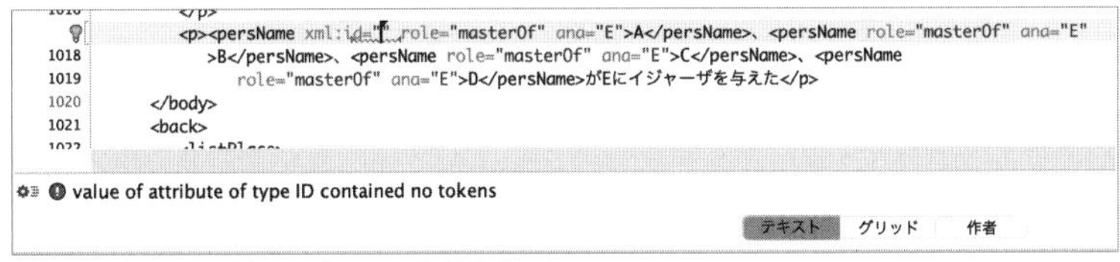

図6-14　@xml:idを用いたIDの自動生成―1

図6-15　@xml:idを用いたIDの自動生成―2

このような形で@xml:idを用いて各人物に対してIDを付与することで、テキスト中に表記の揺れがあったとしても、それが示す人物をIDで管理することが可能となる。上記の例では、本文のテキストに付けた<persName>タグ内に@xml:idを記述したが、IDのリストは別個に設けておいた方がIDの管理においては便利である。そこで、<teiHeader>の終了タグの後に<standOff>タグをつけ、その中に人物に関する記録を記述していく。<standOff>タグは、テキストの中に埋め込まれた関係性を示す情報をはじめ、テキストに関する注釈情報を記述するためのコンテナである[7]。その中に<listPerson>タグを設け、<person>タグの中に各人物に関する基礎データをまとめていくことが可能である。先ほどの例では次のように記述される。

```
<standOff>
  <listPerson>
    <person xml:id= "zjn_1qy_lyb">
      <persName>A</persName>
    </person>
  </listPerson>
</standOff>
```

同様にして、<listPerson>タグ内に<person>タグを追加し、B～Dの人物についても記述していけばよい。また、<person>タグ内では性別、生没年や出身地など、その人物に関する情報を自由に追加することが可能である。以上、<standOff>タグを用いた人物情報の整理の仕方について述べたが、<standOff>は、<teiHeader>と<text>のあいだに置いて同一ファイル内に含めてもよいし、ファイルをわけてもよい。図6-16はファイルをわけて人名リストを作成していった例である。

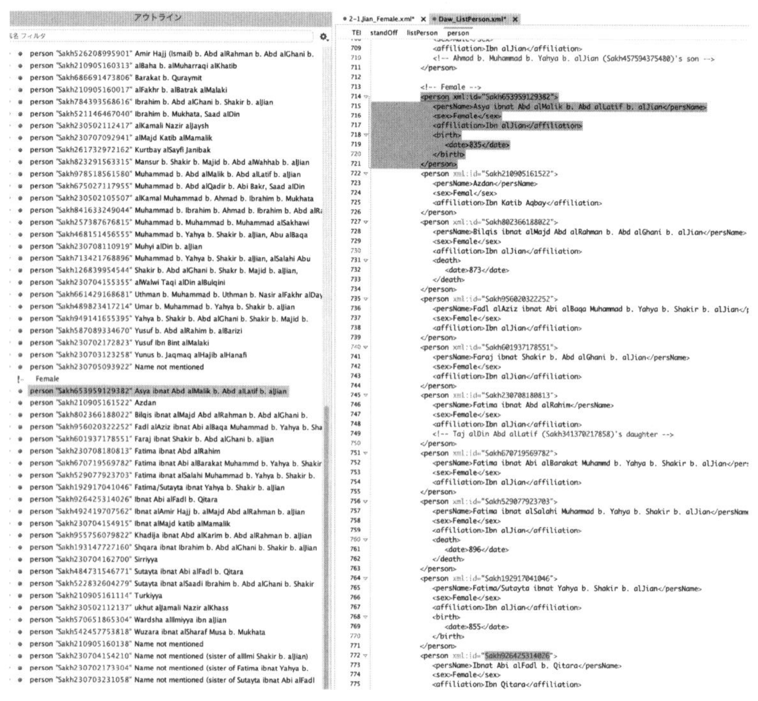

図6-16　<standOff>内に作成した<listPerson>

各人物のIDを<standOff>の中で管理しながら、テキスト内でマークアップする際には、その情報を参照すればよいのである。その際、@refを用いて、次のように記述できる。

<p>

<persName ref="zjn_1qy_lyb" role="masterOf" ana="eqn_zwy_lyb">A</persName>、<persName ref="abn_2sp_lyb" role="masterOf" ana="eqn_zwy_lyb">B</persName>、<persName ref="zsd_9fj_lui" role="masterOf" ana="eqn_zwy_lyb">C</persName>、<persName ref="uos_9qy_lyb" role="masterOf" ana="eqn_zwy_lyb">D</persName>がEにイジャーザを与えた

</p>

このような形でマークアップしていきさえすれば、<persName>タグの中から@ref、@role、@anaのアトリビュート値をCSV形式で取り出し、ネットワーク図として図示化することができる。また、アトリビュート値の内容自体が、主語・述語・目的語となっているので、RDF（Resource Description Framework, アール・ディー・エフ）に変換することも可能である［熊倉 2023］(RDFについてはコラム6を参照)。

タグ情報の抽出については、XSLTだけでなく、その他のプログラミング言語でも可能である。しかし、プログラミング言語の基礎的な教育を受けていない筆者にとって、それらを思い通りに記述するのは至難の業であり、効率が悪い。そのようなときにChatGPTの活用は一つのソリューションとなる。ChatGPTで抽出したい情報を指定して命令すれば、答えが返ってくる。データの整形もChatGPTが行ってくれるため、1度で期待するデータが得られなくとも、2、3回のやりとりでそれを得ることができる。

ただし、無料版の場合、分量の多いテキストは読み込まないので、プログラミング言語が必要になる。そのようなときもChatGPTにスクリプトを書いてもらえばよい。たとえば、ChatGPTで「下記のTEI文書から、@ref, @role, @anaのいずれをも含む<persName>タグから、それらのアトリビュート値を抽出し、CSV形式にするためのPythonスクリプトを書いてください」という文章に続けて、対象のテキストの一部を貼り付けると、ChatGPTからPythonのスクリプトが返ってくる。そのスクリプトをGoogle Colaboratoryに貼付け、再生ボタンを押すと、図6-17のようにCSV形式に情報を抽出してくれる。CSVファイルをダウンロードし、若干の整形作業を行ってから、Palladioなどのネットワーク描画ツールに読み込ませれば図6-18のようなネットワーク図を作成することができる（ネットワーク図の作成について、詳しくは第7章を参照)。

```
import xml.etree.ElementTree as ET
import csv
from io import StringIO

# TEI文書をパースしてルート要素を取得
tree = ET.parse('/content/2-1.Jian_Female.xml')
root = tree.getroot()

# CSVデータを一時的に保存するためのファイルストリーム
output = StringIO()
csv_writer = csv.writer(output)

# CSVヘッダーを書き込む
csv_writer.writerow(["ref", "role", "ana"])

# <persName>タグから属性値を抽出してCSVに書き込む
for persName in root.findall('.//{http://www.tei-c.org/ns/1.0}persName'):
    ref = persName.get('ref', '')
    role = persName.get('role', '')
    ana = persName.get('ana', '')
    csv_writer.writerow([ref, role, ana])

# ファイルを閉じる前に一度バッファをフラッシュ
output.flush()

# バッファの内容をCSVファイルに書き込む
with open('output.csv', 'w', encoding='utf-8') as csv_file:
    csv_file.write(output.getvalue())

# ファイルストリームをクローズ
output.close()

print("CSVファイルが生成されました: output.csv")
```

CSVファイルが生成されました: output.csv

Files　output.csv ×

ref	role	
Sakh653959129382		
Sakh341370217858	siblingOf	Sakh653959129382
Sakh978518561580	siblingOf	Sakh653959129382
Sakh230412105023	husbandOf	Sakh653959129382
Sakh230426111021	sonOf	Sakh653959129382
Sakh210905161522	daughterOf	Sakh653959129382
Sakh230703123258	husbandOf	Sakh210905161522
Sakh802366188022		
Sakh271673467859	brotherOf	Sakh802366188022
Sakh220289048154	cousinOf	Sakh802366188022
Sakh220289048154	husbandOf	Sakh802366188022
Sakh955756079822		
Sakh896670893613	husbandOf	Sakh955756079822
Sakh210905160313	husbandOf	Sakh955756079822
Sakh210905160138	daughterOf	Sakh955756079822
Sakh210905160017	husbandOf	Sakh210905160138
Sakh522832604279		
Sakh210905161114	motherOf	Sakh522832604279
Sakh521146467040	husbandOf	Sakh522832604279
Sakh210905162252	sonOf	Sakh522832604279
Sakh230502105507		Sakh210905162252
Sakh743520097005		Sakh522832604279
Sakh193147727160		
Sakh436715136237	grandFatherOf	Sakh193147727160
Sakh230502112137	motherOf	Sakh193147727160
Sakh230502112417	cousinOf	Sakh193147727160
Sakh230502112417	husbandOf	Sakh193147727160
Sakh468151456555	husbandOf	Sakh193147727160
Sakh670719569782		

図6-17　Google Colaboratoryで得られた結果

以上、マークアップから情報の抽出までの流れを説明してきたが、最初から図6-17のような表形式でデータをまとめていった方が、タグ付けやデータ抽出の手間が省けてよいのではないかと考える人もいるかもしれない。繰り返しになるが、テキストベースで作業ができるというのが、マークアップ手法の最大の利点である。人物の属性情報を記述するファイルを用意してデータを入力する方法では、入力・修正・確認のたびにテキストと表のあいだを行ったり来たりする必要がある。もちろん、このような方法も不可能なことではないが、個人的には、確認作業の効率性やさまざまな情報を付加していくことのできる柔軟性を考えるとマークアップ手法に軍配が上がると考えている。

他方、XML文書を研究に用いる上では、いくつかの制約もある。一つには、扱おうとするテキストが紙媒体、もしくは画像ファイルの状態である場合には、マークアップの作業をはじめるために、テキストをデジタルテキスト化する必要がある。現在、アラビア文字であっても一般的な活字であれば、OCRを活用することにより、かなりの精度でデジタル化できるようになってきている［Ishida and Shinoda 2021a; 2021b］。また、手書きのテキストの場合はOCR

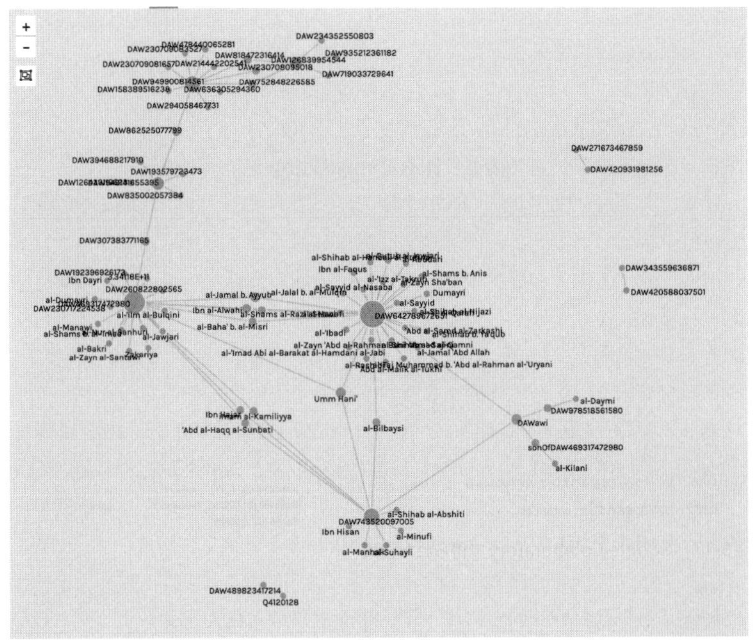

図6-18

ではなく、本書の第4章で扱われているTranskribusを活用することが可能であり、分量の多い手稿本であっても効率的にデジタルテキスト化する可能性が拓けてきている。デジタルテキスト作成の技術は日進月歩であり、今後はより容易になっていくことが予想される。さらに、次節にて述べるように、現在、アラビア語で書かれた歴史資料のデジタル化プロジェクトが進行しており、少なくともアラビア語の歴史的なテキストにおいてはデジタルな分析を行う環境が整備されてきている。

もう一つの制約としては、oXygenの動作の遅さが挙げられる。現段階において、書籍にして300頁程度の分量のアラビア語のテキストをoXygenに読み込ませ、マークアップしようとすると、動作が遅くなり、作業がほとんど進まなくなる。そのため、一つのファイルには作業に影響を及ぼさない程度の分量にしぼってテキストを収め、複数のファイルを作成する必要が生じる。

oXygenではファイルを横断して検索することができるため、複数のファイルに分かれても大きな支障はない。しかし、より早く、軽い動作で作業できれば、利用価値は高まることだろう。

4. mARkdownによるマークダウン

キターブ・プロジェクトの取り組みとmARkdown

近年、アラビア文字系統のデジタル分析において、大きな潮流をうみだしているのが、アーガー・ハーン大学を拠点に置くキターブである。コンピューター・サイエンスの専門家をメンバーに擁するこのプロジェクトでは、中世から近現代に至るアラビア語歴史文献をデジタルテキスト化し、メタデータとともに公開している。OpenITI（Open Islamicate Texts Initiative）と呼ばれるこの取り組みによって作成されたテキストデータから成るこのキターブ・コーパスはGitHub上で公開されている（https://github.com/OpenITI）。本章執筆時点において、同コーパスは11,358点のテキストファイルを含んでいる。

コーパスの作成・公開に加えて同プロジェクトは、マークダウン形式での独自のタグ付け方法であるOpenITI mARkdownを開発している。マークダウンは、マークアップ言語の一つであるが、先述したXMLにくらべ、単純かつ軽量である点が特徴的である。RTLテキストの可読性を保ちつつ、より簡潔なタグ付け作業を実現するため、キターブ・コーパスではこの記法が用いられているのである。

タグの記述方法については、プロジェクトのメンバーであるM. ロマノフ氏のGitHubのページに詳述されている［Romanov n.d.］。マークダウンはXMLと同様に、どのようなエディタでも記述可能であるが、OpenITI mARkdownによるタグ付けには、EditPad Proというエディタが推奨されており、同時に、OpenITI mARkdownのタグに着色・識別するスキーマも用意されている[8]。上掲のロマノフ氏のGitHubのページに記載されている方法に沿って、EditPad Proをインストールし、OpenITI mARkdownのスキーマを指定することにより、OpenITI mARkdownによるタグをEditPad Pro上で快適に付けていくことが可能になる。

OpenITI mARkdownにおいて定義されているタグについては、上掲のロマノフ氏のGitHubのページに記載されている。ヘッダー、本文、段落、行、ページ番号、詩節などのテキストの構造を記述されるタグ、年、地名、個人名、典拠、キャリアなどの伝記的情報を記述するためのタグ、伝承に関する情報を記述するためのタグなどが示され、それらをOpenITI mARkdownのスキーマを指定したEditPad Proで実践すると、図6-19のようになる。

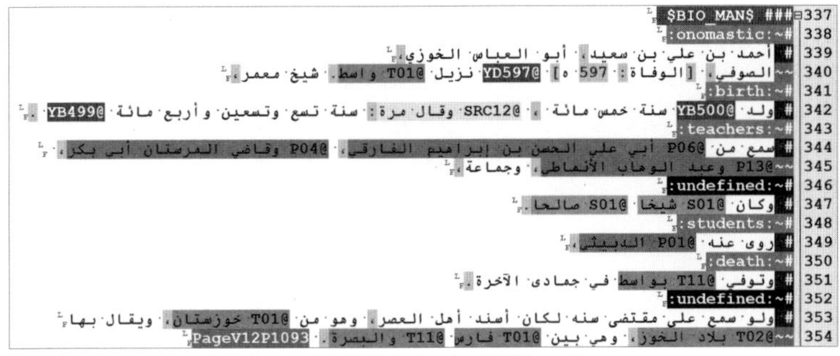

図6-19　OpenITI mARkdownをEditPad Pro上で実装した例
(出典：https://maximromanov.github.io/mARkdown/)

このように、OpenITI mARkdownでは、文中にアルファベットや数字からなるタグが挿入されはするが、XML文書に比べて可読性は高い。

現時点では、TEIガイドラインに比べると、OpenITI mARkdownのタグは極めて基本的なものに留まっている。しかし、TEIガイドラインと同様に、OpenITI mARkdownもまたユーザーの需要に合わせて拡張することが可能である。その場合、@User@CAT_SUBCAT_SUBSUBCAT@のようにタグを記述し、CAT（カテゴリー）とSUBCAT（サブ・カテゴリー）、SUBSUBCAT（サブ・サブ・カテゴリー）をユーザー自身が定義する。このタグを用いることにより、先ほどのTEIガイドラインで<persName>タグの中に記述した属性情報(@ref、@role、@ana）も、OpenITI mARkdownで記述することが可能である。

他方、OpenITI mARkdownは、汎用性という点においては、TEIガイドラインには及ばない。OpenITI mARkdownのテキストそのままで使用できるアプリケーションは現時点においてはない。このため、タグ付け作業をOpenITI mARkdownで行う場合には、必要に応じてTEIに変換することを念頭に置いておくのがよいだろう。

キターブ・コーパスを使いこなす

OpenITI mARkdownでマークアップするわけではないという人にとっても、

先述のキターブ・コーパスの利用価値は高い。そこで、ここでは、キターブ・コーパスの使い方を解説しながら、活用方法についても述べておきたい。

キターブ・コーパスを形成するアラビア語テキストのファイル群は、Open Islamicate Texts InitiativeのGitHub上に置かれている。ファイルは4桁の数字の末尾にAHをつけた6文字からなる名称をもついずれかのリポジトリの下に収められている。末尾のAHはヒジュラ暦を表し、4桁の数字はヒジュラ暦による年を表す。このような形で、本章執筆時点では、0025AHから1500AHまで四半世紀ごとにリポジトリが設けられている。キターブ・コーパスでは、ファイルをまず著者別のフォルダの下にまとめ、著者の没年を基準にしてそれらのフォルダを、各リポジトリに分類する方法をとっている。たとえば、マクリーズィー（845/1442年没）の著作は、“0845Maqrizi”というフォルダの下にまとめられ、そのフォルダはヒジュラ暦826年からヒジュラ暦850年までに没した著者のテキスト群を収めるリポジトリ“0850AH”に置かれている。つまり、目当てのファイルを探すためには、その著者と著者の没年を把握しておく必要がある。

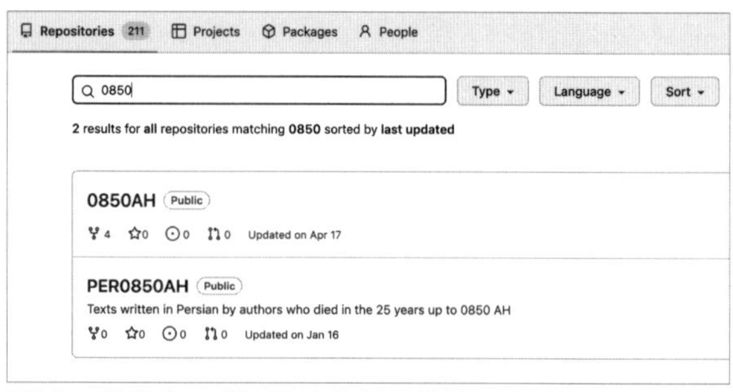

図6-20　検索バーで「0850」を検索した結果

実際に、マクリーズィーのファイル群をGitHub上で探してみよう。まず、リポジトリ“0850AH”を検索する。リポジトリのタブを開き、検索バーで「0850」と検索すると当該リポジトリがヒットする（図6-20）。

リポジトリ“0850AH”を開くと、フォルダやファイルが表示されるが、テキストファイルは“data”フォルダの中に収められている。当該フォルダを開くと、図6-21のように、ヒジュラ暦による4桁の没年と著者名からなるフォルダ名が表示される。

0850AH / data /

hamidrh66 0845Maqrizi.Suluk.Shamela0006667-ara1 changed

Name	Last commit message
..	
0826IbnCiraqi	clean up comment about URI change
0826MiqdadSuyuri	URI change
0827BadrDinDamaminiMakhzumi	Fix capitalization in Thurayya URI
0827IbnIshaqKhwarizmi	ms update
0827IbnShihabBazzazi	Restructure book yml files
0828IbnCinaba	ms update
0829IbnCasimGharnati	URI change
0829TaqiDinDimashqiHisni	ms update
0830IbnMuhammadBasiliTunisi	URI change
0830IbnSulaymanHilli	Restructure book yml files
0831ShamsDinBirmawi	Reformat old yml files
0832TaqiFasi	Update 0832TaqiFasi.Tacrif.yml
0833HafizAbru	Add noorlib link
0833IbnJazari	metadata yml update
0833QadiShammac	Restructure book yml files

図6-21　0850AH/data/の中身

その際、アインはアルファベットのCと母音によって表されるので注意が必要である。たとえば、図6-21の最初に表示されているフォルダ“0826IbnCiraqi”は、イブン・イラーキー（Ibn ʿIrāqī）を意味する。このようにして表示されるフォルダは上から没年の早い順に並んでいるので、「0845」までスクロールダウンして見つけることが可能である。また、右上の検索バーに没年ないしは著者名を入力すると、直接著作のフォルダに飛ぶこともできる。“0845Maqrizi”のフォルダ内には、著作を末尾に冠したフォルダ24点が置かれており、この中から目当ての著作を探す。そのうちの一つ“0845Maqrizi.Suluk”を開いてみよう（このフォルダ名は、「ヒジュラ暦845年に没したマクリーズィーの著作である *Sulūk*」を意味している)。すると、図6-22のように、“0845Maqrizi.Suluk”からはじまる名称を持つファイルがいくつか並んでいることに気づくだろう。

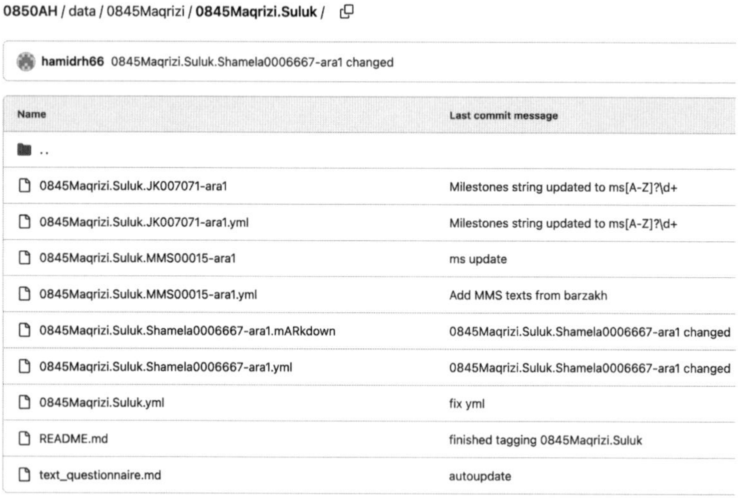

0850AH / data / 0845Maqrizi / **0845Maqrizi.Suluk** /

hamidrh66 0845Maqrizi.Suluk.Shamela0006667-ara1 changed

Name	Last commit message
..	
0845Maqrizi.Suluk.JK007071-ara1	Milestones string updated to ms[A-Z]?\d+
0845Maqrizi.Suluk.JK007071-ara1.yml	Milestones string updated to ms[A-Z]?\d+
0845Maqrizi.Suluk.MMS00015-ara1	ms update
0845Maqrizi.Suluk.MMS00015-ara1.yml	Add MMS texts from barzakh
0845Maqrizi.Suluk.Shamela0006667-ara1.mARkdown	0845Maqrizi.Suluk.Shamela0006667-ara1 changed
0845Maqrizi.Suluk.Shamela0006667-ara1.yml	0845Maqrizi.Suluk.Shamela0006667-ara1 changed
0845Maqrizi.Suluk.yml	fix yml
README.md	finished tagging 0845Maqrizi.Suluk
text_questionnaire.md	autoupdate

図6-22 “0845Maqrizi.Suluk”からはじまる名称を持つファイル

同じ作品に対し、複数のファイルが存在するのは、データソースによる違いである。作品名の後に続く文字列はデータソースの情報を示している。たとえば、“JK”は“al-Jāmiʿ al-Kabīr”を意味する。これは、ヨルダンの出版社マルカズ・アルトゥラース（Markaz al-Turāth）がデジタル化したテキストコーパスのことであり、このファイルはそのテキストをベースにしていることを意味する。また、“MMS”は2007年から2013年までゲント大学を拠点として遂行されていたプロジェクト“The Mamlukisation of the Mamluk Sultanate”（https://cordis.europa.eu/project/id/240865）から提供を受けたテキストであることを意味している。“Shamela”はオープン・デジタル・ライブラリのal-Maktaba alShāmila（shamela.ws）のテキストをベースにしたものである[9]。このようなデータソースについての情報は、メタデータファイルであるYMLファイル（*.yml）に記述されている。

データソースの違いは必ずしも版（エディション）の違いを意味するわけで

はない。たとえば、*Sulūk*にはいくつかの版が存在するものの、キターブ・コーパスに含まれている3つのファイルはいずれもレバノンの出版社ダール・アルクトゥブ・アルイルミーヤによるものである。このような版に関する情報は、図6-23のように、テキストファイルの冒頭にメタデータとして記述されている。

```
######OpenITI#


#META# 000.SortField :: Shamela_0006667
#META# 000.BookURI  :: #0845.Maqrizi.Suluk
#META# 010.AuthorAKA    :: NODATA
#META# 010.AuthorNAME :: أحمد بن علي بن عبد القادر، أبو العباس الحسيني العبيدي، تقي الدين المقريزي (المتوفى: 845هـ)
#META# 011.AuthorBORN  :: NOTGIVEN
#META# 011.AuthorDIED    :: 845
#META# 019.AuthorDIED    :: NODATA
#META# 020.BookTITLE     :: السلوك لمعرفة دول الملوك
#META# 020.BookTITLESUB      :: NODATA
#META# 021.BookSUBJ      :: التراجم والطبقات
#META# 022.BookVOLS      :: 8
#META# 025.BookLANG      :: NODATA
#META# 029.BookTITLEalt :: NODATA
#META# 030.LibURI     :: Shamela_0006667
#META# 030.LibURIextra   :: NODATA
#META# 031.LibREADONLINE    :: http://shamela.ws/browse.php/book-6667
#META# 031.LibURL    :: http://shamela.ws/index.php/book/6667
#META# 031.LibURLFILE    :: NODATA
#META# 031.LibURLextra   :: NODATA
#META# 040.EdALL    :: NODATA
#META# 040.EdEDITOR      :: محمد عبد القادر عطا
#META# 041.EdNUMBER      :: الاولى، 1418هـ - 1997م
#META# 041.EdNumber      :: NODATA
#META# 043.EdPUBLISHER :: دار الكتب العلمية - لبنان/ بيروت
#META# 044.EdPLACE :: NODATA
#META# 045.EdYEAR   :: NODATA
#META# 049.EdISBN   :: NODATA
#META# 049.EdPAGES       :: NODATA
#META# 049.EdPHYSICAL   :: NODATA
#META# 049.EdVOLUME     :: NODATA
#META# 090.RecMISC :: NODATA
#META# 999.MiscINFO       :: NODATA

#META#Header#End#
```

図6-23　メタデータ

それでは、これらの3つのファイルのうち、どのファイルを利用すればよいのだろうか。残念ながら、このファイルを選べばよいという回答をここで示すことはできない。なぜならば、GitHub上で公開されているキターブ・コーパスは更新され続けているためである。換言すれば、ほとんどの場合、未完の状態のファイルが公開されているのである。大量のファイル群を用意し、テキストを整え、基本的なタグをつけていくことは機械をもってしても大変な作業である。また、デジタルテキストやタグの修正点を見つけだし、適切に修正するには、ある程度人間による確認も必要となる。キターブ・コーパスは、このような作業をプロジェクト内外の研究者を巻き込みながら進めるための仕組みを用意し、GitHubで公開と更新の作業を同時並行で進めているのである。

実際に、どのくらいの頻度で、どのような内容の更新が行われているかは、GitHubの画面右上に表示される History ボタンを押すと確認することができる。ファイルを選ぶ際の基準は、第1にどの版をベースとしているかが重要であろうが、例に挙げた *Sulūk* のようにどのファイルも版が同じである場合には、History で更新作業の内容を確認するなどしながら、最も作業が進んでいるファイルを選ぶとよいだろう。

ただし、完璧なデジタルテキストを得ることは難しく、テキストやタグに誤りがある可能性を念頭に置きながら利用する必要がある。また、修正点を見つけたときには、是非ともGitHubを通じて修正の提案をするとよいだろう。そのためにはGitHubの仕組みを知っておく必要があるが、基本的な方法はキターブ・プロジェクトのウェブサイトで示されている。

このように、GitHub上のファイルは常に更新されていくものであるが、研究利用の上では、再現性が求められるため、データが可変的であることは望しくない。この点を考慮して、キターブ・プロジェクトでは、キターブ・コーパスを年1回の頻度で定期的にオンライン研究データリポジトリであるZenodoにリリースしている［Nigst et al. 2020］。マクロなテキスト分析を行う際には、Zenodoに置かれているデータを利用するのがよいだろう。

キターブ・コーパスのメタデータは、KITAB Corpus Arabic Metadata (OpenITI) (https://kitab-project.org/metadata/)で総覧・検索することが可能である。画面右上の検索ボックスから、著者名や著書名で検索がかけられる。「Maqrizi」で検索してみると、36件のテキストファイルがヒットし、図6-24のようにGitHubで著書ごとにまとめられているテキストファイルのメタデータの一覧が表示される。著者名、著書名、ファイル名をクリックすると、それぞれGitHub上で公開されているページに飛ぶことができるため、目当てのファイルにアクセスする際にも有用である。また、テキストファイルの名称の右側についている赤・オレンジ・黄緑・緑色のマークは、各ファイルのタグ付けの進捗状況を示している。

このようにして得られるデジタルテキストは様々な形で活用可能である。一つには、これまで述べてきたように、マークアップをする際に利用できる。キターブ・コーパス内に収められるデジタルテキストはOpenITI mARkdownに

図6-24　KITAB Corpus Arabic Metadata (OpenITI)

よって基本的なタグが付けられてはいるが、テキストの部分を抽出し、それにTEIガイドラインによるタグを付けていくことも可能である。また、本書の第5章で論じられているようなテキスト分析も可能である。テキスト分析のためのアプリケーションであるVoyant Toolsにデジタルテキストをアップロードすれば、一瞬でテキストの特徴などを把握することが可能となる（詳しくはコラム5を参照）。

ただし、キターブ・コーパスの利用には注意しなくてはならない点もある。それはテキストの信憑性の問題である。まず、キターブ・コーパスで公開されているテキストは、基本的には刊本に基づいており、刊本からデジタルテキスト化される段階で誤りが含まれる可能性がある。また、そもそも、そのソースとなっている刊本が信頼できるものかという点にも注意が必要である。歴史学は、史料批判の作業を重視することでより正確な分析・検証を行い、発展してきた学問である。歴史学の原則は、テキストがデジタルなものとなっても揺るぐことはないだろう。したがって、キターブ・コーパスの使用目的に沿って、デジタルテキストの信憑性の問題をどこまで許容できるかという点について検討してから、使用の仕方を決めるべきだろう。

5. おわりに

本章では、TEIガイドラインとOpenITI mARkdownについて、それぞれの特徴を説明してきた。マークアップ手法は、タグ付けの結果を処理する段階では、機械的かつ効率的であるが、その前の段階では試行錯誤が求められる。分析を始める前に、分析の目的と、分析の開始から結果が得られるまでの見通しを明らかにし、分析方法を設計することは一筋縄ではいかないことも多い。この設計の作業を進めるためには、丹念に歴史資料を読み込み、そこからどのような情報を系統的に抽出することができるかについて思考をめぐらせる必要がある。デジタル分析だからといって、テキストの読解から分析までのすべてを機械がやってくれるわけではない。

また、マークアップは手法の一種であり、唯一無二というわけではない。たとえば、第3節で見てきたような関係性の分析であれば、RDFで記述するという方法もある。同様に、TEIガイドラインもOpenITI mARkdownも完璧ではなく、一長一短がある。それでもテキストベースで作業ができることを優先するために、筆者はこのような手法をとっている。どのような手法が自分の研究にとってベストであるかどうかは、手法のバリエーションとそれぞれの長所と短所を把握しておかなければ判断できない。本章が、その一助となれば幸いである。

注

1　本章を執筆した2023年8月時点では、P5のバージョン4.6.0(最終更新は2023年4月4日)。

2　タグについての解説の一部は、ガイドラインのサイトで日本語に訳されている。画面上部の言語選択のボタンで日本語を選択することで、翻訳されている部分が日本語で表示される。また、同ガイドラインの一部は、関西大学アジア・オープン・リサーチセンターの東アジアDHポータルに、日本語版が公開されている(本章執筆時点では、第1、2、4章)[関西大学アジア・オープン・リサーチセンター n.d.]。

3　TEI文書で活用できるアプリケーションについては、[中村 2022]が詳しい。

4　oXygenはUnicodeをサポートし、Windows、Mac、Linuxで実行できるアプリケーションである。本章執筆時点で、一般ユーザーの場合は買い切り価格が240ドル以上かかるが、学術的利用かつ非商用的利用に限り、学術機関所属者にはアカデミック価格が適用される。アカデミック価格は、年間契約料が68ドル、買い切りで1年間のサポートがついたタイプは137ドルという価格設定となっている。買い切りの場合は、アップグレード料金(一般ユーザーの場合は126ドル〜、アカデミックの場合は95ドル〜)を支払うことで、新たなバージョンが出た際にアップグレードすることができる(ただし、アップグレードしなくても、購入したバージョンを使い続けることが可能)。また、無料のエディタであるVScodeを使用する方法については、[永崎 2020]が詳しいので、そちらを参照のこと。

5　oXygenにはテキスト編集を容易にするさまざまな機能が備わっている。メインメニューの[ウィンドウ]>[ビューを表示]で画面表示をカスタマイズすることができる。

6　日本語版スキーマファイルの設定は、［永崎 2017］を参照。
7　<standOff>タグは近年TEIガイドラインに追加されたタグである。その導入の背景や、その事実が映し出すTEIによるマークアップ手法の課題などについては、［小川ほか 2022; 小川 2022］を参照のこと。
8　本章執筆時点でのEditPad Proの価格は60ドル弱とoXygenに比べて安価であるが、使用できるOSはWindowsに限られるため、MacやLinuxユーザーはWindowsを使える環境を用意する必要がある。他方、Macユーザーには、フリーソフトのKate editor（https://kate-editor.org/）を使うという選択肢もある。この場合にも、Kateで使うことのできるOpenITI mARkdownのスキーマが用意されている。Kateのインストール方法についても、キターブのウェブサイトで詳しく説明されている。
9　主要なデータソースに関する情報は、OpenITIのウェブサイトの項目#what-texts-are-in-openitiにも示されている。

参考文献

小川潤ほか．2022.「知識グラフを用いた歴史資料の構造化――TEIとRDFの活用」『情報知識学会誌』32巻4号：428–431.

小川潤．2022.「TEIにおけるセマンティック記述と<standOff>」『人文学のためのテキストデータ構築入門――TEIガイドラインに準拠した取り組みにむけて』一般財団法人人文情報学研究所監修，石田友梨ほか編，309–314. 東京：文学通信.

関西大学アジア・オープン・リサーチセンター．n.d.「TEIガイドライン 日本語訳」東アジアDHポータル．https://www.dh.ku-orcas.kansai-u.ac.jp/?cat=9.

熊倉和歌子．2023.「見えないつながりを描き出す――デジタル人文学の可能性」『イスラーム信頼学へのいざない』黒木英充，後藤絵美編，233–248. 東京：東京大学出版会.

中村覚．2022.「TEIデータの可視化方法と事例紹介」『人文学のためのテキストデータ構築入門――TEIガイドラインに準拠した取り組みにむけて』一般財団法人人文情報学研究所監修，石田友梨ほか編，282–301. 東京：文学通信.

永崎研宣．2017.「デジタルアーカイブにおけるテクスト資料の扱い――oXygenで日本語解説付TEIガイドラインを利用する」digitalnagasakiのブログ．2017年8月26日．https://digitalnagasaki.hatenablog.com/entry/2017/08/26/095642.

―――．2020.「フリーソフトで快適TEI/XML（oXygenを使わない道）」digitalnagasakiのブログ．2020年2月14日．https://digitalnagasaki.hatenablog.com/entry/2020/02/14/031218.

―――．2022a.「TEIガイドラインとは」『人文学のためのテキストデータ構築入門――TEIガイドラインに準拠した取り組みにむけて』一般財団法人人文情報学研究所監修，石田友梨ほか編，128–136. 東京：文学通信.

―――．2022b.「利活用演習――TEI準拠テキストの活用方法」『人文学のためのテキストデータ構築入門――TEIガイドラインに準拠した取り組みにむけて』一般財団法人人文情報学研究所監修，石田友梨ほか編，180–198. 東京：文学通信.

Ishida Yuri and Shinoda Tomoaki. 2021a. “A Study on the Accuracy of Low-cost User-friendly OCR Systems for Arabic: Part 1.” Digital Orientalist. https://digitalorientalist.com/2021/09/17/a-study-on-the-accuracy-of-low-cost-user-friendly-ocr-systems-for-arabic-part-1/.

―――. 2021b. “A Study on the Accuracy of Low-cost User-friendly OCR Systems for Arabic: Part 2.” Digital Orientalist. https://digitalorientalist.com/2021/09/24/a-study-on-the-accuracy-of-low-cost-user-friendly-ocr-systems-for-arabic-part-2/.

Nigst, Lorenz, and others. 2020. “OpenITI: a Machine-Readable Corpus of Islamicate Texts.” Zenodo, October 6, 2020. https://zenodo.org/record/4075046#.X9Cj72j7RPY.

Romanov, Maxim. n.d. “OpenITI mARkdown.” al-Raqmiyyāt. https://maximromanov.github.io/mARkdown/.

Text Encoding Initiative. 2023. "P5: Guidelines for Electronic Text Encoding and Interchange." Text Encoding Initiative. https://tei-c.org/release/doc/tei-p5-doc/ja/html/index.html.

column 6

RDF

断片的な歴史知識をデータ化する

太田（塚田）絵里奈

歴史研究において悩ましいのが、得られた知識をいかに整理し、次の研究に役立てるかという点である。著者が専門とするマムルーク朝は、人名録をはじめとする叙述史料の豊富な時代として知られる。だが、この時代の人物をめぐる記述の豊かさこそが、全体的な議論を難しくしている点は否めない。またその背後にある、アラビア語史料に共通する問題として、同姓・同名の人物が非常に多い。それゆえに、この時期の人物研究において「どこかで読んだ気がする」ことはよくあるが、曖昧な記憶を辿り、膨大な史料から記述箇所を見つけ出すのは相当な根気を要する。史料を精読した結果、残念ながら同名の別人物であった、ということも日常茶飯事である。そもそも、一つの著作が十数巻を超えることもあるなかで、史料全体を通読し、正確に内容を把握することはコンピューターでない限り不可能ではないか。

そう、そのコンピューターを頼れる時代がもう来ているのだ。もし日々の研究から得られたデータが断片的な知識の段階でも、機械可読なフォーマットで大量に蓄積できれば、統計処理、検索、可視化などの情報分析機能を駆使することで、人の目では見えてこなかった歴史像が浮かび上がるかもしれない。だが、史料や時代を限定しても、網羅的なデータベースを構築するには多大な労力が必要となる。それならば、あくまで日常の研究活動の「メモ」として、史料読解に合わせて柔軟にデータを追記・拡張できつつ、共有の容易なデータの記述手法はないか。そのフレームワークの一つとして、ここではRDF（Resource Description Framework／アール・ディー・エフ）を紹介する。

RDFは、メタデータ、すなわちデータのデータを記述する言語である。RDFモデルでは、情報は主語（リソース）、述語（プロパティ）、目的語（プロパティの値）という3つの要素の組み合わせ（トリプル）を用いて表現する。文法用語の定義からは外れるが、「○○の△△は××だ」という文章において、RDFでは○○が主語、△△が述語、××が目的語に相当する。［神崎 2005, 14–15］

column 6

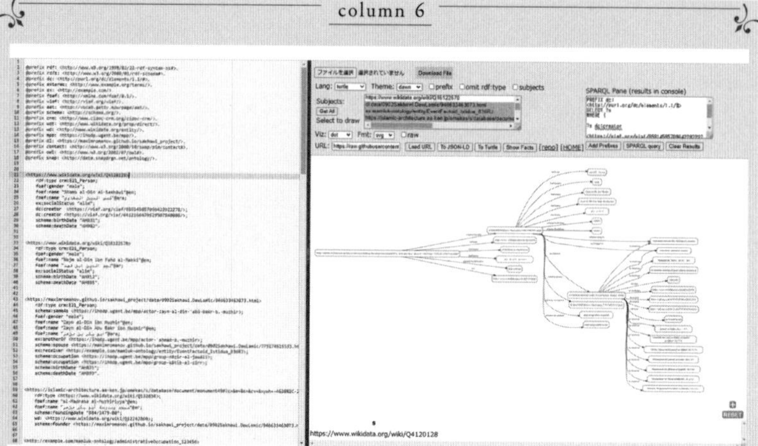
データ管理画面

たとえば、「『9世紀の人々の輝く光』の著者はサハーウィーだ。」という内容を機械可読なデータとして記すにはどうしたらよいだろうか。日本語の情報だけでは原書名にはたどり着かないし、同姓・同名の多いアラビア語圏では、著者が別人物と混同される可能性も高い。そこで、RDFにおける主語、述語はURI、すなわちウェブ上の「住所」で示す約束になっている。RDFで述語にもURIを用いるのは、単語の意味や用法における解釈のブレを排除するためである。目的語はURIで示されたリソース、文字列のいずれかをとる。このルールに従って上記の内容を記すと以下のようになる。

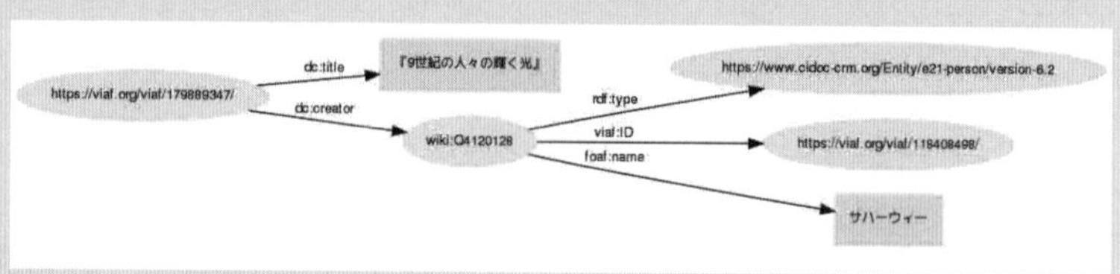

URIを用いて著書と著者の関係を示した図

ここでは、著書と著者それぞれにIDが振られている。"viaf"はバーチャル国際典拠ファイル（統合的書誌情報ファイル）、"wiki"はwikidataにリンクしており、IDで管理することで同名の事物の混同や表記の揺れを回避することができる。述語部分の“dc”や“foaf”も、メタデータとして記述するための共通認識を規定するボキャブラリである（たとえば「著者」はダブリン・コア・メタデータ・イニシアティブ（DCMI）の定義するプロパティである“creator”として表記している）。

歴史知識のデータ化におけるRDFのメリットは、まず関連する様々な情報を自在に付加できることである。仮に特定の事件や人物をめぐり新たな発見や修正が生じた場合、文字列での文書や図は、場合によっては大幅な改編や作成し直す必要があるかもしれない。しかし、RDFは「主語／述語／目的語」のトリプルで、コンピューターが理解可能な情報を柔軟かつ無限に加えていくことが可能である。また、クエリ（問い合わせ）言語SPARQLを用いて関係性に基づく検索ができることも極めて有効な点である。SPARQLでは、たとえば「人物Aが場所BにおいてCの期間に接触した人物は誰か」というような、複雑な条件を指定したうえで必要な情報を抽出することができる。仮に断片的な知識であっても、データが蓄積されるほどに、クエリを用いたRDF推論システムは大きな力を発揮するだろう。

他方、RDFの課題の一つに、人物や時間軸をめぐる史料特有の曖昧性や、出来事の前後関係などの相対的なコンテクストが表現しにくいことが挙げられる。現状ではキングス・カレッジ・ロンドンが中心となって提唱しているFactoid Prosopography（出来事や関係性を示す史料記述に、時間、場所、人物などの関連情報を紐づけるモデル）とその応用が提案されているが、中東イスラーム史においては、さらにラテン文字への転写、シャクルの解釈、代名詞・固有名詞の比定などの史料言語や宗教的・地域的慣習に由来する問題が重なる。曖昧性をそぎ落とすことなく、文脈を重視した記述方法がより簡便な形で提案されれば、RDFは次世代のイスラーム史研究におけるスタンダードな技術となり得るだろう。

参考文献

神崎正英．2005.『セマンティック・ウェブのためのRDF/OWL入門』東京：森北出版．
DCMI利用委員会．n.d.「DCMIメタデータ語彙」 https://www.ndl.go.jp/jp/dlib/standards/translation/dcmi-terms.htm.

第7章

ネットワークを可視化する
近世マグリブの伝記史料を題材に

篠田知暁

1. はじめに

本章の目的は、デジタル人文学におけるネットワーク分析の概略と近年の研究動向を示したうえで、クラウドのソフトウェアを利用して、ネットワークを可視化する手順を示すことである。筆者は15～16世紀マグリブの歴史研究を専門としているので、この地域に関する同時代の伝記集を題材に、ネットワーク分析を研究に応用するサンプルを提供する。ただし、文学や宗教学、法学など、イスラームに関連する文献を中心に扱う分野は、歴史学以外にも多数ある。そして、これらの分野が研究対象とする文献は、現在も増加し続けている。本章の内容は、これらの分野に関心がある読者の方にも、非構造的なテキストを使ってネットワーク分析を行うための手がかりとなるはずである。

ネットワーク分析とは

現代の我々は、ケーブルや無線通信で接続された様々なコンピュータになぞらえて、様々な関係で結びついた人々の社会的構造をネットワークと呼ぶことに慣れている。人によっては、ソーシャル・ネットワーキング・サービスで共通の関心や嗜好などを持ったアカウントがクラスタと呼ばれる相互フォローの集団を形成することを、法学や神学、スーフィズムなどの集団形成に対比させるかもしれない。また、ある地域間の交易活動の拠点となる場所とその間を行来する人々を捉えて、交易ネットワークと呼ぶこともある。そのためネットワーク分析とは、①このようなネットワークを何らかの形で分析する手法である、と考えている人もいるだろう。また、ソフトウェアを使って歴史的ネットワークを可視化するというと、②史料からネットワークに関するデータを抽出して描画する、といった機能を期待する人もいるかもしれない。

しかしデジタル人文学では、ネットワーク分析は、何らかの事象を、特定の種類のエンティティと[1]、それらの結びつきの構造から分析する、計量的な研究のアプローチとして扱われる[2]。前者は多くの場合ノード、後者はエッジと呼ばれている。より具体的には、ノードとエッジについて2種類のデータセットを作成し、コンピュータで数学的に処理することで、ノードとエッジの構造の特徴を把握し、事象を分析することになる。本章でネットワークの可視化といった場合、作成したデータをツールによってグラフに変換する作業を指す。

そのため、ネットワーク分析は、①については、確かに一般にいうところのネットワークの研究に適用することは可能である。しかし、それに留まるものではなく、様々なエンティティ（実体、存在）と結びつきに適用することができる。たとえば、ある2つの単語が文章に同時に存在するとき、これら2つの単語は共起関係があると考えることができる。ある論文を別の論文が引用しているとき、これら2つの論文は引用関係があると考えることができる。ネットワーク分析は、一般にネットワークとして観念されるより広い範囲のエンティティの結びつきを分析対象とすることができる。

また②については、むしろ逆である。後述するように、コンピュータにデータ抽出の補助をさせる研究は既になされており、今後の発展が期待される。しかし、基本的にデータを作るのは研究者の側であり、関心のある事象をどのようなエンティティの関係性から説明するのか、そのモデルの構築に頭をひねることになる。

ネットワークのモデル化のアイディアや方法論については、ルメルシエとザルクの『人文学における計量的手法』や［Lemercier and Zalc 2019］、グラハムらの『歴史的なビッグデータを探求する』など［Graham et al. 2022］、近年多くの研究書や教科書、オンラインの各種ドキュメントで議論されている。また、マルテン・デュリングによる実践的なチュートリアルは、菊池信彦によって翻訳されており、本章の執筆にあたって参考にした［Düring 2015］。より専門的な議論も、論文や学会のプロシーディングといった形で毎年多数発表されている。これらの情報は、研究計画を具体化させるうえで、非常に役に立つだろう。

ただし、情報量が多く変化も早いだけに、最初は新しい情報や道具に振り回されてしまうかもしれない。そのようなことにならないためにも、そもそも何のためにネットワークを可視化するのか、確認する必要がある。その目的を大別するなら、デモンストレーションと研究の手段の2つに大別されるだろう［Grandjean 2022］[3]。

前者が目的であれば、一般的なネットワーク・ダイアグラムのグラフ以外にも、可視化の様々な方法を検討すべきだ。特にネットワークが大規模化すると、グラフはあっという間に複雑に絡み合ったスパゲッティのようになってしまう。後ほど紹介するノード数数百の事例でさえ、何の説明もなければ、せいぜいいくつかの枝と、密度の高い場所の存在を指摘するくらいしかできないかもしれない。もちろんこれらが複雑な関係を持っていたというのは事実なのだが、どのように複雑なのか、なぜこのようなのか説明できないのなら、あまり指摘する価値のない事実である。

後者のように、研究の手段としてネットワークを可視化する場合、作業を行った研究者本人以外にはグラフの読解が困難であったり、発表される論文などには表れなかったりするかもしれない。この場合、研究者はネットワークの特徴を数学的に示す各種の指標と視覚的特徴をてがかりに、ネットワークの中で重要な地位を占めるノードやエッジを特定し、その原因などを考察することになるだろう。

有限のエンティティとそれらの間の結びつきとして数えられるものなら何でもネットワークとして処理可能なのだから、あるテキストの中から何を数えるのか、それによって何を示すのか、数え方の判断基準は妥当か、といった問題は全て、研究者が答えなければならない。ある分野の研究にネットワーク分析の手法を導入する研究者は、コンピュータが処理できるデータセットを作成するために、この手法の一般的な知識と、従来の研究手法で求められる精読と史料批判の能力の双方が求められることになるだろう。

2．歴史史料をデータに変換する

非構造的テキストをデータ化する

コンピュータでネットワークを可視化するためには、当然のことながらそのもととなるデータがなければならない。現代研究であれば、構造化されたデータを電子ファイルの形で得られることがあるかもしれない。また、人文学が扱う情報のためのデータベース構築の研究が進められているので、将来的には指定した条件に合うデータを一定の形式で抽出することが容易に可能になるかもしれない。しかし現在の人文学の研究者にとって、ほとんどの場合、紙などの非電子媒体に記録された、自然言語で書かれた、構造化されていない情報を、コンピュータで処理できる形にデータ化する必要がある。そして多くの場合、このデータ化の作業は、ツールによるネットワークの表示やその結果の分析よりもはるかに多くの時間と労力を必要とする。

データ作成の負担を軽減するための試みも、様々な形でなされている。たとえばイスラーム文化圏における歴史叙述の伝統の一つに、時に数十巻にも及ぶ非常に浩瀚な伝記集の編纂がある[4]。このような史料から必要な情報を抽出するのに、一人で一から手作業で処理するのでは膨大な時間がかかる。従来であれば、複数の人間で作業を分担するよりほかなかったかもしれない。しかし最近では、自然言語で書かれたテキストのある個所がどのような情報（人名、地名、日付など）であるか、コンピュータが判断できるよう情報を追加する作業（テキストアノテーションと呼ばれる）の一部を、プログラムによって自動化することが提案されている。また、ChatGPTの登場以降注目を集めている生成AIに作業を支援させる試みも、すでになされている［Gilardi, Alizadeh, and Kubli 2023］。とはいえ、現時点では人間の手によるデータの確認作業は欠かせない。

いずれにせよ、研究者は何らかの仮説を立てたうえで、必要な情報を史料から抽出し、コンピュータに処理させなければならない。ネットワークの研究に即するなら、ある二つのエンティティの間に関係があったのか判断し、また多数のエンティティを属性によって分類する基準は、研究者が自身の研究の目的に応じて設定しなければならない。極言するならどのようなテキストでも計量は可能だが、研究の目的に合致した形で計量可能であるかは別問題である。もし思ったようなデータが得られない場合、あきらめるのか、他の変数による代理を試みるなどの形で研究計画を修正するのか、考えなければならないことは多い。

汚いデータで結構？

ただしこれは、仮説に基づいて事前に用意された基準を史料に当てはめ、機械的にデータ化していくということではない。ルメルシエらは、データ入力の実践的なアドバイスとして、情報をできるだけ細かく分割し、必要なだけ新しいコラムを作り、史料に現れる表現をできるだけそのまま記入すること、また史料とのリンクを保つことを勧めている［Lemercier and Zalc 2019, Chap.3］[5]。実際、よほど小規模でかつ詳しく知っている史料でも、書かれているすべての情報を整理された形で把握するということは難しい。また、ネットワーク分析という観点から史料を読み直せば、新たな発見があるものだ。そして史料を読みながらデータを入力していくうちに、新しいカテゴリーを追加したり、その内部での分類に修正を加えたりする必要が生じることがあるかもしれない。たとえば、アラブ人の名前の規則が非常に複雑なことはよく知られているが、出生地によるニスバとその後の居住地によるニスバを区別したくなるかもしれない。ノードごとに属性として一つの職業を割り当てていたら、ある神学者が生涯のある時期にスーフィーになってしまうかもしれない。このような時、オリジナルの表現をそのまま入力しておけば、それまでに入力したデータの見直しがしやすくなる。逆にあらかじめカテゴリーごとの細目を決めて数字などで入力し、典拠となる箇所の情報を欠いていた場合、最初から見直しになってしまうかもしれない。

ただし、このようなやり方で作成した「汚い」データは、そのまま分析のツールに読み込ませるわけにはいかない。いったん最後まで入力し終えてから、カテゴリーや分類を見直し、ツールが読み込めるように整理しなおす必要がある。この段階でも、再び史料に立ち戻って確認しなければならないことが多い。従来の研究手法とはやや異なるとはいえ、ネットワーク分析のための史料読解も、史料とデータの往復運動が求められることが多いだろう。

中東・イスラーム研究におけるネットワーク分析の事例

では、中東・イスラーム研究においてネットワーク分析の適用の可能性にはどのようなものがあるのか。技術的な問題については、最近の研究を多数調査して、自分の研究に応用できそうなものはないか検討するのがよいかもしれない。分析の技術そのものには、本書が対象とするイスラームや中東などの地域に関する人文学研究に特有の要素というのは、ほぼないといってよい。せいぜい、アラビア文字とその派生文字をソフトウェアが正しく処理できるかどうか、といったところであろう[6]。ネットワーク分析を行うツールは、ノードが表しているのはムスリムかとか、エッジが表しているのはある法学派への帰属かといった違いは無視して、なによりノードとエッジの構造を問題とするからである[7]。2017年には、歴史ネットワーク研究の専門誌である

Journal of Historical Network Research（https://jhnr.net/）が創刊されている。中東・イスラームに関する研究も多くはないが、オスマン朝の大カーディーのキャリアパスを分析したアトチュルとカミの研究や［Atçıl and Kami 2022］、機械学習によってハディースのイスナードに表れる曖昧な人名の特定を試みるムター、スミス、サヴァントの研究が掲載されている［Muther, Smith, and Savant 2023］。また、他の文化圏に関する研究から、新しい研究のアイディアが浮かぶこともあるだろう。ネットワークの可視化には様々な可能性があり、また試みがなされていることもわかるはずだ。ここでは、中東・イスラームに関連する最近の研究で、データの作成、モデル化、分析、発表の仕方という観点で興味深いものをそれぞれピックアップして紹介したい。

マキシム・ロマノフは、14世紀の歴史家ザハビーや20世紀の歴史家イスマーイール・バーシャー・バグダーディーの浩瀚な著作を題材に、電子テキストを利用して統計処理する方法を紹介している。電子テキストの入手、構造のタグ付け、情報のタグ付け、情報の抽出という4ステップのワークフローで得られたデータにより、イスラーム文化圏のどの地域で、いつ頃、どの程度の著者がおり、著作が書かれたのか、グラフによって変化を明らかにしている。また、著者たちの伝記情報に現れる彼らの移動のデータからは、世紀ごとのイスラーム文化圏地域間の結びつきの強さと、知的活動の中心の移動が示されている［Romanov 2017］。

ヤエル・ライスの論文は、ムガール朝アクバルの治世に細密画入り写本を作成する工房で働いていた職人たちの研究である。当時王朝の工房では100人を超える職人が働いていたと考えられるが、彼らに関する情報はほとんどない。ライスは、16世紀後半に作成された写本の細密画の余白に、職人の名前と役割が記載されていることに注目し、細密画作成における彼らの協力関係を想定する。同じ細密画の作成にかかわったということを、ノードとなる職人たちの間のエッジとして数えることで、工房を職人たちのネットワークとして把握し、その特徴を分析している［Rice 2017］。

デヴィッド・ステナーの*Globalizing Morocco*は、第二次世界大戦末期からモロッコ独立と国王による権力の掌握までの過程を、独立支持の国際世論を勝ち取るためのモロッコ人ナショナリストとその支援者たちによるネットワーク活動という観点から研究している。ステナーによれば、当時のモロッコ国王ムハンマド5世は、独立までは周辺的な存在だった。しかし独立後は、それまでネットワークのブローカー的な立場にあった人々に代わって、国王が中心的な位置に移動したという。このことは、補遺のネットワーク分析では、国王のノードが持つ媒介中心性の上昇によって示されている。この指標は、あるノードが他のノード間の最短経路に位置している度合いを示しており、値が高いほど、ネットワーク内でのリソースの流れに強い影響を及ぼすと考えられる［Stenner 2019］。アクターの影響力の変化を、ネットワークの構造の特徴を示す指標の変化によって示した研究と評価することができよう。

最後にナタリー・ロスマンは*The Dragoman Renaissance*において、ヴェネツィアのドラゴマン家系の婚姻関係を、家と個人単位で可視化している。この研究では、人々の複雑な婚姻関係をネットワークとして可視化することで、文章による説明が理解しやすくなっている。ただしこの研究の特徴はむしろ、ネットワークの画像をほかの画像とともにトロント大学スカーバロー校図書館のデジタルアーカイブに保存しており、インターネット上で閲覧できるようになっていることである。特に個々人の関係の可視化は、インタラクティブな形で実現されている。これは紙に印刷した形では不可能で、オンライン公開のメリットを生かした事例と評価できよう［Rothman 2021］[8]。

3. 手を動かしてみる

研究のサンプル

本章では、可視化分析を用いた研究のサンプルとして、16世紀モロッコ地域の法学者によって書かれたアラビア語の伝記史料を用いて、当時のマグリブにおいて知識人が活動していた拠点のネットワークを取り上げる。知識人と言ってもその担う知識の種類によって様々な分類が可能だが、ここではイスラーム的な知識の中でも、スーフィーに代表される、内面的で体験的な知識を意味するマアリファと、法学者に代表される、外面的で形式的な知識を意味するイルムに注目する。そして、前者の担い手をワリー型、後者の担い手をウラマー型とする。そして彼らの主に活動した場所を基準に、緯度と経度の地理座標と結びつけることで、彼らの活動拠点のネットワークを地図上に描画する。さらにその世代単位での通時的変化を見ることで、知的活動の拠点の拡大と結びつきの傾向を分析する。

使用する史料は、『10世紀の師匠たちの美徳を広める者の樹形図』（以下『樹形図』）と名付けられた、この時代・地域を研究する者にとってはよく知られた文献である。著者のイブン・アスカル・シャフシャーウニー（1529年〜1578年）は、現在のモロッコ北西部の山地であるジェバーラ地方（当時の呼称はグマーラ山地）を中心に活動した法学者である。この山地の中心的な都市シャフシャーウンで、ハサン裔のシャリーフ（預言者の一族）の家系に生まれた。山地の各地やフェズでイスラーム諸学を学んだ後、モロッコ地域北部のいくつかの都市で司法に関する職に就いた。その一方で青年時代からスーフィズムに関心を持ち、多くの師匠に師事した。長じた後、君主の軍隊に従ってマラケシュ他モロッコ地域南部を訪問し、この地の師匠たちの知遇を得たこともあった。その後1576年、当時の支配王朝サアド朝の内戦が勃発し、スルターン・ムタワッキルが叔父たちによって君主の地位を追われると、イブン・アスカルはムタワッキルを支持し、1578年マハーズィン川の戦いで戦死した。『樹形図』はまさにこの内戦のさなかに書かれた作品で、同時代の政治に関する逸話も収録されている。

中世からマグリブ・アンダルスでは、学者が自身の学んだ事柄について、教えを受けた師匠たちの伝記情報とともにまとめる歴史叙述の伝統があった。このような作品は、バルナーマジュやフィフリス、ファフラサなどと呼ばれている。『樹形図』はこの伝統の中では一般的な伝記集に近い形をしており、16世紀以降の著名な師匠たちの事績を中心に伝えている。立項されている人々は、都市の法学者から山村の聖者まで非常に多様で、奇跡譚も含め多くの逸話を蒐集している。

『樹形図』やそのほか同時代の文献を読んでいると、当時のマグリブの各地に、小さな町や村落でも、モスクやザーウィヤ（スーフィーの修業場）を拠点に活動するウラマーやスーフィーが多数いたことを確認できる。そして、このような小規模な知的拠点が数世代にわたって存続することもあり、時折人名録に記録されるような知識人を輩出していたこともわかる。しかし、伝統的な手法でこのような人々の師弟関係や交友をただ羅列するだけでは、全体像やその変化を把握することは難しい。人間の記憶力や集中力には限界があるからである。そこで、デジタル人文学の手法を用いて、伝記史料に現れる師弟関係を、ネットワークとして処理し、その分布と変化の可視化を試みる。

アプリケーションの選択

社会ネットワーク分析を目的としたツールは、近年では無料で利用可能な選択肢がいくつも用意されている。本章では、以下の理由から、スタンフォード大学が開発したPalladio（パッラディオ）を利用して、ネットワークを可視化する。このツールはブラウザ上で稼働するため利用者の環境に依存せず、インストール作業なしで可視化分析を行うことができる。また、地図上にネットワークを描画すること、通時的なネットワークの変化を反映させることも容易にできる。これらの点は、人文学、特に歴史学の研究者にとっては魅力であろう。アラビア文字の表示も問題なく表示できる。

Palladioは、可視化分析のもとになるデータを作る機能は含まれていない。しかし、一般的な表計算ソフトがあれば、問題なくデータを作成できる。これらのソフトウェアは容易に項目の追加が可能で、検索やソート、データの照合、カウントといった機能を備えているため、他に用意する必要は特にない。ただし、Palladioは非常に容易にネットワークの可視化が可能だが、複雑な可視化モデルやデータへの対応には限界がある。本格的なネットワーク分析を行うというより、データドリブンで様々なネットワークを可視化しながら、ある集団の要素間の関係の分析を行うといった使い方が適していると考えられる。

簡単なネットワークの作成

最初に『樹形図』で取り上げられている師匠たちの中から、15世紀中葉以降のモロッコ地域に広まったスーフィー教団ジャズーリーヤの最初期の師匠たちの師弟関係をグラフに表示させてみる。また、彼らのノードに地理情報を追加することで、地図上にグラフを描画する。まず表計算ソフトを立ち上げ、シートに以下のようにデータを入力してみてほしい。

表7-1　ジャズーリーヤ教団の師弟関係に関するエッジのデータ

ID	Master	Disciple
1	ابن عيسى الفهدي	يوسف بن عيسى الفجيجي
2	أبو العباس الحارثي	ابن عيسى الفهدي
3	محمد بن سليمان الجزولي	أبو العباس الحارثي
4	عبد الله الغزواني	يوسف بن عيسى الفجيجي
5	عبد العزيز التباع	عبد الله الغزواني
6	محمد بن سليمان الجزولي	عبد العزيز التباع

これは6人のスーフィーにまつわる6件の師弟関係を記述したもので、ネットワークの構成要素としてはエッジの情報になる。1行目は各列の内容を示すのに用い、実際のデータは2行目以降に入力する。2列目は師匠で、3列目は弟子の側である。このように1行に一人の師匠と一人の弟子という形で、すべての師弟関係について入力していく。勿論ある人物が師匠か弟子かというのは固定的なものではないので、5行目で師匠の側に入力されていたアブドゥルアズィーズ・タッバーアという人物を、6行目では弟子の側に入力するということもある。

入力し終えたら、エッジだとわかるように名前を付けて保存しておく。一つのファイルに複数のシートを保存できるソフトウェアもあるが、ネットワーク分析ではCSV形式と呼ばれる、データ項目をカンマで区切った、汎用性の高いテキストファイル形式が好まれる。これは一つのファイルに一つのシートしか保存できないので、シートごとに名前を付けて保存することになる。

エッジのデータが作成できたら、次はノードのデータを作成する。

表7-2　師匠たちの地理情報を加えたノードのデータ

ID	Label	Place	Coordinate
1	محمد بن سليمان الجزولي	أفوغال	31.583333,-9.533333
2	عبد العزيز التباع	مراكش	31.629472,-7.981085
3	عبد الله الغزواني	مراكش	31.629472,-7.981085
4	أبو العباس الحارثي	مكناس	33.873016,-5.54073
5	ابن عيسى الفهدي	مكناس	33.873016,-5.54073
6	يوسف بن عيسى الفجيجي	شفشاون	35.16878,-5.2636

1列目はエッジと同様ID、2列目にラベルとして名前を入力する。もしネットワークを地図上に描画することに関心がないなら、この2列で十分である。ここでは、3列目に地名、4列目に座標を入力している。このようにして、リサーチ・クエスチョンに応じて必要な情報を、各ノードに対応させて記入していく。これはエッジに情報を加えるときでも同様である。最後まで入力したら、エッジと同様に名前を付けて保存しておく。

なお、Palladioは、エッジのデータを読み込ませると、ノードのデータがなくてもエッジの両端にあたるエンティティを自動的にノードとして処理するようだ。そのため、エッジのデータだけでもネットワークのグラフを表示することは可能であるが、ここでは基本的な使用方法を手に馴染ませるため、ノードのデータも作成してほしい。

一通り入力し終えたら、以下のURLでPalladioにデータを読み込ませよう。

http://hdlab.stanford.edu/palladio/

Palladioのサイトにアクセスし、Start >>と書かれたボタンをクリックすると、以下の画面が表示されるはずだ。

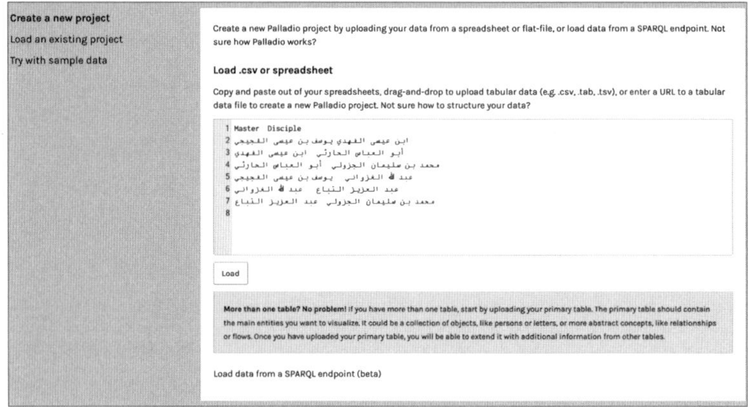

図7-1　Palladioのデータ読み込み画面

Palladioは読み込ませた情報をプロジェクトとして保存することができ、左上のLoad an existing projectをクリックすると保存しておいたデータをアップロードすることもできる。しかしここでは、デフォルトのままで新しいプロジェクトを作成し、データを読み込ませる。まず、先ほど入力したエッジのデータ全体を表計算ソフト上で選択し、Palladioの白い枠の中に張り付け、Loadと書かれたボタンをクリックする。するとメイン画面に移動する。左上のData、Map、Graph、Table、Gallery、と書かれているところをクリックすると、それぞれ対応するネットワーク分析の機能を利用することができる。本稿では左の3つを利用する。

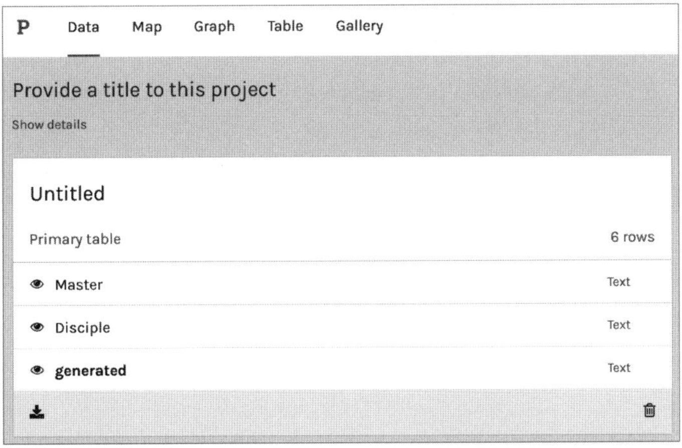

図7-2　Palladioのメイン画面

Data

Provide a title to this project の所に、プロジェクト名をつけておいてほしい。エッジのデータセットはデフォルトではタイトルがUntitledとなっているので、Relationsにしておこう。次にエッジのデータとノードのデータをリンクする。具体的にはMasterの文字をクリックするとEdit dimensionというダイアログが表示される。右下のAdd a new tableというボタンをクリックすると、エッジのデータを入力した時と類似した白い枠が現れるので、表計算ソフトからノードのデータを張り付け、Load、Done を順にクリックする。すると新しいデータセットが追加されるので、こちらにはPersonsなどとタイトルをつけておく。Discipleについても同様にクリックして、今度は左下のExtension で今付けたタイトルを選択しておく。これは、師弟関係のエンティティに共通のノードを適用するからである。

Map

以上の作業が終わったら、左上のMap をクリックする。画面にはグレイスケールの地図と、右上にMap layersというダイアログが表示されているはずである。まずNew layer、Point to Pointを順にクリックし、Source placesとTarget placesにMasterとDiscipleを選択する。そしてAdd layer をクリックすると図2のように地図上にグラフが表示されるはずである。この時、場所がネットワークのノードになっている。Palladioでは、ある地理情報と紐づけられたノードやエッジの数によって、場所を示すノードのサイズを変えることもできる。また、ダイアグラムの色を自由に選ぶことができるが、同時に選択できるのは一色だけである。そのため、ノードの種類によって色を変えるといったことはできない。

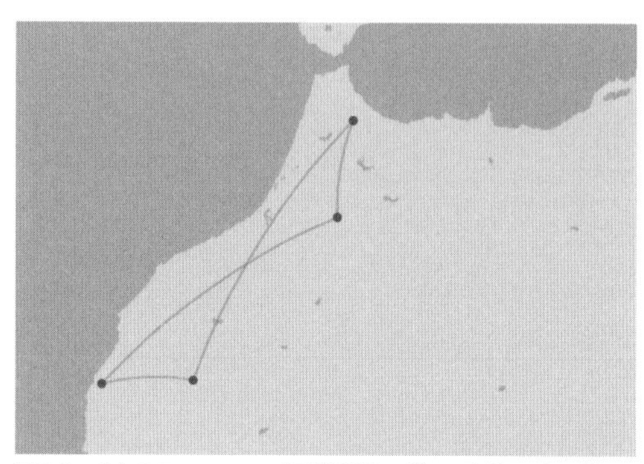

図7-3　6人のスーフィーの師弟関係のグラフを地図上に描画

Graph

次に左上の Graph をクリックする。右上に横線が3本書かれたアイコンが表示されるのでクリックする。するとSettingダイアログが現れるので、SourceにMasters、TargetにDisciplesを選択してみよう。すぐに画面に図3のようなグラフが表示されるはずだ[9]。また3本線のアイコンの下にある計算機のアイコンをクリックすると、ネットワークの各ノードと全体の特徴を示す指標を調べることもできる。これらの指標を参照することで、たとえばあるネットワークの中で中心的な位置にあるノードはどれか、数学的な形で評価することができる。ただし中心性の基準は様々なものがある。Palladioでは度数中心性、媒介中心性、固定ベクトル中心性に対応している。どれを用いるのが適切なのかは、分析者が判断する必要がある。

以上の作業で、ジャズーリーヤの師匠たちの小規模なネットワークを可視化することができた。あとは『樹形図』に収録されている他の人々の師弟関係の情報をすべて追加すれば、この史料の著者が伝える価値のあると考えた関係を可視化することができる。ノードの情報を追加して、特定の属性を持った人々だけを表示するとか、『樹形図』ではほぼ没年以外の情報は得られないが、史料状況が良ければある一定の期間に存命だった人々のネットワークを表示することもできる。

Palladioは他にもいくつか機能を持っているが、グラフの表示については以上で十分であろう。おそらく――こまごまとしたデータを正確に入力する手間をのぞけば――あっけなくグラフが表示されたのではないかと思う。実際、ネットワークの可視化分析において大変なのは、ツールの操作ではなく、ツールに処理させるデータを作成することである。

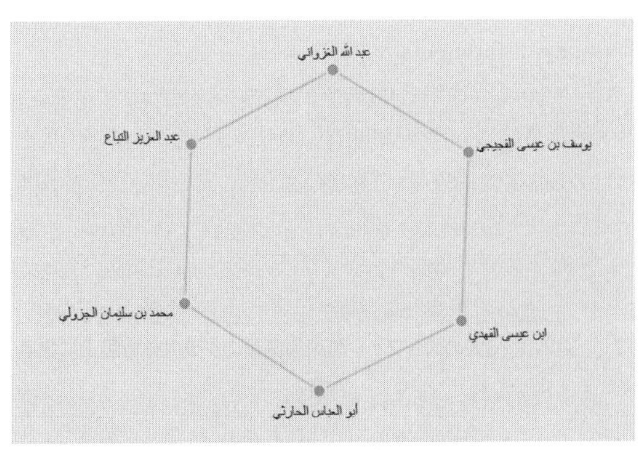

図7-4　6人のスーフィーの師弟関係のグラフを描画

データ作成の過程で求められる様々な判断

では実際に『樹形図』に記録された様々な師弟関係をすべてデータ化し、Palladioで可視化したら、どのような形になるだろうか。先ほどはごく少数の人々の師弟関係をネットワークとして可視化したが、どのような基準である人物と別の人物が師弟関係にあると判断すればよいのだろうか。これはネットワーク『樹形図』においてこの師弟関係は、著者イブン・アスカルのスーフィズムの師匠で、史料中で最初に立項された人物であるアブー・アル＝ハッジャージュ・ユースフ・フィギーギーを起点に、以下のように書かれている。

> 彼〔フィギーギー〕――神が彼を喜びますように――は言った。私はこの道統（*ṭarīq*）を、私の師匠アブー・アブドゥッラー・マハンマド・ブン・イーサー・ファフディー・ミクナースィーから、宣誓と師事によって得た。師匠ファフディーはこれを同様にして、彼の師

匠アブー・アル＝アッバース・ハーリスィーから得た。師匠ハーリスィーはこれを、彼の師匠である枢軸アブー・アブドゥッラー・ムハンマド・ブン・スライマーン・ジャズーリーから得た。彼〔フィギーギー〕は言った。私はこれを、師匠アブー・ムハンマド・アブドゥッラー・ガズワーニー——神が彼を喜びますように——からも得た。スィディ・アブー・ムハンマドはこれを、彼の師匠でハッラールの名で知られる、アブー・ファーリス・アブドゥルアズィーズ・タッバーアから得た。アブー・ファーリスはこれを、彼の師匠である前述のアブー・アブドゥッラー・ムハンマド・ジャズーリーから得た［Ibn ʿAskar al-Shafshāwunī 2003, 12–13］。

このテキストからは、宣誓と師事が具体的に何を指しているのかはさておき、これらの人物が何らかの師弟関係にあったと主張されていることは読み取れるだろう。また長くなるので省略してしまったが、ここで継承されている道統はジャズーリーヤ教団の名祖であるジャズーリーからさらに遡ってムハンマドに至るとされている。つまりイブン・アスカルはこの系譜を、自身が学んだスーフィズムの正統性の証拠として提示しているのである。それはよいのだが、当該史料で「得た」とか「学んだ」とされている内容は、このようなスーフィズムの道統ばかりではない。たとえば史料中で2番目に立項されているアブドゥルワーリス・ブン・アブドゥッラー・ヤルスーティーという師匠については、次のように記載されている。

私〔イブン・アスカル〕は彼に7年師事し、法学においては『［イブン・］アビー・ザイドのリサーラ』を、医学においては『イブン・スィーナーのラジャズ』を、スーフィズムにおいては『マバーヒス・アスリーヤ』と、『シャリーシーのラーイーヤ』も、彼から学んだ［Ibn ʿAskar al-Shafshāwunī 2003, 14］。

このように、一人の人物から、法学や医学、スーフィズムといった分野に関する特定の本について学習したと明記されている場合もある。ただし、すべての師弟関係においてこのように詳細に書いてくれているなら色々と分析の可能性もあるのだが、実際にはもっとざっくりと、彼は誰某と「会った」とか「学んだ」としか書かれていない場合がほとんどである。要するに、少なくとも『樹形図』の場合、分析者は史料で言及されている人々の師弟関係が非常に多様であることを知りつつ、その大半について何をどのように学んだのか知ることはできないのである。ネットワークに即していえば、ある二つのノードについて、両者を結ぶエッジの有無はわかるが、そのエッジの属性を特定することは困難である。

ではどうするか。研究のサンプルでは、16世紀ごろのマグリブ地域における知的活動の拠点について、知識の種類による分布の相違を明らかにするので、可能ならどのような知識がどのような経路で各地に継承されていたのか明らかにできることが望ましい。史料の性質からそれは難しいと判明したが、知識の継承の担い手となった人々の属性によって代用することは可能ではないだろうか。実際『樹形図』を読んでいると、多くの人々の名前には、彼らがどのような知識人だったのか特定する手がかりが付されている。ここでは、登場人物をワリー型、ウラマー型、双方型に分類してデータ化する。ワリー型は「ワリー」「明白な奇跡をなした者」「神智者」と呼ばれている人々で、スーフィーの師匠を持っていたり、奇跡譚が伝わっていたりする。ウラマー型は「法学者」「大学者」「カーディー」「ムフティー」と呼ばれている人々で、大半は法学者だが、神学者や文法学者もこの分類に含める。双方型は両者を兼ねているばあいである。なお、実際にはどちらにも分類困難な人々もいるため、「そのほか」という分類も設けている。

ただしこのような分類には、区分の定義の段階でも、個々人の割り当ての段階でも、分析者による史料の解釈という要素が含まれる。最初に分類の仕方を決めるときはある程度「ありもの」の分類を適用せざるを得ないが、実際に史料を読みながらコーディングを進める過程で、分類がうまくいっていないと感じるかもしれない。その場合にはどのような人々について問題が生じているのか、データと史料を照らし合わせながらよりよい解釈を考えることになる。この時、作業用のデータが「汚く」、つまり史料の用語や表現をできるだけ生かし、多くのメモを残しながら作ってあることは重要である。逆に「きれいな」データを作ろうとして、先ほどの3つの区分に数字を割り当ててそれだけをワークシートに入力していった場合、それはデータの批判的な見直し作業にはほとんど役に立たないものになってしまうだろう。

また、知識の種類の地理的な分布の相違を、その担い手の分布の相違で代用するのだから、これらの知識人をなんらかの場所に割り当てる必要がある。史料によっては、これはそれほど難しくないかもしれない。たとえば手紙の交換をネットワークとして分析するのであれば、手紙に差出人とあて先の住所が書いてあるかもしれない。しかし『樹形図』の場合、多くの人物について地名は、住居や墓のある場所――しばしば同じ――しか記録されていない。地名が一切不明の場合は、師匠と同様とした。

地名が記載されていても、その位置の特定が困難であることもしばしばだ。これはあまりに細かすぎる場合と大雑把な場合と両方ある。著者の出身地であるモロッコ北西部の山地に関しては、現在の地図では見つからない、小さな集落であっただろうと推測される地名が挙げられる。その一方で、「スース地方」とか「ハバト地方」といった地域名しかわからないこともある。これについては、前者の場合は、最初は場所の特定の手掛かりとなる情報を可能な限り書き出しておき、分析の精度によって細かく特定するなり、ある程度まとめるなり、判断することになるだろう。また後者は、地方の中心的な都市で代表させることになるだろう。しかし、問題となる人物が終生放浪生活を送っていたり、生涯の途中で活動領域を大きく変えてしまったりすると、特定の場所との関連付けが困難だったり意味がなかったりすることもあるだろう。

次に、知識人のネットワークに時間の要素を追加する場合を考えてみよう。『樹形図』に登場する人々の多くは、16世紀に亡くなった師匠たちである。しかし、それ以前に亡くなった人々も、先に触れたジャズーリーヤの道統で述べられている人々は除外しても、若干数は含まれている。これらの、15世紀半ばに没した人から史料執筆時に存命だった人まで、一世紀以上に亘って分布している人々を、たとえば、没年でいくつかの集団に分け、通時的に比較することで、ネットワークの発展の歴史を可視化するという発想はあり得るだろう[10]。

『樹形図』の場合に即して、時間をネットワークの属性に追加する場合の問題を考えると、まず師弟関係の発生、継続、消滅の日付を特定することは、史料の記述が皆無であることから、事実上不可能だということが挙げられる。わずかな例外を除き、日付は立項されている人物の没年しかわからない。さらに『樹形図』の場合、その没年さえ著者が正確に把握できてなかったため、たとえば「950年代に亡くなった」というようにあいまいな形でしか示されていないことがある。この情報の不備については、一つには他の史料との比較から特定するという方向性も考えられるが、『樹形図』の場合、特にウラマー型以外の人々については難しいことが多い。本章ではマグリブ各地の地域的な拠点間の結びつきという観点から、イルムとマアリファという2種類の知識の継承を分析するので、個々の知識人の没年を細かく特定することにあまり意味はない。彼らが亡くなったその日に知識の継承が起こるわけではないからだ。むしろ、彼らは亡くなるまで長ければ数十年に亘り弟子を指導していたはずである。ノード数がどれくらいであるかにもよるが、たとえば30年の世代単位で集計することを考えた方が生産的だろう。没年が不明の人物については、師匠の30年後を没年とした。

ここまで『樹形図』から師弟関係、場所、没年に関する情報を抽出しデータ化する際にどのような判断が求められるか、検討してきた。リサーチ・クエスチョンによっては、ある知識人が所属していた法学派やスーフィー教団、また性別や部族、言語文化など、様々なカテゴリーを設定して分類することが考えられるだろう。勿論、それを可能にする史料がなければ実際の分類の適用は困難になるし、かといって取りやすいデータで説明したいことを無理やり説明するようなやり方は、批判を受けることになるだろう。いずれにせよ、構造化されていない史料から可視化ツールで処理可能なデータを作成する作業は、前もって作成した基準を機械的にテキストに適用していくという形ではうまくいかない場合がある。場合によっては、分析者が使用する文献をすでに伝統的な歴史研究の手法で利用していて、記述の特徴や用いられている語彙などについてよく知っているかもしれない。しかしその場合でも、ある人物をどのように分類するか、その根拠としてテキストのどのような記述を採用するかといった水準での判断は容易ではない。歴史学の研究で重視されてきた精読とは性質の異なる面もあるが、ネットワーク分析におけるデータの作成も、しばしば分析者によるテキストの解釈と判断を必要とすることに注意していただきたい。

史料全体から抽出された師弟関係のネットワーク

以上の過程を経て作成したデータをPalladioのGraphで表示すると、図4のようになる。非常に複雑な形態をしているが、一瞥して目を引くのは、外周を取り巻くように伸びた枝である。起点はジャズーリーヤ教団の名祖ムハンマド・ブン・スライマーン・ジャズーリーで、途中で一度分岐しながら預言者ムハンマドまで26人で構成されている。これがジャズーリーヤ教団の系譜ということになる。イブン・アスカルの挙げるスーフィズムの師匠たちには他の教団の人々も含まれているが、彼らとムハンマドを結ぶ系譜は紹介されていない。グラフからもイブン・アスカルにとって最も重要な道統はジャズーリーヤのそれであったことがわかる。

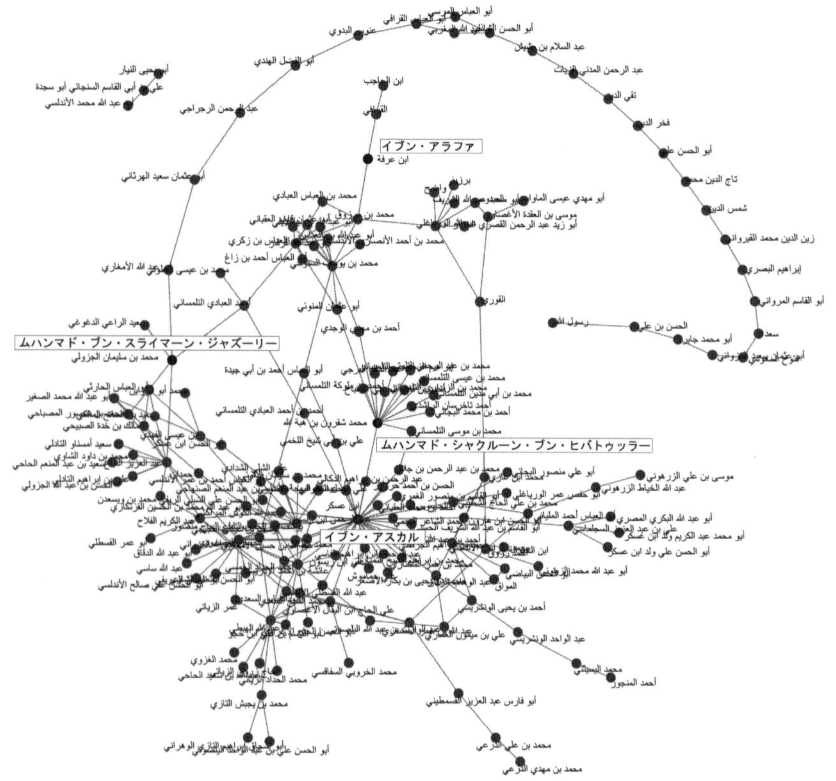

図7-5　『樹形図』に記述された師弟関係のグラフ

ただしこの『樹形図』冒頭近くで引用されている系譜の存在は、ネットワークの指標による分析を難しくしている。この枝の先端に近いノードとネットワークの他の部分にあるノードを結ぶ経路に、枝の元に近いノードは（分岐部を除き）必ず含まれることになる。そのため後者のノードの媒介中心性が高くなってしまう。このネットワークは著者であるイブン・アスカルの師匠筋の人々の師弟関係を表している。そのため、中心性が一番高くなるのはイブン・アスカルであるが、その次にジャズーリーの師匠たちの名前が並ぶことになる。これはイブン・アスカルの時代のマグリブにおける知識人のネットワークにおいて重要なノードを探すには不都合なので、ジャズーリーの師匠より先の人々はデータから削除することにする。また、より小規模な枝であるが、14世紀活躍したチュニスの法学者イブン・アラファ（1401年没）以前の部分は、明らかに省略があるので削除する。

修正を加えたデータで、改めて媒介中心性をみてみよう（表 7-3）。すると、ジャズーリーヤ教団の第3代枢軸ガズワーニーや第2代枢軸タッバーア、そして著者が直接師事した世代のティトワーンの法学者クッラースィーや、シャフシャーウン近郊で活動したジャズーリーヤのスーフィーであるハブティー、タリーディー、著者の母親でもあるアーイシャといった人々が上位に来る。その一方で、ムハンマド・シャクルーン・ブン・ヒバトゥッラーというそれほど著名とはいえない人物が、2番目という高い位置に来ている。そこでこの人物とその関係者の記述を史料で確認すると、彼が16世紀中葉のオスマン朝によるアルジェリア地域の支配確立の中でトレムセンからサアド朝領に移住してきた法学者であり、イブン・アスカルをはじめとするモロッコ地域の法学者たちは、この人物を通じてアルジェリア東部の法学者たちと系譜の上でつながっていたことがわかる。ムハンマド・シャクルーンは同時代の政治的情勢によって移動した結果、二つの地域の法学者集団のブローカー的な立場にあったということだ。同様の傾向は他のトレムセン系の知識人についても見られる。イブン・アスカルは自身の師匠筋の人々の歴史を語るうえで、アルジェリア地域の知識人との結びつきを記録することに関心があったようだ。その一方でフェズの法学者は、10番目に16世紀初頭のアフマド・ブン・ガーズィーが来る程度で、それほど高くない。ただしこれは、彼らについては「彼はその時代のフェズの偉大な師匠たちに学んだ」というように、個人名を挙げずに集団として記述されていることがあることも考慮しなければならないだろう。

表7-3　知識人ネットワークの指標

No	Node ID	媒介中心性
1	イブン・アスカル	0.5878222467
2	ムハンマド・シャクルーン・ブン・ヒバトゥッラー	0.1923984939
3	アブドゥッラー・ガズワーニー	0.1590048487
4	ムハンマド・クッラースィー	0.1347869705
5	アブドゥルアズィーズ・タッバーア	0.1328985549
6	ユースフ・ブン・ハサン・タリーディー	0.1091898145
7	アブドゥッラー・ハブティー	0.1056329059
8	ムハンマド・ブン・ユースフ・サヌースィー	0.0869309822
9	アーイシャ・ビント・アフマド・イドリースィーヤ	0.0818197288
10	アフマド・ブン・ガーズィー	0.0808630141

地図上にネットワークを描画する

次にPalladioのMap機能を使って、先ほど修正したデータをもとにネットワークを地図上に描画してみよう。Palladioでは同じ座標に割り当てられたノードの数や、これらのノードと接続したエッジの数を自動的に集計してくれる。ここでは後者のエッジの数に応じて場所を示す丸のサイズが大きくなるように指定している。すると、イブン・アスカルの出身地であるグマーラ山地のほか、フェズ、マラケシュ、トレムセンといったマグリブ西部の大都市が師弟関係のネットワークの重要な結節点となっていることがわかる。もっともこれは、自明なことに思われるかもしれない。そこで、さらに知識人を型と世代ごとに表示して、通時的な変化を見てみよう。

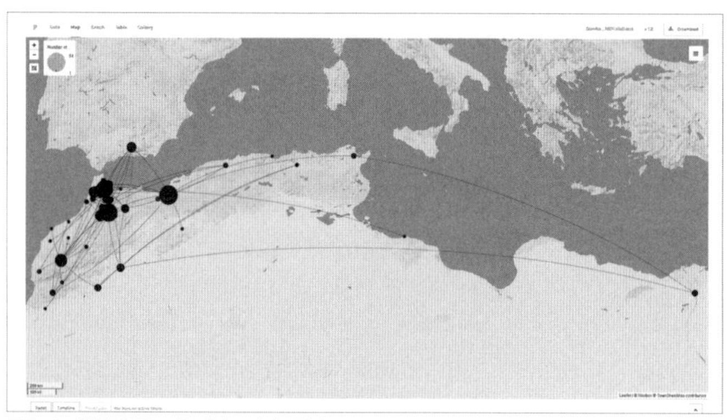

図7-6 『樹形図』に記述された知識人のネットワーク

ネットワークの通時的変化を観察する

Palladioには、特定の属性を持ったデータを選別するFacetフィルタと、特に特定の期間に位置するデータを選別するTimelineフィルタがある[11]。データを作成する際に、知識人をワリー型、ウラマー型、双方型に分類した。また、没年を基準にエッジに日付を割り当てた。これらを利用して、地図上に表示させる知識人の型と世代を選択することができる。ここでは、没年で900年以前（第1世代）、901年から930年（第2世代）、931年から960年（第3世代）、961年以降（第4世代）の4世代に区分し、新たに表示する世代を追加する形で描画した。

ワリー型知識人のネットワーク

ワリー型知識人（ワリー型と双方型）のネットワークは、ジャズーリーヤ教団の人々が中心となる。この教団の名祖ジャズーリーはモロッコ地域の南部スース地方出身だが、ヒジュラ暦9世紀（西暦15世紀）の半ばに高アトラス山脈北側のハーハ地方で没した。彼の弟子たちは、第1世代の間にすでにモロッコ地域北部の都市周辺部に進出していた。次の第2世代では、南のマラケシュと北のフェズを中心に、地方都市や農村部でも勢力を増している。ただし、この段階まではグマーラ山地のワリー型知識人は少ない。そして次の第3世代から一気に数が増大する。よって、ジャズーリーヤ教団の人々がグマーラ山地に進出したのは西暦で15世紀末から16世紀初頭で、その影響を受けて教団に参加した人々が、16世紀の半ばから後半に没したということになるだろう。また、この教団第3代枢軸であったとされるガズワーニーがそうであるように、没したのはマラケシュでも、長期間北部の農村部で活動していたことが確認できる人物も存在する。次のウラマー型知識人の場合も同様だが、あくまで大まかな教団の勢力拡大の方向性を示すものとして、このグラフを理解する必要がある。

また、ワリー型知識人のネットワークは、都市以外の平野部やアトラス山脈の南側も含めて遠方各地に拡がっているが、リーフ山脈東部への言及はほとんどない。これがイブン・アスカル個人の人間関係によるものなのか、のネットワークの実態を反映したものなのかは、別の史料との比較などによって解明する必要があるだろう。

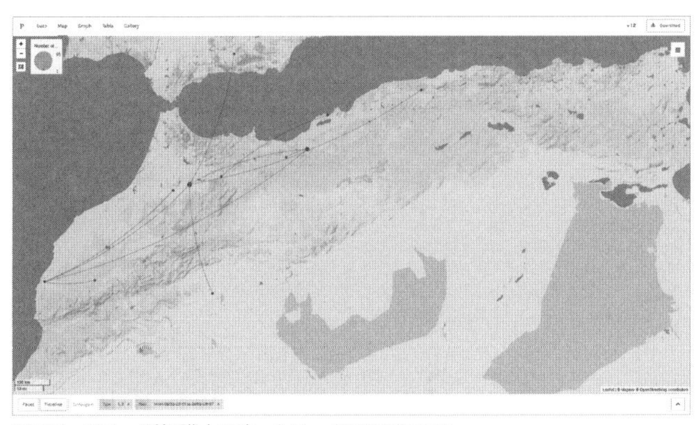

図7-7　ワリー型知識人のネットワーク（第1世代まで）

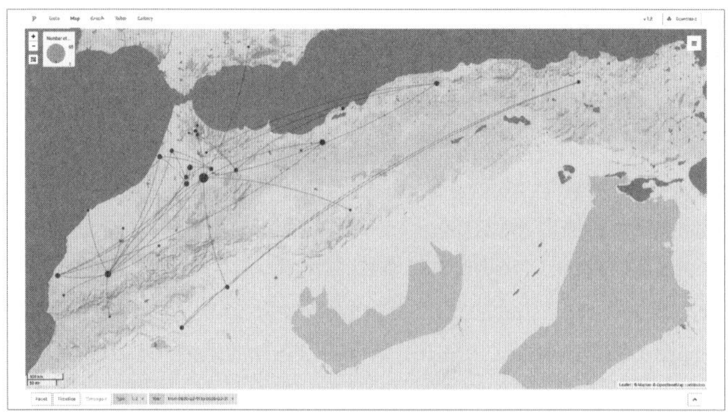

図7-8 『ワリー型知識人のネットワーク(第2世代まで)

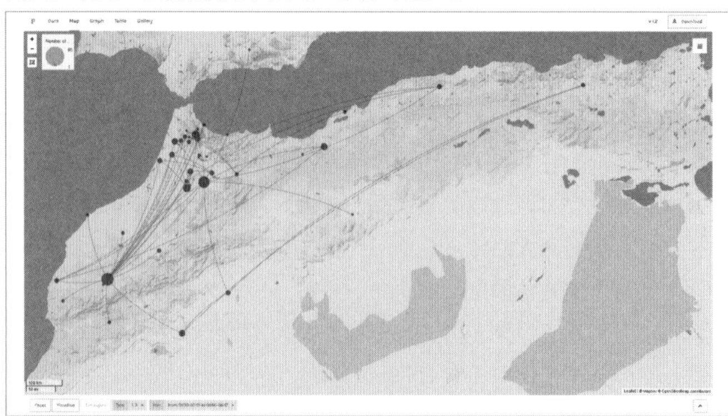

図7-9 ワリー型知識人のネットワーク(第3世代まで)

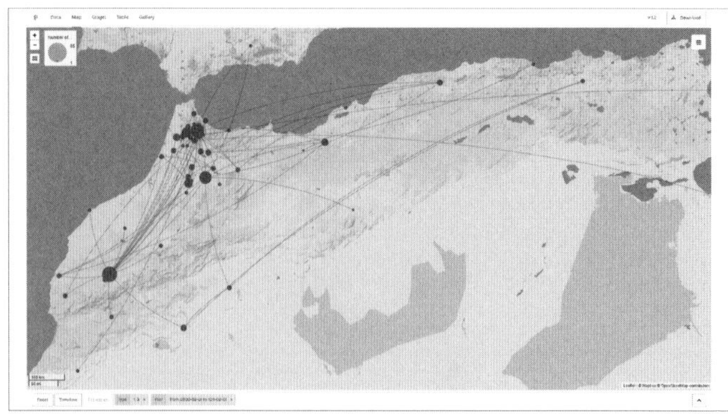

図7-10 ワリー型知識人のネットワーク(第4世代まで)

ウラマー型知識人のネットワーク

ウラマー型知識人（ウラマー型と双方型）のネットワークは、第1世代から第2世代まではフェズとトレムセンを中心にした北部の都市の東西の結びつきが観察される。この両都市は中世から王朝の首都としてウラマーの養成がなされており、彼らの往来も見られた。このような背景に加えて、すでに述べたように16世紀中葉にオスマン朝がトレムセンの支配を確保すると、そのウラマーの中にはサアド朝領へ移住する者もいた。その結果として、両都市の結びつきが地図上でも強調されていると考えられる。より興味深いのはむしろ、イブン・アスカルは15世紀までのフェズのウラマーについてほとんど記録を残していないことであろう。これが著者個人の関心によるものなのか、他に理由があるのかについては、別の史料との比較によって検討しなければならないが、少なくとも『樹形図』においてウラマー教育の系譜は、東方との結びつきの方が強調されている。

この系譜に連なる人々がグマーラ山地に多数現れるようになるのは、ワリー型同様、第3世代からである。つまり、この山地で活動するウラマー型知識人の数は、16世紀前半まで限られていたということになる。その後は知識人の数も、拠点の数も増加していくが、ワリー型知識人よりは少ない。また、ワリー型知識人と異なり、平野部や南部出身のウラマー型知識人は少ない。特に1520年代にサアド朝の首都となったマラケシュは、著者と同年代の人々になるまでウラマー型知識人を輩出しておらず、法学者や文字官僚の育成は遅れていたことがうかがえる。ただし、これはマラケシュにはウラマー型知識人がいなかった、ということではない。実際、イブン・アスカルは、マラケシュ以外で学んだ後この都市を訪れたウラマー型知識人と、たびたび会っている。しかし、ひとりの人物に一つの地理情報を割り当てた結果、このような移動する知識人の活動地域について、情報の欠落が多くなってしまった面がある。可視化は、データ化の基準によっては、存在したはずのつながりをかえって見えなくしてしまうこともあるのである。

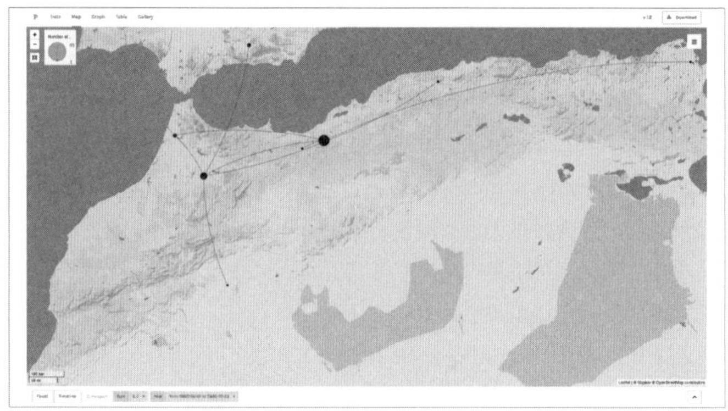

図7-11　ウラマー型知識人のネットワーク（第1世代まで）

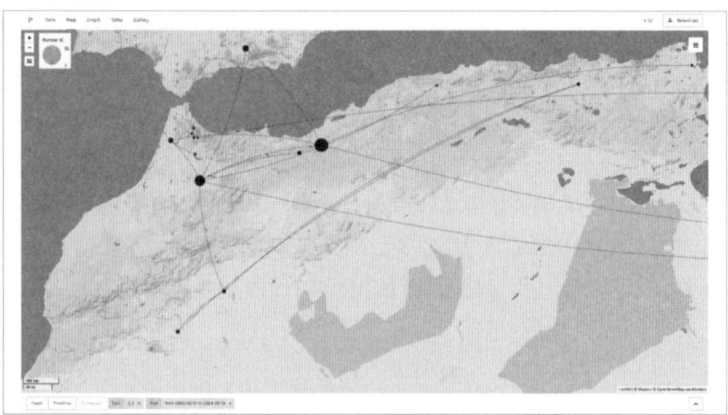

図7-12　ウラマー型知識人のネットワーク（第2世代まで）

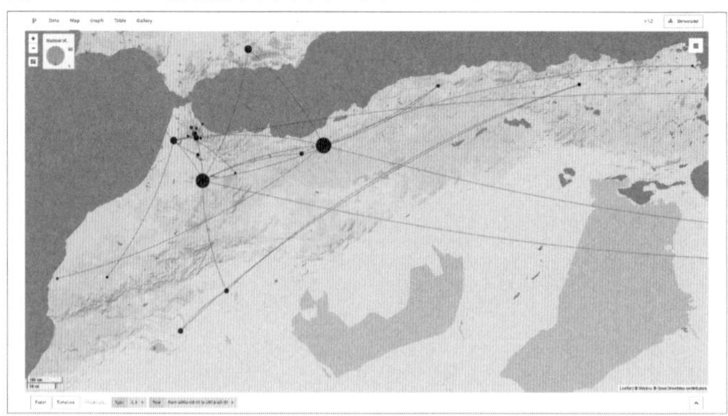

図7-13　ウラマー型知識人のネットワーク（第3世代まで）

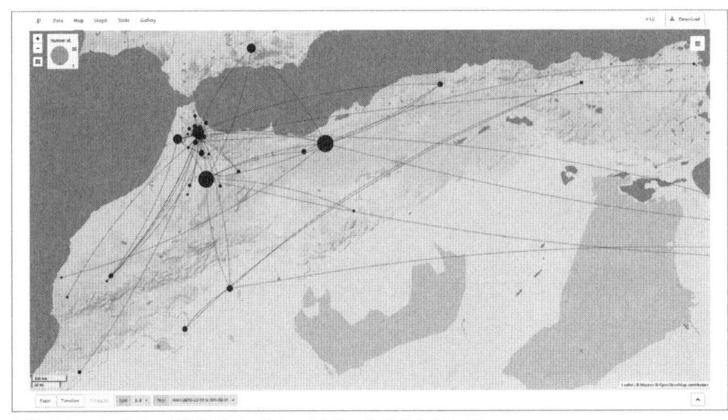

図7-14　ウラマー型知識人のネットワーク（第4世代まで）

双方型知識人のネットワーク

最後にグマーラ山地にフォーカスして、双方型知識人のネットワークについて検討したい。グマーラ山地のワリー型知識人の所在を地図上に落とすと、シャフシャーウンを中心として、各地に知的活動の拠点が散在していることがわかるだろう（図7-15）。そしてフェズとシャフシャーウンが多くのエッジを集めているが、より小規模な拠点同士での結びつきも多くみられる。グマーラ山地の山村は、地域の大・中都市と密接な関係を持ちつつ、ワリー型の知識人を独自に再生産していたと考えられる。これに対して双方型知識人のみのネットワークを表示すると、ワリー型知識人が70件に対して双方型知識人は18件なので、分布はぐっとまばらになる（図7-16）。ただしこれらの場所の多くは、ワリー型知識人のネットワークの重要なノードを重なり合っている。最後にウラマー型知識人のネットワークを表示すると、こちらは双方型知識人のそれとさほど変化がない。図7-17の丸で囲まれた箇所が、双方型知識人のいない場所である。このことから、グマーラ山地の知的拠点の多くはワリー型知識人が活動しており、彼らはしばしばウラマー型知識人を兼ねていたと推測される。

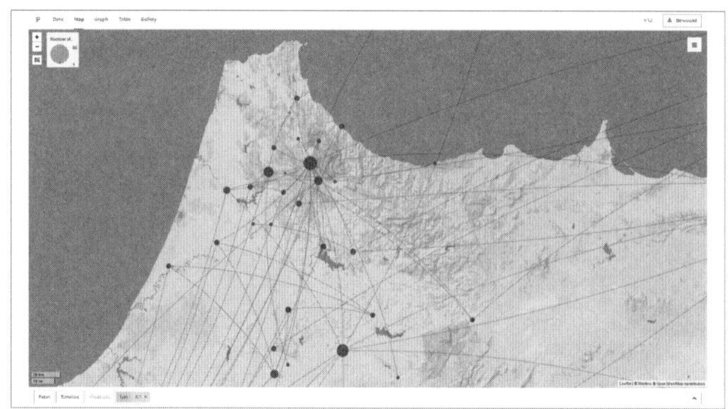
図7-15　グマーラ山地のワリー型知識人

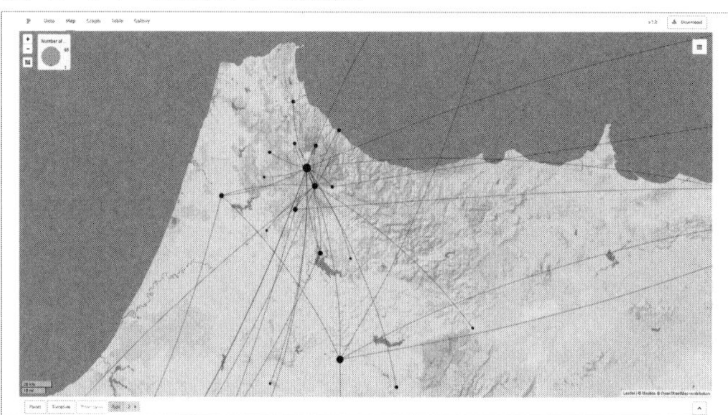
図7-16　グマーラ山地の双方型知識人

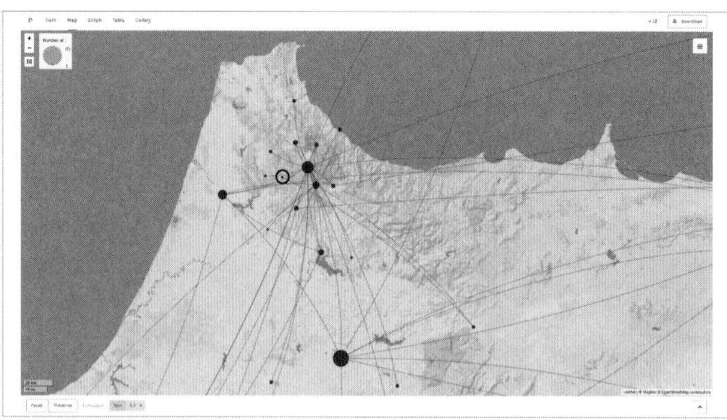
図7-17　グマーラ山地のウラマー型知識人

おわりに

本章のサンプル研究では、16世紀後半の伝記史料『樹形図』に現れる知識人たちを、ワリー型とウラマー型に区分し、そのネットワークを世代ごとに地図上に描画した。その結果、知識人のネットワークは、都市だけでなく平野部や山地の農村部にも拡大しながら南から北へと延びるワリー型ネットワークと、都市を中心に東から西へと延びるウラマー型のネットワークからなっていたことが可視化された。ただし、二つの型は排他的なものではなく、都市のほか農村部でも、ワリー型の知識人が存在する知的拠点ではウラマー型の知識人もしばしば活動していた。また、特にウラマー型の知識人のネットワークの広がりには、同時代の政治的な動向が影響していたことも、伝記情報との突合せにより確認された。

これら二つのネットワークがグマーラ山地に拡大したのは、いずれも16世紀前半であると推定される。筆者は以前、この時期のグマーラ山地で展開された、スーフィーとウラマーの共同によるビドア廃絶運動について論じたことがある。この山地に暮らす多くの宗教的な知識人たちは、互いに訪れたり手紙のやり取りをしたりしていた［Shinoda 2021］。この山地の知識人ネットワークは、今回の分析からはまさに同時代に形成されたと考えられ、ビドア廃絶運動そのものがネットワークの形成の契機となった可能性もあるだろう。

これまで議論してきたことは、『樹形図』やその他同時代の文献を繰り返し読んできた研究者なら、「なんとなく」気が付いていたことではないかと思う。ただ、従来の研究手法では、ある人々の移動や不在の傾向を分かりやすく読者に提示することは難しかった。本章では2種類の知識人のネットワークの可視化により、その変化の違いを示すことができた。

最後に、今回の研究サンプルで示したように、歴史研究において、特に非構造的テキストを用いてネットワーク分析を行う際には、多くの場合様々な解釈や補いをしながらデータを作成する必要がある。たとえば本稿では、日付や活動の場所が全く特定できない人物については、師匠のそれによって情報を補った。読者の中には、どれくらいの人物について補ったのかわからないと、主張の妥当性が判断できないと考える人もいるだろう。

もしネットワーク分析を用いた論者の主張の妥当性に疑問があったとき、どのようにすれば検証できるだろうか。一から自分でデータを作成しようとすると、『樹形図』のように比較的小規模な史料でも、相当な労力が必要である。

しかも、データ作成には分析者の解釈が入る以上、ルールを細かく設定したとしても、細部では作業者によって相違が生じる可能性がある。どうすれば、読者は主張の妥当性を検証できるのだろうか。

実はこれは、大量のデータを扱う計量的な研究であれば、ネットワーク分析でなくともいえることである。以前であれば、論文や研究書の補遺として何十ページ、何百ページに及ぶデータを印刷するほかなかったかもしれない。しかし今日では、本書の他の章でも議論されているように、デジタル人文学の一分野として、研究に利用したデータやツールの保全についても研究がなされている。将来的には、大量のデータを扱った研究の再現性や検証可能性が、デジタル人文学によって確保されるかもしれない。

注

1　Entity。英語で「実体」とか「存在」を意味する。しかし、日本語に訳しにくいためか、そのままカタカナにされることが多いようである。本章でもこれにならった。

2　たとえば[Graham et al. 2022]や[Lemercier and Zalc 2019]があげられる。

3　ただし両者は対立するものではなく、双方を目的として可視化することもありうる。

4　たとえば12世紀の歴史家イブン・アサーキルによる『ダマスクス史』は、現在流通している索引付きの校訂本で80巻に及ぶ。このうち5巻から74巻までがダマスクスにかかわりのあった人々の伝記で、1万人以上の人物が立項されている。

5　これは、ルメルシエらによるデータ入力「十戒」の一部をまとめたものである。また、本書第6章で説明されているように、マークアップの手法を用いてもよいだろう。

6　ネットワークの可視化・解析の標準的なツールの一つGephi（ゲファイ）は、本章執筆時点である2023年8月3日現在の最新バージョン0.10では、ノードのラベルにアラビア文字を使用すると、概観機能を使用した時やPDF形式で出力した時表示が崩れてしまう。ビットマップの画像フォーマットであるPNG形式やベクタの画像フォーマットであるSVG形式であれば正しく出力されるが、早期の修正を願うところである。

7　ただし、可視化の段階で、特定の属性を持ったノードをその色や大きさで区別するといった処理は可能である。

8　本書はオープンアクセスとなっており、コーネル大学出版局のサイトからダウンロード可能である。
https://www.cornellpress.cornell.edu/book/9781501758508/the-dragoman-renaissance/
デジタルアーカイブへのリンクは、https://dragomans.digital.utsc.utoronto.ca/

9　ただし、ネットワークのグラフではノードとエッジの構造だけが問題となるので、たとえばある枝がどの方向に延びているかといった点は区別されない。ある2つのノードがディスプレイ上ですぐそばに表示されていても、いくつものエッジを介してつながっているなら、両者の距離は遠いことを意味する。

10　なお、社会ネットワーク分析は通時的変化を重視してこなかったため、歴史研究への応用には時に困難が伴う。この時間という要素は困難であると同時に、歴史研究がこの分析手法に貢献できる可能性がある要素であるとも主張されている[Lemercier 2015, 183–212]。

11　このほか今回は利用しなかったが、知識人の生没年や師事した期間が特定可能で、データに一定の期間を割り当てられるなら、Timespanというフィルタも使用できる。詳しくはCreate a Timespan Filter (https://hdlab.stanford.edu/palladio/tutorials/timespan/)を参照。

参考文献

Atçıl, Abdurrahman, and Gürzat Kami. 2022. "Studying Professional Careers as Hierarchical Networks: A Case Study on the Careers of Chief Judges in the Ottoman Empire (1516–1622)." *Journal of Historical Network Research* 7, no.1: 1–32. https://doi.org/10.25517/jhnr.v7i1.113.

Düring, Marten. 2015. "From Hermeneutics to Data to Networks: Data Extraction and Network Visualization of Historical Sources." *Programming Historian* 4. https://doi.org/10.46430/phen0044. 菊池信彦訳. 2020.「解釈学からデータのネットワークへ——史料からのデータ抽出とネットワークの可視化」東アジアDHポータル. 2020年6月24日更新. https://www.dh.ku-orcas.kansai-u.ac.jp/?p=661.

Graham, Shawn, and others. 2022. *Exploring Big Historical Data: The Historian's Macroscope*. New Jersey: World Scientific.

Grandjean, Martin. 2022. "Data Visualization for History." In *Handbook of Digital Public History*, 291–300. Berlin: De Gruyter Oldenbourg.

Gilardi, Fabrizio, Meysam Alizadeh, and Maël Kubli. 2023. "ChatGPT Outperforms Crowd Workers for Text-Annotation Tasks." *Proceedings of the National Academy of Sciences of the United States of America* 120, no.30: e2305016120. https://doi.org/10.1073/pnas.2305016120.

Ibn ʿAskar al-Shafshāwunī. 2003. *Dawḥat al-Nāshir li-Maḥāsin man Kāna bi-l-Maghrib min Mashāyikh al-Qarn al-ʿĀshir*. Ed. Muḥammad Ḥajjī. Al-Dār al-Bayḍā': Manshūrāt Markaz al-Turāth al-Thaqāfī al-Maghribī.

Lemercier, Claire. 2015. "Taking Time Seriously: How Do We Deal with Change in Historical Networks?" In *Knoten Und Kanten III*, 183–212. Bielefeld: transcript Verlag.

Lemercier, Claire, and Claire Zalc. 2019. *Quantitative Methods in the Humanities: An Introduction*. Translated by Arthur Goldhammer. Charlottesville: University of Virginia Press.

Muther, Ryan, David Smith, and Sarah Bowen Savant. 2023. "From Networks to Named Entities and Back Again: Exploring Classical Arabic Isnad Networks." *Journal of Historical Network Research* 8: 1–20. https://doi.org/10.25517/jhnr.v8i1.135.

Rice, Yael. 2017. "Workshop as Network: A Case Study from Mughal South Asia." *Artl@s Bulletin* 6, no.3: article4. https://docs.lib.purdue.edu/artlas/vol6/iss3/4/.

Romanov, Maxim. 2017. "Algorithmic Analysis of Medieval Arabic Biographical Collections." *Speculum* 92 no.S1: S226–46. https://doi.org/10.1086/693970.

Rothman, E. Natalie. 2021. *The Dragoman Renaissance: Diplomatic Interpreters and the Routes of Orientalism*. Ithaca: Cornell University Press. https://www.cornellpress.cornell.edu/book/9781501758508/the-dragoman-renaissance/.

Shinoda Tomoaki. 2021. "The Campaign against Conjugal Bidʿa in Northern Morocco during the Sixteenth Century." *al-Qanṭara* 42, no.1: e08.

Stenner, David. 2019. *Globalizing Morocco: Transnational Activism and the Postcolonial State*. Stanford: Stanford University Press.

column 7

オスマン帝国史とデジタル人文学

MapOE、コチ大学、ウィーン大学

河合早由里

筆者はTEIの手法を用いて近世オスマン帝国史における奴隷研究に取り組んでいる。筆者がデジタル人文学に出会ったのは、邦訳クルアーンのデジタルテキスト化プロジェクトに携わったことがきっかけであった。

現在、オスマン帝国史研究において、デジタル人文学の手法を用いた研究が盛んである。一例として、GIS（地理情報システム）を活用したスタンフォード大学のMapOE（Mapping Ottoman Epirus／マッピング・オットマン・エピルス）（https://mapoe.stanford.edu/）プロジェクトが挙げられる。このプロジェクトは、イオニア海沿岸地域のエピルス（現イピルス）の有力者アリ・パシャ（Ali Paşa）関連の文書を検討することで、当時の経済・政治制度の解明に取り組んでいる。プロジェクトでは、18世紀後半から19世紀初頭のエピルスを対象に、ArcGIS（アーク・ジー・アイ・エス）を用いて、当時の地名を地図上にマッピングした歴史地名辞典を作成している。さらに、Gephi（ゲファイ／ゲフィ）やPalladio（パッラディオ）といったネットワーク分析ソフトを用いて、アリ・パシャの通信網や影響力を視覚化し、分析内容を地図に落とし込んでいる。こうした研究から、アリ・パシャが権力を握りえたのは、山賊を排除してエピルスの交易と移動の安全を確保したことにあると明らかにされてい

MapOEのウェブサイト

る。

他にも、筆者が近年注目しているのは、「比較の観点から見た19世紀半ばのオスマン帝国から現代トルコまでの工業化と都市の成長：1850〜2000年」(https://urbanoccupations.ku.edu.tr/) である。これはトルコのコチ大学とグラスゴー大学が実施するプロジェクトである。同プロジェクトでは、人口統計学的情報を用いて、当時の職業構造の変化や都市の成長分析に取り組んでいる［Aladağ 2020］。このプロジェクトの成果の一つに、19世紀半ばのエーゲ海沿岸の都市、マニサの人口調査台帳に残る約17万人の記録を分析したものがある。分析にあたっては、アラビア数字とアラビア文字のデータセットを用いて、手書きの文字を機械判読する深層転移学習（DTL）が採られた。これにより、歴史的なデータとしては突出した量のビッグデータが整備され、人口調査台帳が多く残る東欧の旧オスマン帝国領地域への応用が期待される。

また、ウィーン大学もデジタル人文学を取り入れたオスマン帝国史研究の拠点の一つである［University of Vienna n.d.］。同大学で開催されたワークショップ「デジタル・ヒューマニティーズとオスマン研究の現状、課題、展望、研究の展望」(https://dh-ottoman.univie.ac.at/)では、Transkribus（トランスクリバス）やQalamos（カラモス）による文字認識やGISによる視覚化、テキストデータを使った関係性分析などの、オスマン帝国史研究におけるホットトピックが議論されており、更なる研究の発展が予想される。

参考文献

Aladağ, Fatma. 2020. "Dijital Beşerî Bilimler ve Türkiye Araştırmaları: Bir Literatür Değerlendirmesi." *Türkiye Araştırmaları Literatür Dergisi* 18, no.36 (December): 773–96.

University of Vienna. n.d. "Turkish Studies in Vienna." https://orientalistik.univie.ac.at/en/disciplines/turkish-studies/.

第8章

五線譜のデジタル化

クルアーン第1章第2節を例に

石田友梨

1. はじめに

預言者ムハンマドの許に天使が訪れ、神（アッラー）の言葉であるクルアーンを伝えた。これがイスラーム教の始まりである。天使は、預言者ムハンマドに「読め」と命じた。文字が読めないことを訴える預言者ムハンマドの首を締めあげ、天使は復唱するよう迫ったという。アラビア語で「クルアーン」は「読まれるもの」という意味であり、声に出しながら読むことが奨励される。クルアーンは、その美しさ自体が奇跡とされ、信者の獲得にも大きな役割を果たした［小杉 1994, 50–54］。しかし、筆者はどうしてもクルアーンの朗誦を美しいと感じることができないでいた。そこで考えた。

初音（はつね）ミクにクルアーンを読んでもらったらどうだろう。

本章では、クルアーンの朗誦を採譜し、MuseScore（ミューズスコア）で清書した五線譜に基づき、ボーカロイド初音ミクがクルアーンを朗誦する「クルアーン・ミク」を作成するまでの過程を紹介したい。第2節「非西洋音楽の五線譜化」では、楽譜のデジタル化が西洋音楽を基準としていることの問題点を指摘する。第3節「イスラーム教と音楽」では、イスラーム教における音楽の位置づけについて確認し、第4節「MuseScoreによる五線譜の清書」でデジタル五線譜を作成する。続く第5節では、画像にとどまらない五線譜のデジタル化の例として、Humdrum（ハンドラム）、MEI（Music Encoding Initiative/エムイーアイ）、MusicXML（ミュージックエックスエムエル）を取り上げ、データ構造を比較する。第6節「クルアーン・ミクの作成」で『初音ミク4Xバンドル』を用いた音声データの作成をし、最後の第7節でまとめを行う。

2. 非西洋音楽の五線譜化

ソフトウェアの仕様により、初音ミクに朗誦してもらうためには、クルアーンの五線譜を用意しなければならない。しかし、五線譜は西洋音楽を記述する方法である。たとえば邦楽では、音符ではなくカタカナや漢字などを使った縦書きの楽譜が用いられているものの、師匠から口頭で伝えてもらう部分が大きい。［関・大向 2023］は、雅楽譜を五線譜にする際に不足する情報を埋めるためのデータ記述方法について検討している。

クルアーンが誕生した中東地域においても、音楽は口伝に基づくものであった。五線譜に象徴される西洋音楽の導入については、1932年にエジプトで開催されたアラブ音楽会議が契機のひとつとなったとされる［飯野 2017, 31–36］。中東の音楽では、西洋音楽よりも細かい音程の単位である「微分音」が用いられる。図8-1は、音名とピアノの鍵盤の位置を示したものである。低いド（C4）から高いド（C5）までの1オクターブの間には、12個の白鍵と黒鍵がある。各鍵が西洋音楽の音程の最小単位となり、「半音」と呼ばれる。

図8-1　音名と鍵盤の位置

アラブ音楽会議では、半音よりも狭い音程を五線譜で表記するための臨時記号も提案された。「しかしこの音程表記法も、実際の音楽演奏の正確な記譜を提供するものではなかった」［西尾・堀内・水野編 2010, 25］とあるので、邦楽の演奏を五線譜で記述しようとする場合と同様の問題を抱えているといえるだろう。五線譜ではクルアーンの朗誦の再現が難しいことを予め断っておきたい。中東の音楽理論については、［飯野 2018; ジャルジー 2019］で概観をえられる。詳論については［飯野 2017］を参照されたい。［西尾・堀内・水野編 2010, 282–283］では、五線譜を導入したことによる音楽教習の変化が指摘されている。

3．イスラーム教と音楽

もうひとつ留意しておきたいのは、五線譜にするとしても、クルアーンの朗誦は「音楽」ではないという点である。クルアーンは詩ではなく神の言葉なので、旋律をつけても音楽にはならない。さらに、クルアーンを朗誦する際には楽器を使わないため、音楽とは区別されている［西尾・堀内・水野編 2010, 152–154］。ただし、クルアーン・ミクの作成においては、入力の上でクルアーンの朗誦を「歌」として扱う必要がある。

なお、音楽については、クルアーン自体に明確な言及はない。アフガニスタンのターリバーン政権による音楽禁止の報道などの印象が強いかもしれないが、音楽は現代においても中東文化の大事な構成要素である。イスラーム教と音楽の関係については、「イスラムは音楽を忌避しているのか」を副題とする［新井 2015］のほか、中東各地の音楽についての見取り図である［関口編 2008］や［西尾・堀内・水野編 2010; 西尾・水野編著 2016］、エジプトのポップミュージックの歴史に焦点を当てた［中町 2016］などが挙げられる。

4. MuseScoreによる五線譜の清書

五線譜による再現が完全ではない点と、クルアーンの朗誦が音楽ではない点をふまえつつも、クルアーンの朗誦を採譜した。五線譜への変更のしやすさという観点から、サアド・ガーミディーによるクルアーン第1章（開端章）の朗誦を参考にしたが、クルアーンの朗誦にはいくつか流派がある［西尾・堀内・水野編 2010, 152; 新井 2015,101–103］。

クルアーン第1章は1日5回の礼拝の度に唱えられる、クルアーンの中でも特に重要な章句である。しかし、紙幅の都合から取り上げるのは、第1章第2節「万有の主、アッラーにこそ凡ての称讃あれ」［三田訳 1982, 1］、アラビア語原文のカタカナ表記で「アルハムドリラヒラビルアーラミー」[1]のみとする。採譜の結果は図8-2のとおりである。

図8-2　クルアーン第1章第2節の五線譜

ダウンロード

図8-2は、MuseScoreで手書きの五線譜を清書したものである。MuseScoreの日本語版ウェブサイト（https://musescore.org/ja）を開くと、「世界で最も人気のある楽譜作成ソフト」と大書されている（図8-3）。MuseScoreは、音符をアイコンで選択し、マウス操作で五線譜上に置くことができるので、直感的な操作が可能である。まずはMuseScoreでデジタル五線譜の作成方法を確認していきたい[2]。

ウェブサイトの「無料ダウンロード」をクリックすると、Muse Hubのダウンロードが始まる。Muse Hub Installerが起動するので、「MuseScore 4」を選択する。初めてMuseScore 4のアプリを開く際には、画面の配色設定や操作方法の説明のポップアップ画面もでてくる。前者はメニューバーの「編集」>「環境設定」>「見た目」で設定変更可能であり、後者はツールバー①の「ホーム」タブ>「学習」から参照できるので、気にせず先に進む。

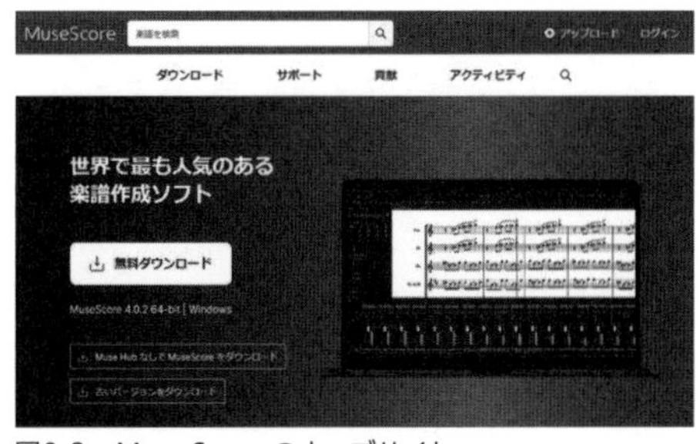

図8-3　MuseScoreのウェブサイト

メニューバーの「ファイル」>「新規」>「テンプレートから作成」>カテゴリー「General」>テンプレート「Treble Clef」>「完了」で、図8-4のような入力画面が開く。以下の説明に必要なため、「ペイン」(画面を区切る枠)という言葉が指す範囲を点線で追加した。

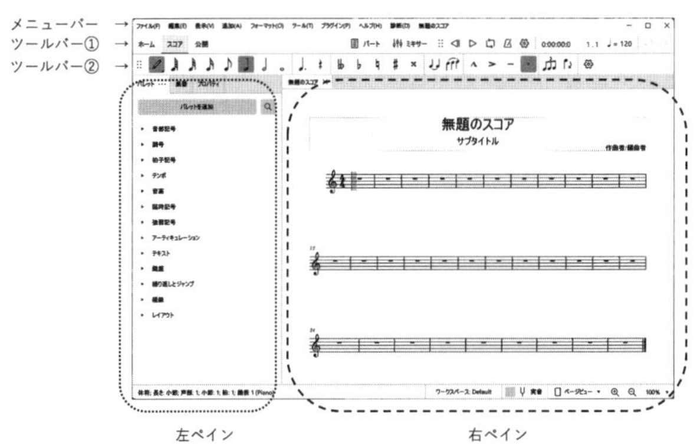

図8-4　MuseScoreの入力画面

音部記号、拍子記号、調号、音符、休符

初期設定では「ト音記号」(𝄞)、4分の4拍子、32小節だが、左ペインにある「パレット」タブの「音部記号」や「拍子記号」から変更することができる。小節を増やしたい場合は「レイアウト」から追加できるし、削除したい場合は、右ペインの五線譜上で対象となる小節を選択して青色にした後、

Ctrl+Delete で削除すればよい。ここでは、「パレット」タブの「調号」より、半音下げることを指示する記号「フラット」（♭）が「シ、ミ、ラ、レ」についた「変イ長調」を選択しておく。

次に題名をつけておく。五線譜が表示されている右ペイン上部の「無題のスコア」をクリックして青色にする。さらにダブルクリックしてテキストボックスを開けばテキストの編集が可能な状態になるので、「無題のスコア」を「クルアーン」に変更する。同様に、「サブタイトル」は「第1章第2節」とする。

続いて、図8-2を見本にしながら、音符を五線譜上に入力していきたい。音符が並んだツールバー②から、「8分音符」（♪）のアイコンをダブルクリックする。右ペインの五線譜上に8分音符を入力できる状態になるので、「ラ」（A4）の場所（五線譜の下から2番目の行）に置く。すると、「ラ♭」の音が出るので、音を確認することができる。8分音符を「ラ」（A4）で合計5回入力し、5つ目の8分音符は「8分休符」（𝄾）に変更する。音符を休符に変更するには、対象の音符を選択して青色にした後、ツールバー②の並びから「4分休符」（𝄽）のアイコンを選択する。すると、音符の長さに対応した休符になるので、8分休符に変更することができる。さらに8分音符で「シ、ド」（B4、C5）と上がり、最後に8分休符を置けば、1小節目が完成する。

なお、音符の場所を間違えた時は、Ctrl+Z で元に戻したり、Delete で削除したりと、テキストを修正するように音符を修正することができる。対象の音符をクリックして青色にした状態であれば、上下に移動させて音の高さを変更することもできる。ツールバー①の中ほどにある「▷」（右白三角）の再生アイコンをクリックすれば、音の流れを確認することができる。図8-2を参

図8-5　MuseScoreで作成したクルアーン第1章第2節の五線譜

考に残りの2小節も入力し、不要な小節を削除すると、図8-5のようなデジタル五線譜となる。

歌詞

音符をひとつ選択し、メニューバーの「追加」＞「テキスト」＞「歌詞」もしくはCtrl+Lでテキストボックスを開けば、歌詞を追加することができる。この機能を利用し、各音符に該当するクルアーンのカタカナ表記を当てたものが、図8-6である。

図8-6　カタカナ表記を追加したクルアーン第1章第2節の五線譜

保存

作成したファイルを保存する場合には、メニューバーの「ファイル」＞「名前を付けて保存」＞「クラウドに保存」もしくは「コンピュータに保存」で任意のファイル名（たとえば「quran.mscz」）と保存先（たとえば「デスクトップ」）を指定し、「保存」をクリックすればよい。作成されるMSCZファイルはMuseScore独自のファイル形式だが、メニューバーの「ファイル」＞「エクスポート」からPDFファイルなどの画像ファイルやMP3ファイルなどの音声ファイル、電子楽器演奏データの共通規格MIDIファイル、後述するMusicXMLファイルなどに変換することができる。図8-2は、図8-6をPDFファイルとして出力した画像である。

5．デジタル五線譜の比較

前節では、クルアーンの採譜を清書するために、MuseScoreでデジタル五線譜を作成した。クルアーン・ミクの制作には、図8-2の画像があれば足りるのだが、本節ではデジタル五線譜のデータ構造記述方法について、各ファイル形式を比較してみたい。デジタル化にはいくつか段階がある。紙の楽譜をPDFファイルなどの画像ファイルにするのもデジタル化であれば、曲名や作曲者などのメタデータ（データを説明するためのデータ）や校訂情報などのデータベース作りもデジタル化である。［関 2021］は、デジタル楽譜を「デジタル・アーカイブ版」、「デジタル翻刻版」、「デジタル学術編集版」の3つに分類することを提案している。「デジタル・アーカイブ版」は紙媒体の楽譜をデジタル画像に変換したものを指し、「デジタル翻刻版」は紙媒体の楽譜をデジタル翻刻した機械可読形式のもので、MusicXMLが該当する。非音楽的情報の記述にも対応し、音楽研究の基盤となる「デジタル学術編集版」を目指すものとして挙げられているのが、MEIである。

5-1. Humdrum

MEIとMusicXMLの前に紹介しておきたいのが、Humdrumによる記述方法とそれを表示するためのVerovio Humdrum Viewerである。MuseScoreのように直感的な操作による楽譜作成はできないが、(1) MEIもMusicXMLも表示することができる点、(2) 入力した五線譜の演奏の再生機能がある点で、デジタル五線譜の記述方法の比較に便利である。Humdrumのウェブサイトの「Other resources」（ https://www.humdrum.org/index.html#other-resources）から、「Verovio Humdrum Viewer」のリンクをクリックすると、図8-7のように「Scarlatti, Sonata in C minor, L.10, K.84」（スカルラッティ「ソナタ　ハ短調　K. 84, L. 10」）の五線譜が画面右のペインに現れる。

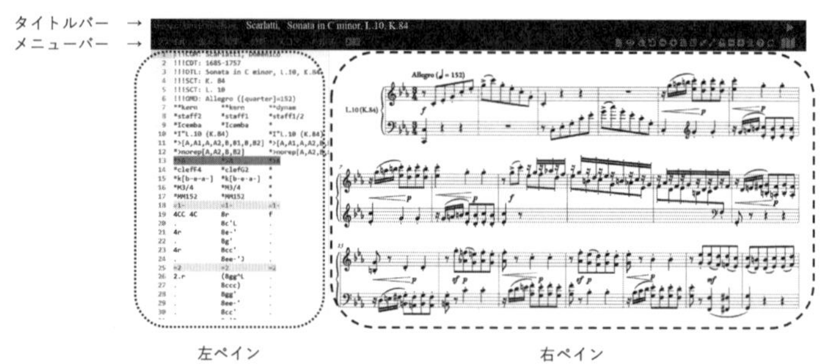

図8-7　Verovio Humdrum Viewerの画面

左ペインは、Humdrumの記譜法による入力画面である。20行目2列目の「8c'L」をクリックしてみると、右ペインの五線譜1行目の最初の音符である、スタッカート（下点）のついた8分音符の「ド」（C4）が赤く変色する。日本ではドレミファソラシド式の音名の呼び方が普及しているが、Humdrumではギターなどで使われているCDEFGAB式で入力する。音名とピアノの鍵盤上の位置は、すでに図8-1で示したとおりである。88鍵盤のピアノには「ド」が7つあり、左から数えて4番目にあたる「中央のド」が「C4」となる。

タイトルバーには曲名が表示されており、右端に「▶」（右黒三角）の再生アイコンがある。これを押せば音が流れ、音に対応する左ペインの行が緑色、右ペインの音符が赤色になって動いていく。メニューバーから「スコア」を選択すると、バッハ、ベートーベン、ショパンなどの選択肢が出てくる。基本的にはこれらの総譜集から曲を選べば、Verovio Humdrum Viewerの画面に表示する曲を変更することができる。たとえば、一番上の「Bach 370 chorales」(バッハ『371の四声コラール集』）には371曲の讃美歌が含まれている。そのなかから「1. Aus meines Herzens Grunde, BWV 269」（バッハ「我が心の深みより」）をクリックすると、「Scarlatti, Sonata in C minor, L.10, K.84」の楽譜が「Bach, 1. Aus meines Herzens Grunde」の楽譜に変更される。

音高

Humdrumのウェブサイトに戻り、「Verovio Humdrum Viewer」という見出しの段落内にある「interactive tutorial」（Humdrum music encoding tutorial）のリンクを開く。まずは「Pitch」(音高)についての説明がある。例では、ト音記号の五線譜に「ド、レ、ミ、ファ」（C4、D4、E4、F4）と音符が並んでいる。

図8-8　音符の入力と五線譜での表示

その左側がテキスト入力欄で、上から1行ずつ「**kern、4c、4d、4e、4f、*_」と入力されている（図8-8）。

「中央のド」である「C4」の「4分音符」（♩）が、「4c」と対応している。入力欄のアルファベットをa〜gのいずれかに変更すれば、右側の五線譜の音符も変更される。入力欄の下には「load into VHV」のリンクがあり、クリックすればVerovio Humdrum Viewerで表示することができる。この画面で左ペインの行を選択すると、対応する右ペインの音符が赤色になる。赤い音符をさらにクリックすると、橙色になる。この状態にした音符は、Shift+↑↓で音の高さを変えることができる。すると今度は左ペインの表記が変更されるので、左右のペインの連動を確認することができるだろう。右ペインでは、左右の矢印キーで移動しながら、選択状態（赤色）にする音符や休符を変更していくこともできる。

この「Pitch」の例を表示したVerovio Humdrum Viewer画面に追記していく形で、クルアーン第1章第2節の五線譜をデジタル化していく。「Lyrics」（歌詞）の説明まではおさえておかなければならないが、すべての知識が必要なわけではない。今回利用する記譜方法だけを以下にとりあげたい。なお、左ペイン1行目の「**kern」は楽譜の始まりを示す記号なので、そのままにしておく。同様に、終わりを示す最終行の「*_」も残しておく。

音符と休符

「interactive tutorial」に戻って「Clefs」（音符記号）の段落をみると、ト音記号は「*clefG2」、「全音符」（𝅝）の「ド」（C4）は「1c」との例が載っている。「Pitch」の例とあわせて考えれば、音符を表現する数字とアルファベットの組み合わせは、数字が「音の長さ」、アルファベットが「音の高さ」であるとわかる。次の「Octaves」（オクターブもしくは完全8度音程）の例に、「2分音符」（𝅗𝅥）の「ド」（C4）が「2c」、2分音符の「1オクターブ上のド」（C5）が「2cc」とあるので、1オクターブ上げるごとに音名のアルファベットを追加していけばよい。「中央のド」（C4）より下げる場合には、アルファベットを大文字にして追加していく。

続いて、「interactive tutorial」のページの説明を「Rests」（休符）まで飛ばすと、休符は「r」で表すことが確認できる。MuseScoreで作成した図8-2の五線譜を参考に、Humdrumでこれらの音符を入力していく。音符や休符をひとつ入力するごとに改行しつつ、「**kern、*clefG2、8a、8a、8a、8a、8r、8b、8cc、8r、4cc、8cc、8r、4cc、8cc、8cc、8cc、8dd、8cc、2cc、8cc、*_」と左ペインに入力していくと、図8-9のようになる。

図8-9　音符と休符の入力

小節線、終止線、拍子記号、調号、タイ、連桁

図8-9をさらに整形する。4分の4拍子の3小節に区切り、変イ長調とし、最後の2ccと8ccをタイでつなぐ（「ド」の2分音符と8分音符を続けて伸ばす）。また、連続している8分音符の旗（符尾（ふび））をつなげたい。

「interactive tutorial」の「Barlines」（縦線）の項目に、小節は「=」（イコール）と番号で表現し、小節の開始部分に入力するとある。終止線（‖）は「==」である。続けて、「Time signatures」（拍子記号）を確認すると、4分の4拍子は「*M4/4」である。4分の4拍子を「C」で表したい場合は、「*met(c)」と入力すればよい。

変イ長調とするために、「Key signatures」（調号）の項目をみてみよう。「*k」行を挿入し、半音上げたい音名のアルファベットに「#」（シャープ）、半音下げたい音名のアルファベットに「-」（ハイフン）をつけて「[ ]」(角括弧)で囲むとある。変イ長調は「シ、ミ、ラ、レ」（B、E、A、D）にフラットなので、「*k[b-e-a-d-]」と入力する。

連続する同じ高さの音符を弧線でつなぐタイについては、「Ties」（タイ）の項目に、タイを始める音符の前に「[」（左角括弧）を挿入し、タイをつなぐ音符の後に「]」（右角括弧）を挿入するとある。最後は「Beaming」（連桁（れんこう））の項目である。音符の旗の連結を始める8分音符の後ろに「L」(大文字エル)、連結を終える8分音符の後ろに「J」(大文字ジェイ)を追加する。以上をまとめると、入力は次のようになるだろう。

**kern、*clefG2、*k[b-e-a-d-]、*M4/4、=1、8aL、8a、8a、8aJ、8r、8bL、8ccJ、8r、=2、4cc、8cc、8r、4cc、8ccL、8ccJ、=3、8ccL、8dd、8ccJ、[2cc、8cc]、==、*_

図8-10　ナチュラル記号が自動で追加された状態の五線譜

クルアーン第1章第2節のHumdrumによる記譜である図8-10と、MuseScoreによる記譜である図8-2を比較し、音も比べてみる。図8-10では、冒頭の「ラ」（A4）の8分音符などに「ナチュラル」（♮）が追加されていることに気づく。再生してみても、HumdrumとMuseScoreでは、やや異なって聞こえる。これは、Humdrumの特徴として、左ペインに入力した音を出すことが優先されるためと考えられる。つまり、MuseScoreの場合、変イ長調の楽譜で「ラ」の位置に音符があれば、「ラ♭」で音を出す。一方、Humdrumはあくまで「ラ」の音を出そうとするので、フラットを打ち消すため、元の音に戻すことを指示するナチュラル記号が右ペインの楽譜に自動で追加されてしまう。再生すると、「ラ♭」ではなく、「ラ」の音が出る。「ラ」を半音下げた「ラ♭」と同じ高さの音で再生するためには、「ソ」を半音上げた「ソ＃」で入力をする（「8a」を「8g#」に変更する）か、「ラ♮」にさらにフラット記号を追加することで「ラ♭」にする（「8a」を「8a-」に変更する）方法などが考えられる。後者の方が容易で入力の誤りも少なくなるだろう。下記のように、自動的にナチュラル記号がつけられてしまう音に「-」を追加していくと、図8-11になる。

**kern、*clefG2、*k[b-e-a-d-]、*M4/4、=1、8a-L、8a-、8a-、8a-J、8r、8b-L、8ccJ、8r、=2、4cc、8cc、8r、4cc、8ccL、8ccJ、=3、8ccL、8dd-、8ccJ、[2cc、8cc]、==、*_

図8-11　Humdrumによるクルアーン第1章第2節の五線譜

歌詞

次に、歌詞の入力方法を利用して、音符とクルアーンのカタカナ表記を対応させていきたい。「Lyrics」の項目を参照すると、「**kern」列の右側に歌詞を入力する「**text」列を挿入すればよいことがわかる。メニューバーの「編集」＞「Text」＞「Add lyric verse to top staff」で「**text」列を挿入することができる。対応する音符のカタカナ表記を「**text」列に入力して完成させたものが、図8-12である。

図8-12　カタカナ表記の追加

保存

Humdrumのデータは、Alt+S で保存することができる。KRNファイル(「data.krn」)がダウンロードされるので、任意のファイル名に変更し（たとえば「quran.krn」)、任意の場所(たとえば「デスクトップ」)に保存しておく。次回からは、このファイルをVerovio Humdrum Viewerの画面までドラッグするだけでよい。

5-2. MEI

MEI(https://music-encoding.org/)は、第6章で取り上げられているTEI(Text Encoding Initiative/ティーイーアイ)(https://tei-c.org/)を、楽譜などの音楽文書に特化させたものと考えておけばよい。MEIもTEIと同様に、タグと呼ばれる「< >」(山括弧)に囲まれた文字列でエンコーディング(符号化)するXML言語である。

HumdrumからMEIへの変換

MEIはVerovio Humdrum Viewerで編集することができる。図8-12の状態で Alt+M を押すだけで、左ペインの入力欄にMEIデータを表示できる。図8-13はタグが見えるように左ペインの幅を広げたものであるが、画面下にも151行目までデータが続いている。なお、Humdrumの記譜法に戻りたいときは、Alt+H で表示を切り替えることができる。

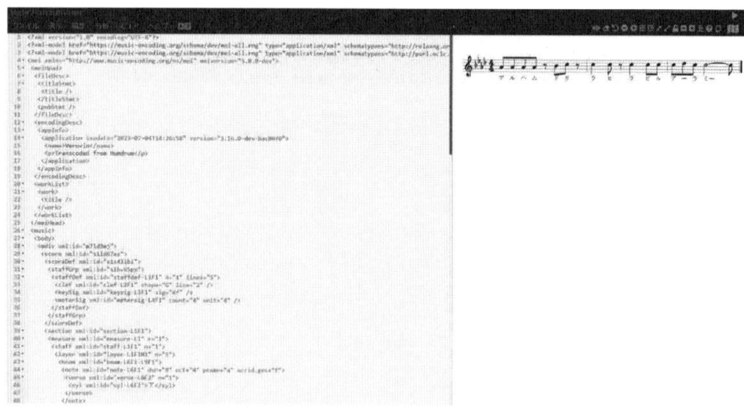

図8-13　Verovio Humdrum ViewerでのMEIデータ表示

音符を記述する< note >タグ

右のペインに表示された五線譜から、最初の「ラ」(A4)の8分音符をクリックして赤色にする。すると、対応する左ペインの44行目が選択される。<note></note>に囲まれた44〜48行が、ひとつの音符と、それに対応するカタカナ表記に該当する。煩雑さを避けるため、「xml:id」を除いたデータ構造を示すと、以下のようになる。

```
<note dur="8" oct="4" pname="a" accid.ges="f">
  <verse n="1">
    <syl> ア </syl>
  </verse>
</note>
```

MEIのガイドライン[4]の「4.2.4.1. Notes」で「note（音符）」要素（<note>）の解説を確認しておこう。note要素の属性は「@dur」で「duration」（継続時間）、「@oct」で「octave」（オクターブ）、「@pname」で「pitch name」（音名）を示すとある。<note dur="8" oct="4" pname="a">は、「dur="8"」で8分音符、「oct="4"」で「中央のド」（C4）がある4オクターブ目、「pname="a"」で「ラ」（A）を表している。まとめれば、「8分音符のラ（A4）」のことである。残る「@accid.ges」属性は、「変化記号」（Accidentals）を示し、値「f」は「フラット」を意味する。以上より、<note dur="8" oct="4" pname="a" accid.ges="f">は「8分音符のラ（A4）のフラット」となる。

詩を記述する< verse >タグ

「8.3. Vocally Performed Text Encoded Within Notes」に基づき、「verse（詩）」要素（<verse>）について確認する。<verse>は<note>の下位要素であり、属性「@n」の値の数字で歌詞の行番号を示す。たとえば歌の1番の歌詞を示す場合は<verse n="1">、2番の歌詞を示す場合は<verse n="2">とする。歌詞のテキストは、<verse>の下位要素である「syllable（音節）」要素（<syl>）に入力する。以上から、44〜48行は「8分音符のラ（A4）のフラット」、対応する歌詞が「ア」であることを表している。

連桁を記述する< beam >タグ

次に、ひとつ上の43行目にある「beam（連桁）」要素（<beam>）に着目する。

「4.3.1. Beams」によれば、旗をつなげたい音符を<beam></beam>で囲めばよい。クルアーン第1章第2節の五線譜の出だし4つの8分音符は連桁なので、43行目の<beam>を64行目の</beam>で閉じる。

```
<beam>
  <note dur="8" oct="4" pname="a" accid.ges="f">
     <verse n="1">
        <syl> ア </syl>
   </verse>
   </note>
……
      <syl> ム </syl>
   </verse>
  </note>
</beam>
```

休符を記述する< rest >タグ

続く65行目には、「rest（休符）」要素（<rest>）がある。「4.2.4.3. Rests」の説明から、休符の長さは「@dur」属性で指定すればよい。8分休符なので、<rest dur="8">とする。

小節を記述する< measure >タグ

連桁でつないだ「8分音符のシ（B4）のフラット」と「8分音符のド（C5）のナチュラル」（66〜77行）、8分休符（78行）に続き、79行目に</layer>タグ、80行目に</staff>、81行目に</measure>がある。それぞれの要素に対応する開始タグは、42行目の<layer>、41行目の<staff>、40行目の<measure>である。その上の39行目には<section>があり、146行目の</section>で閉じている。これらについてもひとつずつ確認していこう。入れ子構造は以下のとおりである。

```
<section>
  <measure>
     <staff>
```

```
        <layer>
          ......
        </layer>
      </staff>
    </measure>
</section>
```

「4.2.1. The Role of the Measure Element」に、「measure（小節）」要素（<measure>）、「staff（五線譜）」要素（<staff>）、「layer（層）」要素（<layer>）の説明がある。measure要素の「@n」属性の値は小節の番号である。40行目<measure n="1">から81行目</measure>で第1小節、82行目<measure n="2">から115行目</measure>で第2小節、116行目<measure right="end" n="3">から145行目</measure>で第3小節を表している。なお、116行目のmeasure要素には「@right」属性が追加されており、値「end」が「終止線」(‖) に対応する。

五線譜を記述する< staff >タグ

staff要素の「@n」属性の値の数字は、大譜表でつながれた五線譜の上から何番目かを示す。ピアノの例でいえば、右手でト音記号のついた上段の五線譜を弾き、左手でヘ音記号のついた下段の五線譜を弾く場合、右手の五線譜は<staff n="1">、左手の五線譜は<staff n="2">で指定する。クルアーン第1章第2節の五線譜は1段だけなので、<staff n="1">のみを使用する。

層を記述する< layer >タグ

layer要素の「@n」属性の値の数字は、音の流れの重なりの数を表現する。たとえば、「Chopin, Nocturne 1er; Op. 9 publisher: Kistner」（ショパン「夜想曲 第1番 変ロ短調 作品9-1」）（ https://verovio.humdrum.org/?file=chopin-first-editions/009-1-KI-001.krn）の最後から2小節目（第84小節）が2層に分かれている。4615行目<layer n="1">から4639行目</layer>が右手と左手で和音を弾く第1層、4640行目<layer n="2">から4647行目</layer>が右手の人差指と親指で「ソ♭、ファ」（G♭3、F3）と弾く第2層を示している。クルアーン第1章第2節の五線譜で音の層が分かれている箇所はないので、すべて<layer n="1">でよい。

区分を記述する< section >タグ

続いて、「<section>（区分）」要素（<section>）の確認をする。「2.1.2.3. Content of Musical Divisions」には、音部記号（clef signs）、調（key）、拍子記号（meter signatures）などに使うとあるが、自由な使い方ができるともある。例で挙げられているのは、繰り返しがある部分を<section></section>で囲むというものである。前出の「Aus meines Herzens Grunde」（バッハ「我が心の深みより」）の第7小節には反復記号がある。この小節までが1つめのsection要素で囲まれ、311行目からの<section xml:id="label-A">が551行目の</section>で閉じている。2つめのsection要素は552行目の<section xml:id="label-B">から1029行目の</section>までである。この2つをさらに302行目の<section>と1030行目の</section>が囲むという構造になっている。この要素についても、クルアーン第1章第2節の五線譜では細かい設定は必要ない。

総譜を記述する< score >タグ

<mdiv>と<section>の間に挿入されている「score（総譜）」要素（<score>）についても確認する。声部（楽器）ごとの楽譜であるパート譜をまとめたものが総譜であり、総譜をscore要素、パート譜を「parts（パート譜）」要素（<parts>）で分けて記述することができるとある。今回は、<score></score>で入れ子構造だけ作っておけばよい。重要なのは、score要素の下位にある「score definition（総譜の定義）」要素（<scoreDef>）の中身である。30行目から38行目の<scoreDef></scoreDef>で囲まれた部分を以下に抜きだしてみる。

```
<scoreDef>
  <staffGrp>
  <staffDef n="1" lines="5">
   <clef shape="G" line="2" />
   <keySig sig="4f" />
   <meterSig count="4" unit="4" />
  </staffDef>
  </staffGrp>
</scoreDef>
```

「2.2.1. Score and Parts」から、「staff group（五線譜群）」要素（<staffGrp>）、「staff definition（五線譜の定義）」要素（<staffDef>）が含まれることがわかる。staffDef要素の「@n」属性の値は要素の位置を示す番号で、今回は「1」とする。「@lines」属性の値は五線譜の場合「5」となる。

staffDef要素の中身については、「4.2.2. Defining Score Parameters for CMN」を参照する。「clef（音部記号）」要素（<clef>）の「@shape」属性の値「G」はト音記号を表し、「@line」属性の値の数字で音符記号の位置を定める。通常のト音記号であれば「ソ」（G4）の位置から書き始めるので、五線譜の下から2本目の線を表す「2」でよい。

「key signature（調号）」要素（<keySig>）の「@sig」属性の値「4f」は、フラットが4つ、つまり変イ長調（ヘ短調）であることを示している。また、「meter signature（拍子記号）」要素（<meterSig>）の「@count」属性と「@unit」属性の値は、何分の何拍子かを表す。分子にあたる数字を@count、分母にあたる数字を@unitの値にすればよい。

以上で、<mdiv></mdiv>の間に置かれた各要素についての確認を終えることができた。残りは「<mei>、<meiHead>、……、</meiHead>、<music>、<body>、<mdiv>、……、</mdiv>、</body>、</music>、</mei>」からなるMEIの主要構造で、TEIと共通する。

タイを記述する< tie >タグ

最後に、タイの記述方法について述べておく。ひとつには、<staff></staff>の後に「tie（タイ）」要素（<tie>）を挿入する方法がある。タイの始まりの音符の「xml:id」を値とした「@startid」属性、終わりの音符の「xml:id」を値とした「@endid」属性で示す。144行目<tie xml:id="tie-L25F1-L26F1" startid="#note-L25F1" endid="#note-L26F1" />を参照されたい。

5-3. MusicXML

MusicXMLもMEIと同じくXML形式で記述する。先述のMuseScoreをはじめとした複数の楽譜作成ソフトウェアがMusicXMLに対応している。MuseScoreからMusicXMLファイルを作成するには、メニューバー「ファイル」＞「エクスポート」＞フォーマット「MusicXML」＞ファイルの種類「非圧縮（*.musicxml）」もしくは「非圧縮（古い形式）（*.xml）」＞「エクスポート」と進む。仮にファイル名「quran.musicxml」で「デスクトップ」に保存したとする。デスクトップ上の「quran.musicxml」のアイコンをVerovio Humdrum Viewerにドラッグすると、図8-14のように左ペインにMusicXMLデータが表示される。下は371行まで続いている。

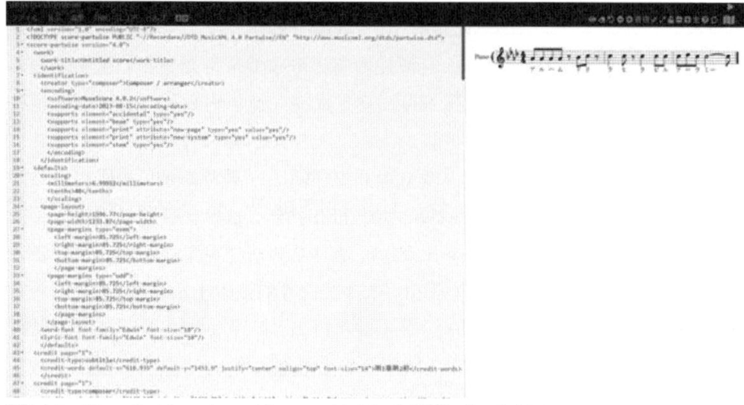

図8-14　Verovio Humdrum ViewerでのMusicXMLデータ表示

XML文書であることを示す1行目のXML宣言<?xml version="1.0" encoding="UTF-8"?>以下は、「quran.musicxml」ファイルそのものに対する情報（メタデータ）の記述が続く。たとえば11行目<encoding-date></encoding-date>には、MuseScoreでMusicXMLファイルを作成した日付がYYYY-MM-DD式で挿入されている。45行目の<credit-words></credit-words>には副題の「第1章第2節」、53行目の<credit-words></credit-words>には題名の「クルアーン」が記述されている。

楽譜自体についての記述は、55行目の<part-list>から始まる。クルアーン第1章第2節の五線譜は、合唱や合奏ではないので、1つの声部（パート）しかない。MuseScoreの初期設定のままなので、ピアノの独奏として扱われている（59行目 <score-part id="P1">、60行目 <part-name>Piano</part-name>、62行目 <score-instrument id="P1-I1">、63行目 <instrument-name>Piano</instrument-name>）。右ペインの五線譜の開始部分、ト音記号の左側には「Piano」と書かれている。74行目 <part id="P1">以降は、このピアノパートについての記述で、五線譜に関係するのは85行目 <attributes>からである。この要素に、「divisions（分割)」要 素（<divisions>)、「key（調)」要 素（<key>)、「time（拍 子)」要 素（<time>)、「clef（音部記号)」要素（<clef>）が含まれる。

```
<attributes>
  <divisions>2</divisions>
  <key>
    <fifths>-4</fifths>
  </key>
  <time>
    <beats>4</beats>
    <beat-type>4</beat-type>
  </time>
  <clef>
    <sign>G</sign>
    <line>2</line>
  </clef>
</attributes>
```

音符の分割を記述する < divisions > タグ

最初の<divisions>は、4分音符を何分割した長さを最小単位とするかを示す。クルアーン第1章第2節の五線譜では、8分音符と8分休符が最も短い。つまり、4分音符を2で割るので、「2」とする(1/4×1/2=1/8)。この単位は、音符や休符の長さを示す<duration>（後述）で使用する。

調を記述する < key > タグ

次の<key>には、「fifth（五度圏)」要素（<fifth>）が含まれている。MEIと同様に、シャープを表す「+」とフラットを表す「-」の数で何調かを示す。今回は変イ長調なので、フラット4つを意味する「-4」となる。シャープ1つのト長調（ホ短調）ならば「+1」と入力する。

拍子を記述する < time > タグ

<time>では、何分の何拍子かを表すために、分子の数字は<beats>、分母の

数字は<beat-type>に入力する。

音部記号を記述する< clef >タグ

<clef>に必須なのは「sign（記号）」要素（<sign>）で、「G」でト音記号（𝄞）を表す点はMEIと共通する。また、「line（線）」要素（<line>）もMEIと同様に、音部記号を五線譜の下から何番目の線に配置するかを示すので、「2」となる。

音符を記述する< note >タグ

音符の記述方法については、今回もクルアーン第1章第2節の五線譜の冒頭にある「8分音符のラ（A4）のフラット」、対応するカタカナ 表記「ア」を例に確認していきたい。該当部分である99〜114行を以下に抜きだす。

```
<note default-x="131.69" default-y="-25.00">
  <pitch>
    <step>A</step>
    <alter>-1</alter>
    <octave>4</octave>
  </pitch>
  <duration>1</duration>
  <voice>1</voice>
  <type>eighth</type>
  <stem>up</stem>
  <beam number="1">begin</beam>
  <lyric number="1" default-x="6.50" defaulty="-48.23" relative-y="-30.00">
    <syllabic>single</syllabic>
    <text> ア </text>
  </lyric>
</note>
```

「note（音符）」要素（<note>）に含まれている属性「@default-x」と「@default-y」は、五線の線の間隔の単位（Tenth）に関する座標である。今回は初期設定のままにする。

音高を記述する< pitch >タグ

「pitch（音高）」要素（<pitch>）は、「step（音符）」要素（<step>）、「alter（変化）」要素（<alter>）、「octave（オクターブ）」要素（<octave>）から構成されている。<step>にはA～Gのアルファベットで音符を入力すればよいので、「ラ」にあたる「A」となる。<alter>では、「1」でシャープ、「-1」でフラットの変化記号を示す。最後の<octave>には、0～9の数字が入る。「中央のド」（C4）と同じ高さの「ラ」（A4）なので、「4」となる。なお、休符の場合は、164行目のように<pitch></pitch>を<rest/>にすればよい。

継続時間を記述する< duration >タグ

続く「duration（継続時間）」要素（<duration>）、「voice（声部）」要素（<voice>）、「type（種類）」要素（<type>）は、音高（<pitch>）と休符（<rest>）に共通である。さて、105行目の<duration>は「1」となっている。これは<attributes>で定義した86行目の<divisions>2</divisions>(1/4×1/2=1/8)、つまり8分音符1つ分（1/8×1=1/8）であることを示している。4分音符ならば213行目のように<duration>2</duration>（1/8×2=1/4）、2分音符ならば339行目のように<duration>4</duration>（1/8×4=1/2）となる。

声部を記述する< voice >タグ

<voice>は、音符や休符からなる音の流れが、声部や楽器などのパート内でさらに分かれている時に使用されるので、MEIの<layer>に該当する。クルアーン第1章第2節の五線譜では、この要素については各音符（休符）とも「1」でよい。

音符の種類を記述する< type >タグ

<type>は楽譜に表示する音符（休符）の記号の種類と対応している。8分音符は<type>eighth</type>、4分音符ならば<type>quarter</type>、2分音符ならば<type>half</type>とすればよい。

符幹を記述する< stem >タグ

「stem（符幹）」要素（<stem>）では、符幹（音符の棒）の向きを「down」(下)と「up」(上)で示す。

連桁を記述する< beam >タグ

「beam (連桁)」要素 (<beam>) は、連桁の始まりを「begin」、継続を「continue」、終わりを「end」で示す。属性の「@number」は、基本的に「1」でよい。

歌詞を記述する< lyric >タグ

続いて、「lyric（歌詞）」要素（<lyric>）を確認する。今回歌詞に該当するのは1行なので、「@number」属性は「1」とする。属性「@default-x」、「@default-y」、「relative-y」は歌詞の位置を決めるための座標なので、今回は触れない。<lyric></lyric>内部には、「syllabic（音節）」要素（<syllabic>）と「text（本文）」要素（<text>）がある。複数の音符に歌詞の単語がまたがる場合、音節ごとにハイフン（-）でつなぐことがある。<syllabic>では、その始まりを「begin」、中間を「middle」、終わりを「end」で示すが、今回の例ではすべて「single」でよい。<text>には、音符にあてる歌詞、つまり音符と対応するクルアーンのカタカナ表記を挿入する。

タイを記述する< tied >と< tie >タグ

タイの始まりは、以下に挙げる344〜346行のように、<tied>の「@type」属性の値を「start」とすることで示す。タイの終わりは、358行目のように<tie>の「@type」属性の値を「stop」とする。

```
<notations>
  <tied type="start"/>
</notations>
・・・・・・
<tie type="stop"/>
```

小節線を記述する< measure >タグ

小節線については、「measure（小節）」要素（<measure>）で記述する。小節の始めに<measure>を挿入し、「@number」属性の値の数字で小節番号を示す。たとえば、1小節目は、75行目の<measure number="1" width="449.77">から206行目の</measure>に該当する。「@width」属性は幅の指定なので、今回は触れない。

終止線を記述する< barline >タグ

終止線については、「barline（小節線）」要素（<barline>）内の「bar-style（小節形式）」要素（<bar-style>）を「light-heavy」とする。また、<barline>の「@location」属性の値「right」により、終止線の位置を小節の右側に指定する。以下に示す366〜368行を参考にされたい。

```
<barline location="right">
  <bar-style>light-heavy</bar-style>
</barline>
```

以上、MuseScore、Humdrum、MEI、MusicXMLの基本的なデータ構造をみてきた。記述方法は少しずつ異なるが、共通する部分も多い。デジタル五線譜については、ある程度の互換性が整備されているので、基本的には自分の好みや目的に合わせてファイル形式を選べばよいだろう。

6．クルアーン・ミクの作成

「初音ミク」とは、ヤマハ株式会社が開発した歌声合成技術「ボーカロイド」を用いて、クリプトン・フューチャー・メディア株式会社が2007年に開発したソフトウェア音源（シンセサイザー）である（https://ec.crypton.co.jp/pages/prod/virtualsinger/about_miku）。また、この音源のパッケージイラストになっている少女のキ

図8-15 『初音ミクV4Xバンドル』のウェブサイト

ャラクター名でもあり、この音源で制作された楽曲は、「初音ミクが歌っている」ことになる。初音ミクのキャラクターについては、[鮎川2022, 91–99]で論じられているので参考にされたい。本稿では、図8-15に示したソフトウェア音源『初音ミクV4Xバンドル』(https://ec.crypton.co.jp/pages/prod/virtualsinger/mikuv4xb)を用い、初音ミクがクルアーンを朗誦する「クルアーン・ミク」を作成する方法に焦点を絞る。

Studio Oneの起動

『初音ミクV4Xバンドル』は、音楽制作用ソフトウェアであるDAW(Digital Audio Workstation/ディーエーダブリューもしくはダウ)『Studio One』、ボーカルエディター『Piapro Studio』、音声ライブラリー(歌声データベース)「初音ミク」などから構成された製品である。それぞれをインストールし、ライセンス認証(アクティベーション)を行う必要がある。紙幅の関係から、以下の説明も含めて詳細についてはクリプトン・フューチャー・メディア株式会社公認の[山口 2016]などを参考にされたい。上記製品を購入して登録すれば、同社ウェブサイトのサポート情報も参照できる。

まずはStudio One[4]を起動し、「新規ソング」>「空のソング」>「OK」と進むと、図8-16の画面が開く。

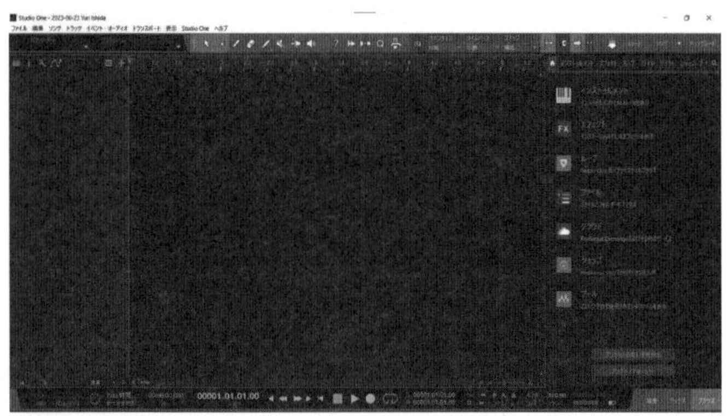

図8-16　Studio Oneの画面

Piapro Studioの起動

左・中央・右に三分割されたStudio Oneの画面の右ペインから、「インストゥルメント」>「ベンダー」>「Piapro Studio VSTi」を選択し、右クリックしながら左ペインまでドラッグ&ドロップする。すると、Piapro Studioの画面が開き、Studio Oneの画面の上に重なる（図8-17）。

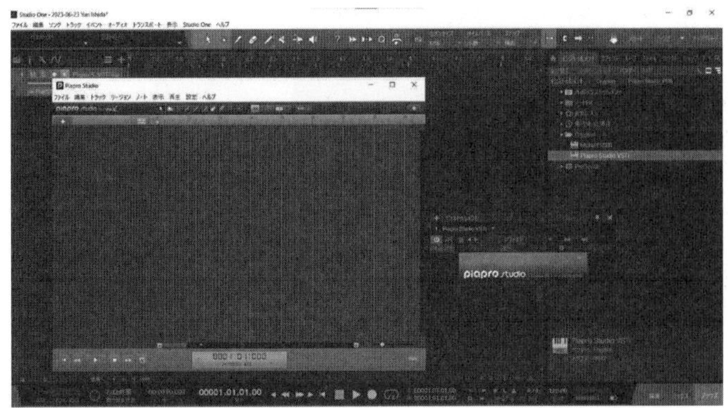

図8-17　Piapro Studioの画面

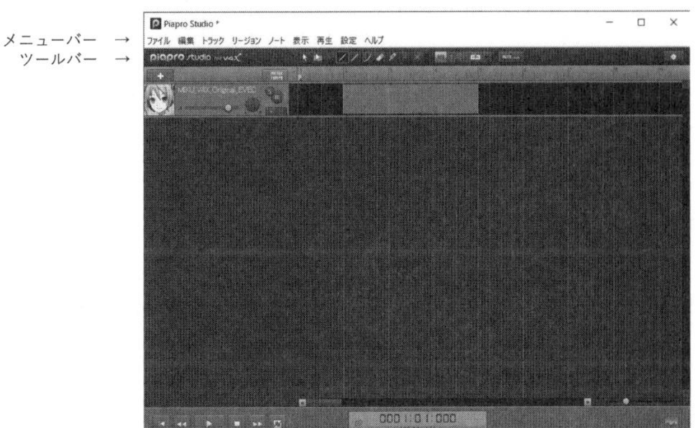

図8-18　リージョンの設定

Piapro Studio画面の左上にある「+」タブを押すと、「MIKU_V4X_Original_EVEC」というトラック（パート）が作成される。これで、6つある初音ミクの音声ライブラリーから「Original」の歌声を選択した状態となる。続いて、メニューバーから「リージョン」（編集部分）を選択する。ツールバーから鉛筆アイコンの「鉛筆ツール」を選択し、トラックの「2」の目盛りの縦線をクリックする。それから「5」の目盛り線まで右方向へドラッグすると、選択し

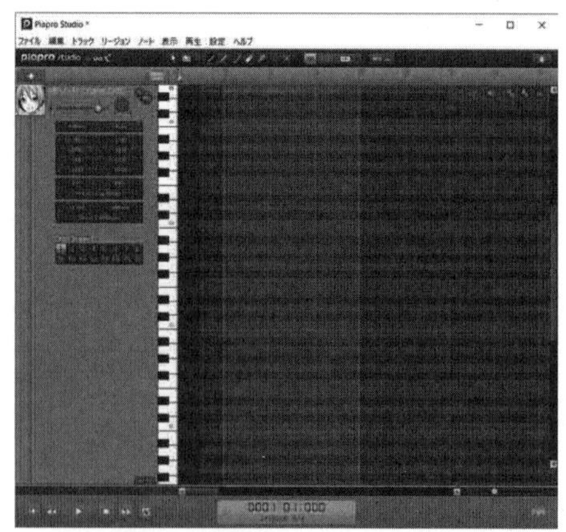

図8-19　ピアノロール画面

た部分が図8-18のように緑に変色する。これらの目盛りの数が小節の数に該当する。リージョンとして設定した緑色の小節内に、音符や歌詞を入力していくことになる。なお、曲の開始までに少し間をもたせて再生するため、リージョンは「2」の目盛りから始めている。

緑色のリージョンの上でダブルクリックすると、縦に置かれた鍵盤が左側にある方眼紙のようなピアノロール画面（図8-19）が開く。この方眼紙の升目の色は、行ごとに色の濃淡があり、左の黒鍵の行が黒、白鍵の行が灰色になっている。「C4」の文字が書かれた鍵の上をクリックすると、初音ミクが「中央のド」（C4）の高さで「ら〜」と声を出す。鍵の上でマウスオーバーすれば（マウスポインターを置けば）、各鍵に該当する音名が表示される。

音符の入力

それでは、クルアーン第1章第2節の五線譜（図8-2）を参考に入力していく。メニューバーの「表示」>「ズームイン」でピアノロール画面を拡大しておく。すると、縦線の目盛りが増え、目盛り「2」と「3」の間が8等分される。つまり、1小節の最小単位が8分音符となる。目盛りはツールバーの「スナップ値」で変更できる。初期設定は「1/8」で8分音符であるが、「1/1」（全音符）から「1/64」（64分音符）まで選択できる。前節で確認したとおり、今回の例では音符（休符）の最小単位は8分音符なので、初期設定のままでよい。音の最小単位を表す列と、鍵盤に対応する音の高さを表す行の交差したところを選択することで、音符を入力していく。

出だしは、「ラ♭」（A♭4）の8分音符が4回、8分休符、「シ♭」（B♭4）の8分音符、「中央のドの1オクターブ上のド」（C5）の8分音符であった。ツールバーから「鉛筆ツール」を選択し、「G#4」（ソ＃＝ラ♭）の行の目盛り「2」

の線上をクリックし、次の縦線まで右へドラッグする。すると、「ラ♭」（A♭4）の8分音符を1つ入力できたことになる。同様に、2本目の縦線から3本目の縦線、3本目の縦線から……と繰り返し、「ラ♭」（A♭4）の8分音符を4つ入力する。休符は升目を空ければよいので、次は5本目の縦線から6本目まで「A#4」（ラ#＝シ♭）の行、6本目から7本目まで「C5」（1オクターブ上のド）の行を選択し、7本目から8本目は空欄のままとする。第1小節の入力を終えた状態が、図8-20である。

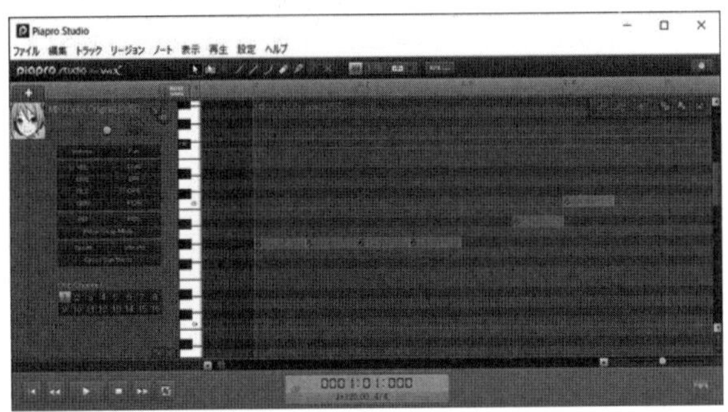

図8-20　第1小節の入力

歌詞の入力

続いて、音符に対応するカタカナ表記を入力していきたい。初期設定ではすべての歌詞が「ら」になっている。各音符を示す升目をダブルクリックすると、歌詞の入力画面が開き、修正することができる。図8-21のように上の行を「ら」から「ア」に変更し、「OK」を押せばよい。下の行は音素記号であるが、本稿では詳細に立ち入らない。

「アルハム␣ドリ␣」と入力すれば、わずか1小節分だけであるが、ついに初音ミクにクルアーンを読んでもらえる状態になる。リージョンが灰色になっている場合には、右クリックで「リージョンのミュートを解除」を選択する。リージョンが緑色になったことを確認してから、左下の「▶」（右黒三角）アイコンで再生する。続く2小節以降も同様に入力すれば完成である。

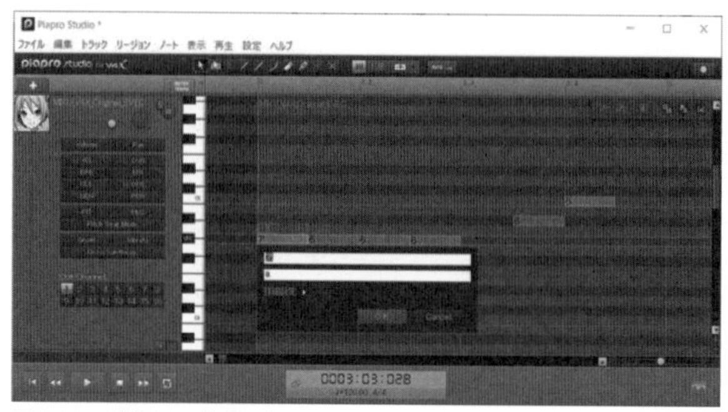

図8-21　歌詞の入力画面

保存

作成したデータを保存する場合には、Piapro Studioの画面で保存の対象とするリージョンを緑色の選択状態にしてから、メニューバーの「ファイル」>「書き出し」>「オーディオファイル」で、任意のファイル名に変更し（たとえば「quran.wav」）、任意の場所（たとえば「デスクトップ」）に保存することができる。

7. おわりに

本稿では、クルアーン第1章第2節を五線譜化し、MuseScore、Humdrum、MEI、MusicXML、『初音ミクV4Xバンドル』と、さまざまな方法でデジタル化してきた。クルアーンの響きを好きになりたいという個人的な思いからクルアーン・ミクを作成してみたものの、初音ミクがクルアーンを「歌う」形になることが、どのような反応を引き起こすのか想像がつかなかった。現在は、知り合いのイスラーム教徒を中心にクルアーン・ミクを聴いてもらい、忌憚のない意見を集めている段階である。2022年12月にマレーシアの国際会議で披露した際には、幸いにもクルアーン・ミクに対する批判的な意見はなかった。初音ミクのキャラクターグッズが日系書店で販売されているマレーシアでは、初音ミクの認知度が高かったせいかもしれない。しかし、国や地域の文化の違いによって反応が異なるであろうし、筆者と聴き手の関係によっても反応が異なるだろう。

そもそも初音ミクに代表されるボーカロイドは、人とみなされるのであろうか、それとも楽器とみなされるのであろうか。このような新しい技術に対しては、イスラーム法学の見解が定まっていないこともある。さらに、法学的見解と実情が常に一致しているとは限らない。クルアーン・ミクがどのように解釈されていくのか、見届けることができれば幸いである。

【謝辞】

クルアーンの採譜にあたってはT・K氏、調声についてはM・O氏、音楽理論とエンコーディングの確認については福井玲央那氏と国立歴史民俗博物館の亀田尭宙氏にご協力をいただいた。また、岡山大学ダイバーシティ推進本部女性研究者派遣事業、JSPS科研費JP20H05830、JP22K00074の助成をいただいた。

注

1　アラビア語の転写表記と対応させるならば「アルハムドリッラーヒラッビルアーラミー(ナ)」。

2　本稿の記述は、原稿を執筆した2023年6月時点でのWindows 11環境におけるMuseScore操作方法に基づく。

3　本稿の記述は「Studio One 5 Artist」に基づくが、原稿執筆時点での最新版は2022年9月30日発売の「Studio One 6」となる。

4　本稿の記述は、原稿執筆時点での最新版ガイドラインであったMEI 4(https://music-encoding.org/guidelines/v4/content/)に基づく。

参考文献

鮎川ぱて. 2022.『東京大学「ボーカロイド音楽論」講義』東京: 文藝春秋.

新井裕子. 2015.『イスラムと音楽――イスラムは音楽を忌避しているのか』東京: スタイルノート.

飯野りさ. 2017.『アラブ古典音楽の旋法体系――アレッポの歌謡の伝統に基づく旋法名称の記号論的解釈』東京: スタイルノート.

―――. 2018.『アラブ音楽入門――アザーンから即興演奏まで』東京: スタイルノート.

小杉泰. 1994.『イスラームとは何か――その宗教・社会・文化』東京: 講談社.

ジャルジー, シモン. 2019.『アラブ音楽』東京: 白水社.

関口義人編. 2008.『アラブ・ミュージック――その深遠なる魅力に迫る』東京: 東京堂出版.

関慎太朗. 2021.「デジタル楽譜の類型化とデジタル楽譜文化を支えるフォーマットについての考察」『研究報告人文科学とコンピュータ(CH)』2021-CH-126巻5号: 1–8.

関慎太朗, 大向一輝. 2023.「Music Encoding Initiativeを用いた雅楽譜翻訳の実践――分業可能な邦楽譜のデジタル翻訳を目指して」『研究報告人文科学とコンピュータ(CH)』2023-CH-132巻9号: 1–6.

中町信孝. 2016.『「アラブの春」と音楽――若者たちの愛国とプロテスト』東京: DU BOOKS, ディスクユニオン (発売).

西尾哲夫, 堀内正樹, 水野信男編. 2010.『アラブの音文化――グローバル・コミュニケーションへのいざない』東京: スタイルノート.

西尾哲夫, 水野信男編著. 2016.『中東世界の音楽文化――うまれかわる伝統』東京: 日本ムスリム協会.

三田了一訳. 1982.『聖クルアーン――日亜対訳・注解』改訂版. 東京: 日本ムスリム協会.

山口真. 2016.『初音ミクV4X徹底攻略ガイドブック――クリプトン・フューチャー・メディア公認　調声からDAWでの曲作りまでわかる本』東京: リットーミュージック.

column 8

ソーシャルメディアとイスラーム

新しいメディアによる実践

二ツ山達朗

中東地域の人びとにとって、ソーシャルメディアは欠かすことのできないものになっている。中東地域では、1日あたりのソーシャルメディアのユーザー平均使用時間が3時間を超える国が多く（2022年）、世界平均の約2時間半よりも30分ほど多い［Radcliffe and Abuhmaid 2023, 7］。また、Facebookではアラビア語が4番目にユーザー数の多い言語とされており、中東諸国やアラビア語話者のあいだで不可欠なメディアであることが理解できる。

中東地域におけるソーシャルメディアが、世界の注目を集めたきっかけは、2011年の「アラブの春」の政変の際に、デモ参加者がそれを用いて情報を共有していた出来事であろう。その後もイスラーム過激派やテロ組織などがソーシャルメディアを用いて広報活動を行っていたことや、ソーシャルメディア上でイスラモフォビア（イスラーム嫌悪）的な投稿がなされたことなどが世界の耳目を集め、多くの研究対象になってきた。

しかし、それらの投稿は全体からみればごく一部であり、実際には日常生活のあらゆる情報が共有されている。ムスリムが頻繁に投稿する内容の一つにイスラームに関することがあり、聖典クルアーンの章句から、宗教実践の方法まで多様な情報が共有されている。たとえばTikTokでは、2021年のラマダーン期間中に、「#RamadanValues」というハッシュタグキャンペーンが行われ、動画の再生回数が21％増加した［Radcliffe and Abuhmaid 2023, 60］。このような日常的なソーシャルメディア上のムスリムの宗教実践に関する研究も近年増えてきた。

たとえば、Twitter（現X）上で、クルアーンの章句が含まれた260万の投稿を定量的に分析した研究がある［Abokhodair et al. 2020］。この研究が明らかにしたのは、イスラーム法や礼拝などに関する章節が多く引用されるといった、Twitter上ゆえの特徴である。また、湾岸諸国で影響力のあるインフルエンサーの投稿内容を定性的に分析したことで、ソーシャルメディア上で共有されるイスラームの教えは従来とは異なる特徴があると考察する研究もある［Zaid et al. 2022]。従来はイスラームの教えは、ラジオやテレビなどのメディアが担ってきたが、近年はソーシャルメディア上で宗教的な内容を投稿するインフルエンサーが影響力を持つようになってきた。この研究では、従来のメディアではクルアーンやハディースなどの教義の理解が中心だったのに対し、ソーシャルメディア上のインフルエンサーは礼拝や巡礼、断食期間中の行いなどのHow toものが多いと分析している。また、前者はイスラーム諸学を修めた説教師などの権威が求められるのに対し、インフルエンサーにはそれらの資質は求められず、ユーザーの知りたいことを、実体験をもとに簡素に、解りやすく伝えることが求められるという。リーチ数がものをいうソーシャルメディアの特徴が示されているともいえよう。

ソーシャルメディア上の宗教実践に焦点をあてた研究は、近年着目されている分野の一つである。特定のハッシュタグや投稿、エンゲージメントなどを収集する定量的な分析もあれば、投稿内容などを読み解いたり、投稿者にインタビューを行ったりする定性的な調査もある。誰もが瞬時に世界中の、時に不特定多数のユーザーに情報を伝達できるソーシャルメディアが、ムスリムの情報共有や実践にもたらす影響は大きく、日々変化するその実態について分析する重要性が増しているといえよう。

スマートフォンをいじる若者グループ、クアラルンプール市内、2022年9月27日、筆者撮影

参考文献

Abokhodair, Norah, and others. 2020. "Holy Tweets: Exploring the Sharing of the Quran on Twitter," *Proceedings of the ACM on Human-Computer Interaction* 4: 1–32.

Radcliffe, Damina, and Hadil Abuhmaid. 2023. *Social Media in the Middle East 2022: A Year in Review.* Oregon: University of Oregon, School of Journalism and Communication.

Zaid, Bouziane, and others. 2022. "Digital Islam and Muslim Millennials: How Social Media Influencers Reimagine Religious Authority and Islamic Practices," *Religions* 13, no. 4: 335.

第9章

人工衛星で人間活動を測定する
夜間光画像を利用したラマダーンの分析

渡邊駿

1. はじめに

人工衛星は元来軍事目的で利用されていたが、今日では、位置情報を取得するGPS（全（汎）地球測位システム／Global Positioning System）を代表例に、私たちの生活にも幅広く用いられている。人工衛星や航空機を用いて遠隔から対象物や地域の情報を取得する技術をリモートセンシングという[1]。地形や植生、地表・海面の温度、気象状況など地球上の様々な状況を観測することができ、幅広い分野で応用されている。

さらに、リモートセンシングの応用領域は近年の人工衛星に搭載されるセンサの能力向上、データ解析技術や情報通信技術の進歩、衛星画像のオープンデータ化を背景に、急速に拡大しており、社会科学分野にも及んでいる［倉田 2017, 19］。

とはいえ、リモートセンシングの応用事例として私たちの生活に馴染み深いものは、GPSのほか、天気予報や地球環境の変化の分析など自然科学に関わるものが中心であり、イスラーム研究やデジタル人文学とどのような関係があるのか、不思議に思う読者も少なくないのではないだろうか。

筆者自身、夜間光データを政治分析に応用したミンの研究［Min 2015］に初めて触れた際には驚きを隠せなかった。中東政治研究を専門とする筆者にとって、研究で利用するデータはフィールドワークを通じて収集する書籍、政府公刊資料や地元NGOの発行する資料など様々な資料、インタビューデータ、あるいは電子的に利用可能な統計資料が主たるものであり、衛星画像などのリモートセンシング・データを政治研究に利用できるなど、考えたこともなかったのである。しかし、コロナ禍によって海外渡航が制限され、フィールドワークによらないデータの収集が課題となる中で、［Min 2015］をはじめとしたリモートセンシング・データを応用した研究の存在を知り、自分自身でもその利用を模索してきた。

このような背景のもと、本章では社会経済活動の分析において代表的なリモートセンシング・データの一つである、夜間光データ[2]を簡単に紹介する。夜間光データの特徴とともに、具体的にどのように中東・イスラーム研究に応用可能なのか、どのような情報の可視化が可能なのか、といった点について解説する。本章を通じて少しでも夜間光データ、およびリモートセンシング・データを身近に感じて頂ければ幸いである。

本章の構成は以下の通りである。まず、夜間光データの特徴として、夜間光データの取得方法およびその技術的発展の経緯、夜間光データの社会科学での利用の状況、夜間光データを利用する利点を論じる。その上で、具体的な設例によって夜間光データの利用のあり方を紹介する。今回はラマダーン月における夜間光強度の変化を事例として、データの取得、処理の方法、および様々な可視化の方法を示すとともに、データの簡単な分析を行うほか、夜間光データを用いた社会科学研究の抱える課題を論じる。

2．夜間光データの特徴

夜間光データ取得技術の発展と社会科学での利用

夜間光データとは、人工衛星に取り付けた光学センサを用いて夜間の地上光を観測して得られるデータのことである。その中で最も広く使われてきたのが米国国防総省の防衛気象衛星計画（Defense Meteorological Satellite Program／DMSP）のライン走査システム（Operational Linescan System／OLS)、すなわちDMSP-OLSである。DMSPは1962年に軍事活動の支援を目的に立ち上げられ、当初は機密扱いであったが、1972年に機密解除がなされ、民生利用が可能となった［United States Space Force n.d.］。さらに、従来はフィルムに記録されていたデータが1992年にデジタルデータ化され、デジタルアーカイブとして公開されるようになったことから、DMSP-OLSを用いた学術研究が様々な領域で行われるようになった［Levin et al. 2020, 4］。さらに、DMSP-OLSは当初、月明かりに反射する雲を観測するものとして作られたが、その副産物として人間活動による光も記録されていることが分かり、人間活動の推定に用いられるようになった。例として、都市や工業地帯の照明、ガス田の炎、漁火、山火事による光が挙げられる［中谷 2006, 172］。

DMSP-OLSは地球全体を観測範囲とし、地球上のあらゆる地点を日中と夜間の2回、毎日観測を行っている。DMSP-OLSが観測した画像は米国海洋大気庁（NOAA）が処理を行い、30秒メッシュ（約1km四方）の解像度のもと、年次データとして、夜間光の強度が0～63の整数値で記録されている。このデータは米国海洋大気庁によって無償公開されており、1992～2013年のデータが同庁ホームページ（https://ngdc.noaa.gov/eog/dmsp/downloadV4composites.html）から入手可能となっている（図9-1参照）。

図9-1　DMSP-OLSによる2013年のユーラシア大陸周辺の夜間光画像
（出所：米国海洋大気庁国立地球物理学データセンター、米国空軍気象局）

DMSP-OLSによる夜間光データは様々な研究で利用され、人間活動に関する知見をもたらしてきた。これは社会科学領域にも及んでおり、経済学で夜間光データを利用した研究の代表例として［Henderson, Storeygard, and Weil 2012］がある。ヘンダーソンらはDMSP-OLSの1992～2008年のデータを用い、世界各国において夜間光強度の変化率とGDP（国内総生産）成長率との間に強い相関関係があることを示したほか、国レベルだけでなく、一国内の地域間のレベル、すなわちサブナショナルなレベルでも夜間光変化率とGDP成長率の間に相関関係があることを示した。これを受け、政府公式統計が利用できなかったり、その正確性に疑念のある国々の経済活動を推定するためのデータとして、夜間光データを活用した研究が広がることとなった。中東諸国の場合、国レベルのGDPデータその他基礎的な統計は概ね公開されているが、内戦下の国々（例：イエメン）では十分に公開されていない。さらに、サブナショナルなレベルでの経済活動に関するデータの収集・公開については、世界的にまだ発展途上であり、中東諸国もその例をまたない。サブナショナルなレベルでの経済活動の推定は夜間光データ活用のフロンティアの一つとなっている[3]。

このような研究の発展の中で、近年はより高性能なセンサであるVIIRS-

DNB（Visible Infrared Imaging Radiometer Suite Day/Night Band）が登場している。VIIRSは2011年にNASA（米国航空宇宙局）が打ち上げた地球観測衛星Suomi NPPに搭載されたセンサ群の一つであり、DNBはそこに装備された可視近赤外センサである。VIIRS-DNBの性能の向上は様々な面で見られるものの[4]、たとえば解像度は15秒メッシュ（約500m四方）となっており、空間解像度はDSMP-OLSと比べると45〜88倍優れている［Miller et al. 2013, 6722］。したがって、VIIRS-DNBを用いることにより、DSMP-OLSよりもより詳細な分析が可能となっており、これを利用した研究も増えつつある。

夜間光データを用いた社会科学分析の利点

社会科学分析において夜間光データを用いる利点は以下の4点である[5]。第1に、地理的、時間的に対象に近接した分析が可能な点である。VIIRS-DNBの場合、15秒メッシュの解像度のデータが毎日得られるが、これほどの密度のデータ収集をフィールドワークや現地でのサーベイ（質問調査）で実現することは容易ではない。地理的な範囲について言えば、様々な地点における十分なサンプルを得る難しさもあり、サブナショナルなレベルでの公式統計やサーベイは、一国レベルのものと比べコストがかかり、数も限られている。特に国家の能力が十分でなかったり、安全に調査を行うことが困難であったりする場合には、サブナショナル・レベルのデータ収集により大きなコストを要することとなる。時間の面でも同様、継続的に高い頻度でデータを収集することは非常に大きなコストを要する。政府公式統計さえ、年次、四半期、月次など頻度が高くなると、それだけデータの数も限られてくることとなる。サーベイの場合は、頻度を増やすことも、調査を継続的に実施することも、より多くの困難があると考えられる。そのような中で、夜間光データは高い解像度・高い頻度で提供されるものとして、注目を集めている。

第2に、カバーする地理的な範囲の広さである。夜間光データは解像度が高いだけでなく、広い範囲の情報を提供する。DMSP-OLSやVIIRS-DNBは地球全体を観測領域としており、地球上の様々な地点について比較を行うことが可能となっている。したがって、夜間光データは国家間比較、地域間比較、あるいは国境を越えた活動の分析にも活用することができる[6]。

第3に、政治情勢や国家の影響を受けずにデータを収集できる点である。たとえば、紛争地域においては安全にサーベイを行うことは容易でない。さらに、紛争地域であろうとあるまいと、政治的にセンシティブな事柄に関する回答を得ることは容易でない。特に権威主義体制の多い中東地域においてはセンシティブな事柄の範囲が一般に広くなり、国家による統制の影響を受けやすいため、この問題は深刻である。諜報機関からの監視、嫌がらせ、さらには拘束といった危険があり、サーベイの参加者はもちろんのこと、研究者自身の安全が脅かされる危険がある。こうした危険を避けるために、サーベイの対象者がセンシティブな事柄に関する回答を控えたり、本心を示さないということは十分にあり得るといえよう[7]。加えて、国家の能力が低いことにより政府公式統計の正確性が十分でなかったり、そもそも公式統計が存在しない場合もある。特に、サブナショナルなレベルではデータの質が問題となりやすい。夜間光データはこのような政治情勢や国家の影響を迂回することができるという利点を有している。

第4に、夜間光データは空間データと結びついていることから、GIS（地理情報システム）を利用した分析が可能となる。GISにはさまざまな定義があるが、地理空間情報活用推進基本法では「地理空間情報の地理的な把握又は分析を可能とするため、電磁的方式により記録された地理空間情報を電子計算機を使用して電子地図上で一体的に処理する情報システム」と定義されている。大まかに言えば、位置情報と紐づいたデータを電子的な地図の上で利用するシステムのことである。GISを用いた研究では位置情報、すなわち空間データと、紐づいた付随情報、すなわち属性データからデータベースを構築する[8]。属性データの例としては、植生や土地利用、河川などの地理的なデータから、人口や固定資産などの統計データ、GPSで観測されたスマートフォンの位置情報などが挙げられる。夜間光データもその例の一つである。位置情報を軸として、このような様々なデータを対応させ、分析できるのがGISの大きな特徴の一つである。さらに、距離や面積といった地理空間情報に基づく情報探索や解析も可能となる。

3. 事例：ラマダーンの時期には電力消費が増える？

夜間光データの特徴を踏まえた上で、以下ではVIIRS-DNBを利用した社会活動分析の事例を紹介する。今回検討する事例はヨルダンでのラマダーンによる夜間光量の変化である。ラマダーン月とはヒジュラ暦の第9番目の月である。ラマダーンにおいてはサウム（断食）が心身ともに健康な成人ムスリム・ムスリマに課せられる。サウムは日の出の約1時間半前から日没前までの時間に課せられるが、日没後は家族や親戚、知人と会食し、くつろいで過ごすことが一般的であるほか、夜にモスクで追加の礼拝を行い、その中で聖典クルアーンの読誦を行うなど（タラーウィーフ礼拝）、活動的な生活を送る傾向にある。ラマダーン中にイスラーム圏を訪れたり、ムスリムの知人と過ごしたことのある人には馴染みのある光景であろう。

このような状況を踏まえると、ムスリムが多く居住する地域においては、ラマダーン期間中、通常よりも夜の時間に活発な人間活動が見られることが想定される。すなわち、ラマダーン期間中はそれ以外の時期よりも強い夜間光が観測されると想定される。

ただし、2020年以降のCOVID-19の世界的流行はラマダーンの過ごし方に大きな影響を与えたと考えられる。2020年のラマダーン月は4月下旬〜5月下旬の1ヶ月間であったが、エジプトやサウディアラビアといった中東・イスラーム諸国では、集団でのイフタール（断食明けの食事）の禁止に加え、タラーウィーフ礼拝を含む、モスクでの集団礼拝の禁止といった厳しい措置が取られた［Serrieh 2020］。感染状況の改善に伴い、翌年以降少しずつ感染対策は緩和され、2023年になってようやく、一切の感染対策措置なしでのラマダーンが復活するに至った［Jarallah 2023］。このようなCOVID-19をめぐる状況はラマダーン期間中の夜間光の推移にも影響を与えているだろう。

このような点を踏まえ、以下では、ヨルダンの郡レベルでの直近の5年間、すなわち2019〜2023年のラマダーン月の前月（シャアバーン月／ヒジュラ暦第8番目の月）とラマダーン月の間での夜間光強度の変化に関する分析を行う[9]。本研究の関心からすれば、ラマダーン月の翌月（シャウワール月／ヒジュラ暦第10番目の月）との比較も有用に見えるものの、断食明けの祝祭（イード・アル＝フィトル）の存在、およびその前後の公休日の存在により、ラマダーン月と同様に人々が活動的な生活を送る日々が含まれることから、本研究では比較対象とはしない[10]。

本研究の類似の研究はいくつか見られており、信仰心の測定という関心からトルコのサブナショナルなレベルでのラマダーンによる夜間光の変化を追ったリヴニーの研究［Livny 2021］、同様の枠組みのもとでエジプトを対象としたシフトシーらによる研究［Ciftci, Robbins, and Zaytseva 2021］、COVID-19が中東・北アフリカ諸国での社会生活に与えた影響を論じたストークスらの研究

［Stokes and Román 2022］、同様の観点からサウディアラビアを対象としたアルアフマディーらの研究［Alahmadi et al. 2021］が挙げられる。本研究はこれら2つの研究群を横断し、サブナショナルな領域に目を向けつつ、COVID-19が与えた影響についても論じるものである。

以下では、データの取得、処理、可視化、分析のプロセスに沿って解説を行う。夜間光データを利用した分析の流れを摑むとともに、様々な可視化の方法について目を向けて頂ければと思う。なお、今回の分析にあたって利用したソフトウェアは、地理情報ソフトQGISと統計ソフトRである。いずれもフリーソフトであり、利用の障壁は高くない。関心のある読者はぜひトライしてみてほしい。

データの取得、処理

今回の分析で利用するデータは夜間光データとヨルダンの郡レベルでの行政界に関するデータである。今回利用する夜間光データは前述のVIIRS-DNB（Visible Infrared Imaging Radiometer Suite Day/Night Band）のデータである。その中でもNASAのブラック・マーブル（Black Marble）によるVNP46A2というデータを利用する。ブラックマーブルはVIIRS-DNBの夜間光画像をアルゴリズムによって処理し、より質の高いデータを提供している[11]。VNP46A2は2012年1月19日より無償公開されている。VNP46A2はGoogleが展開するオンラインの地理空間分析ツール、Google Earth Engineでも公開されており、Google Earth Engineの利用に慣れた人であれば、こちらの方が利用しやすいかもしれない[12]。

なお、VIIRS-DNBのデータは日次、月次、年次の形で公開されている。今回は月レベルでの分析を行うため、本来は月次データの方が扱いやすいものの、（西暦ではなく）ヒジュラ暦単位での月次データは現在のところ提供されていないため、日次データを使ってヒジュラ暦月次データを再構築するという方法をとる。ヒジュラ暦は太陰暦であり、各月は新月の確認によって始まり、次の新月が確認されるまでの29日または30日間となる。したがって太陽暦である西暦とは1年のサイクルが異なるのである。

図9-2は日々のヨルダン全土の夜間光強度の合計値の推移を示したものである。グレーの網掛け部分がラマダーン月にあたる。このグラフを見ると、ラマダーン月は前月よりも夜間光強度が強くなっているように見えつつも、日々

の変動も大きく、このままでは解釈が難しい。そこで、データの集約を進めていくことになる。

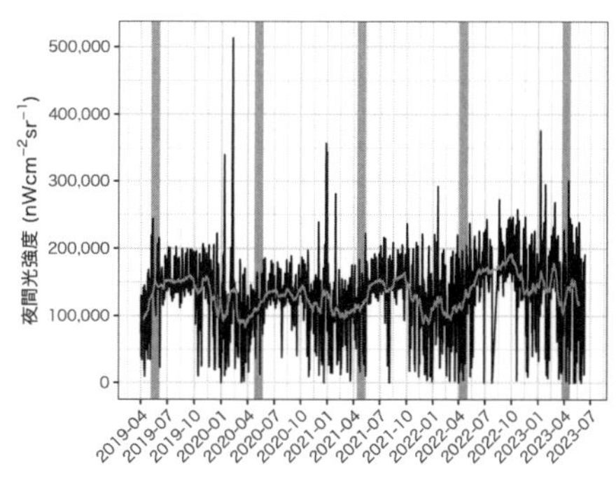

図9-2　ヨルダンにおける夜間光強度の推移（ヨルダン領域全体の夜間光強度の合計について、黒実線は毎日の実測値、グレーの実線はその30日移動平均を示す。また、グレーの網掛け部分はラマダーン月の期間を示す）

データの集約には、行政界に関するデータが重要な役割を果たす。ヨルダン領域という一定の範囲内のメッシュの集合を郡という行政界によって区切ることにより、郡を基準としてデータの解釈が可能となる。

たとえば、図9-3は2023年6月12日のヨルダンにおける夜間光強度情報にヨルダンの郡レベルの境界線情報を載せたものである（左側はヨルダン全土を捉えた図、右側はそのうちアンマン県周辺を拡大した図）。境界線の情報がなければ、全く捉えどころのない画像ではないだろうか。行政界の区分を設けることにより、行政界を越えた空間の広がりを観察することに支障が出る危険があるものの[13]、分析の手始めとしては間違いのない手法であるように思われる。

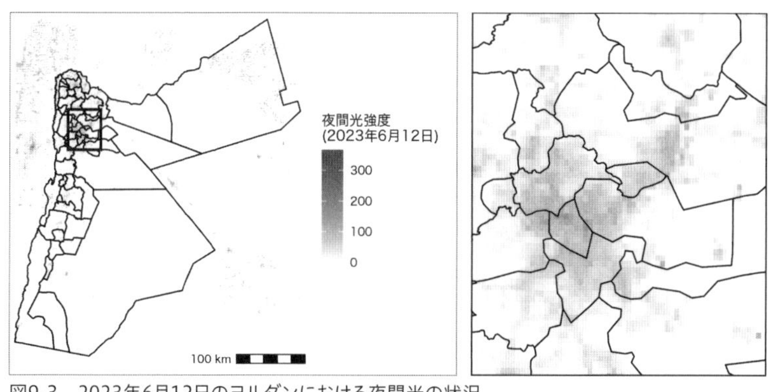

図9-3　2023年6月12日のヨルダンにおける夜間光の状況

ヨルダンは12の県があり、その下位区分として、51の郡が存在する。夜間光データを郡別に集約するため、郡の境界線に関するデジタルデータ（空間データ）が必要となる。日本の場合、国土交通省の「国土数値情報ダウンロードサービス」（https://nlftp.mlit.go.jp/ksj/）より都道府県、支庁・振興局、郡・政令都市、市町村といった行政界に関する空間データを入手することができるものの、ヨルダンの場合、行政界に関する空間データの公的機関による公開は行われていない。そこで、本研究ではオープンストリートマップ（Open Street Map）よりヨルダンの郡レベルでの行政界の空間データを取得した。オープンストリートマップはインターネット上にオープンデータの地理情報を作成することを目指す世界規模の共同プロジェクトである。2004年に開始されて以降、行政界情報はもちろんのこと、建物のデータや道路に関するデータなど、さまざまな情報が掲載されてきた。なお、フリーで学術利用が可能な世界各国の行政界のデータベースとしてGADMプロジェクト（https://gadm.org/index.html）が有名であるが、ヨルダンの郡レベルデータについては現状、正確なデータを提供するものとはいえず、今回は利用していない[14]。また、データの利用のしやすさの観点から、Google Mapsなど商用のサービスは利用しなかった。

前述の通り、オープンストリートマップには様々な種類の情報が含まれるため、ダウンロード後、行政界に関する情報を抽出する必要がある。図4はフリーの地理情報ソフトQGISでのオープンストリートマップデータの取り込みの様子を示したものである。ここではオープンストリートマップのデータをQGISに読み込み、そのうちヨルダンの行政界情報を取り出した。各行政区画には位置情報に基づく境界線情報に加え、行政区画の名前が紐づいている。なお、QGISはこれを視覚的に確認することができ、地図上の行政区画を選択すると（図9-4左側のハイライト領域）、選択された領域に紐づけられた属性情報を同時に見ることができる（図9-4右側の領域）。本研究では行政界情報しか利用しないものの、オープンストリートマップには地理空間分析に応用可能な様々な情報が含まれているのである[15]。

このようにして、夜間光データと行政界データを入手することができた。次はこれらのデータを組み合わせ、夜間光データをヨルダンの郡レベルに集約する。具体的には、各日の夜間光画像を郡ごとに切り分け、各郡に含まれる領域の夜間光強度を足し合わせる[16]。その上で、各年のシャアバーン月、ラマダーン月について、日平均の夜間光強度を算出する。日毎の平均を取るこ

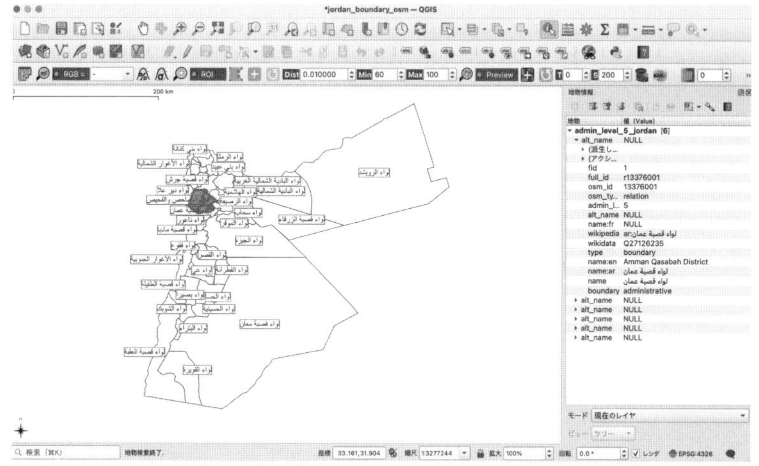

図9-4　QGIS上のヨルダン行政界データのスクリーンショット

とにより、日々の測定誤差の影響を統制している[17]。

それに加えて、異常値の補正を行う。VIIRS-DNBがDSMP-OLSより高性能になり、VNP46A2がアルゴリズムを用いてデータの補正を行っているとはいえ、火事や油田、ガス田、地形によって異常な値が発生しうると考えられている［Ciftci, Robbins, and Zaytseva 2021, 109］。ラマダーンにおける人間活動を測定することを目的とする本研究の立場からすると、このような要因での夜間光は無視したほうがよいと考えられる。そこで、本研究では首都アンマン県の領域において最も高い夜間光強度がラマダーンによる最大の人間活動量を示すと考え、それよりも高い値は削除するという対応を取った[18]。

以上の作業により、ヨルダンの郡レベルでの夜間光強度に関するデータセットが完成した。以下ではこのデータセットに関する簡単な分析を行うとともに、可視化の事例を紹介する。

データの全体像

まず、データの全体像を確認しよう。月毎の平均日別夜間光強度の郡ごとの分布は図9-5のようになる。この箱ひげ図には平均値のデータも追加してある（×マーク）。平均値（×マーク）、中央値（箱の内側にある太線）の推移を見ると、2019〜22年については想定通り、シャアバーン月よりもラマダーン月

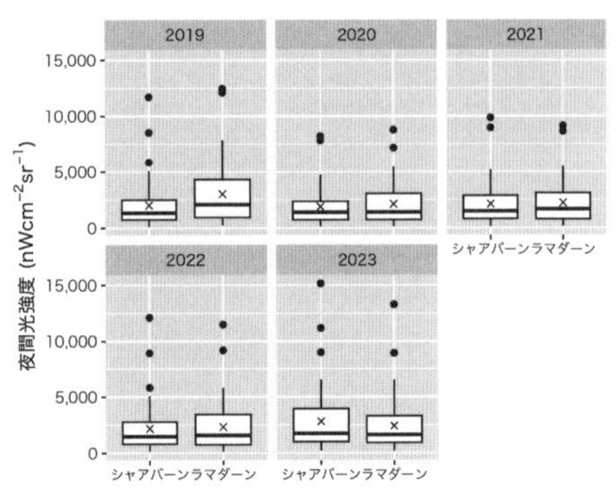

図9-5　ラマダーンによる夜間光強度の変化

の方が大きな値を示している（2023年については低い値となっている）。したがって、2023年を除いた2019〜22年の全体的なトレンドとしてはラマダーン月になる夜間光強度は増加する傾向がある、すなわちラマダーン月には夜間の人間活動が活発化するということが言えそうである。

次に、変動の割合を見るため、各年のシャアバーン月からラマダーン月への夜間光強度の変化率を計算し、その密度関数を図9-6に示した。郡によって変化率に違いはあるものの、全体的な傾向としては、2019年が最も変化率が大きく（山が高い部分が最も右側にある）、2020〜23年は変動の幅が小さいと言える（山が高い部分が左側にある）。このことは、COVID-19の世界的大流行およびそれに伴う行動制限により、ラマダーン月における人間活動の活発化の幅が小さくなっていたこと、そしてその状態からまだCOVID-19の世界的大流行以前の状態までは戻っていないということを示唆しているように思われる。

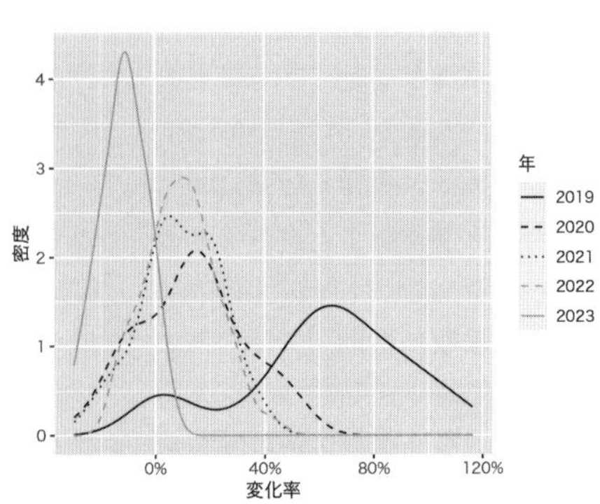

図9-6　郡別平均夜間光強度変化率(%)
※変化率は月平均でのシャアバーン月からラマダーン月への夜間光強度の変化率を各年について示している。

全体的な傾向に続き、次は郡ごとのデータを見てみよう。図9-7は郡ごとに2019〜23年のラマダーンによる夜間光強度の変化率の平均をとったものである。そのうち、左側は各郡の変化率が数量的に捉えやすするため、棒グラフとなっている。前述の通り、全体としてはラマダーン月になると夜間光強度が増す傾向にあるが、郡別に見てみると、強度が大きく増加している郡から増加幅の小さな郡、さらにはラマダーン月に夜間光強度が減少する郡まで、広く分布していることが分かる。

本研究のデータが地理空間情報であることを活かし、図9-7の右側の図では、郡別でのラマダーン月における平均夜間光強度変化率を地図上に示している。明らかに南部が低く、北部が高くなっている様子がみてとられる。地図という形で可視化ができる点は地理空間情報を含むデータの利点の一つである。

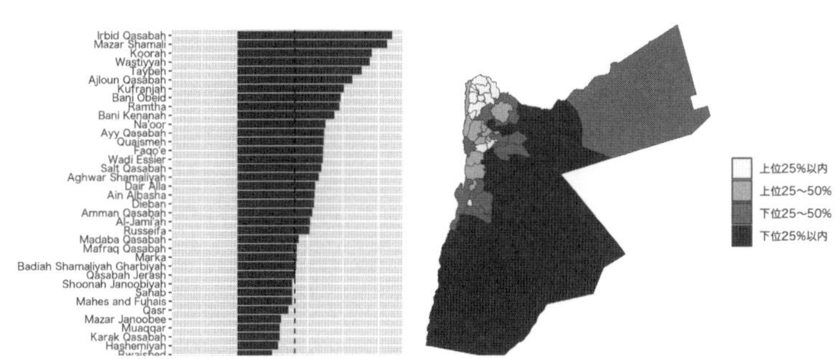

図9-7　郡別平均夜間光強度変化率(%)

※2019～23年のシャアバーン月からラマダーン月への夜間光強度の変化率を平均したもの。右図では、平均変化率の大きさに従って郡を順位付けし、順位に従って郡を4等分し、その分布を示している。

さらに、前述のように、夜間光データは地理空間情報を軸として様々な種類の情報を複合できるという利点も有する。たとえば、平均夜間光強度変化率が「南部が低く、北部が高い」という構造の理解には、人口データを合わせて見ることが有効かもしれない。ヨルダン統計局（https://dosweb.dos.gov.jo/）が郡別の人口データを提供しているため、最新の2022年のデータを平均夜間光強度変化率と合わせて見てみよう。

図9-8は郡ごとの平均夜間光変化率を横軸に、2022年人口を縦軸に取った散布図である。凡例にて郡の所在地域（北部、中部、南部）を示してある。凡例より、「南部が低く、北部が高い」という状況が確認できる。一方で、人口と平均夜間光変化率の関係については少々複雑な状況となっている。30万人以上の人口を抱える郡が少ない中、その閾値を超えた郡では平均夜間光強度変化率がマイナスの郡は見られない。この点からは人口と平均夜間光変化率の間に正の相関関係があるようにも見える。しかし、同人口帯の中に幅広い平

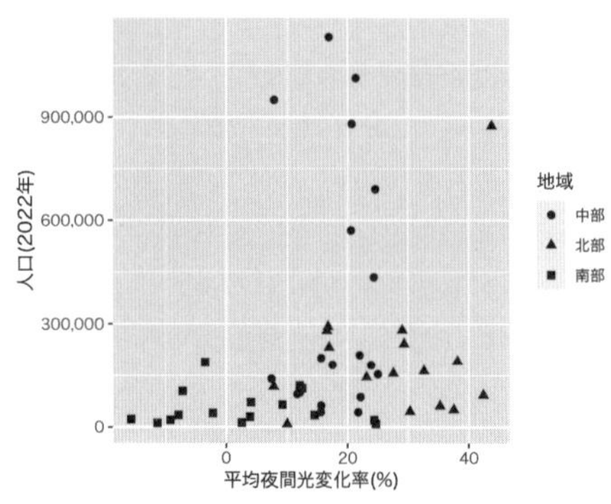

図9-8　2022年の郡別人口と夜間光強度変化率

均夜間光変化率の分布があることも図から読み取ることができる。たとえば0〜15万人の平均夜間光変化率に目を向けると、平均夜間光強度変化率は−20%前後から40%超まで広く分布する様子が見てとられる。人口と平均夜間光強度変化率間に相関関係を見出すのには慎重であるべきであろう。

加えて、空間的な要素に基づく分析が可能な点も地理空間情報を含むデータの特徴である。たとえば、面積はその一つである。これまでは各郡の領域に含まれる夜間光の合計で分析を進めてきたが、今回のデータセットでは単位面積当たりの夜間光強度も簡単に算出することができる。たとえば、図9-9は2019〜23年平均での1㎡あたりの郡別夜間光強度変化量[19]を示したものである。平均変化率を示した図9-7と比べると、こちらも大まかには「南低北高」という傾向を示しているものの、相違も見られる。特に、変化率ではアンマンおよびその近郊に次ぐ人口を持ち、北部の社会的、経済的な中心都市であるイルビド付近が上位にくるのに対し、1㎡あたりの郡別夜間光強度変化量においては中部の首都アンマン付近が上位にきている点が注目される。この状

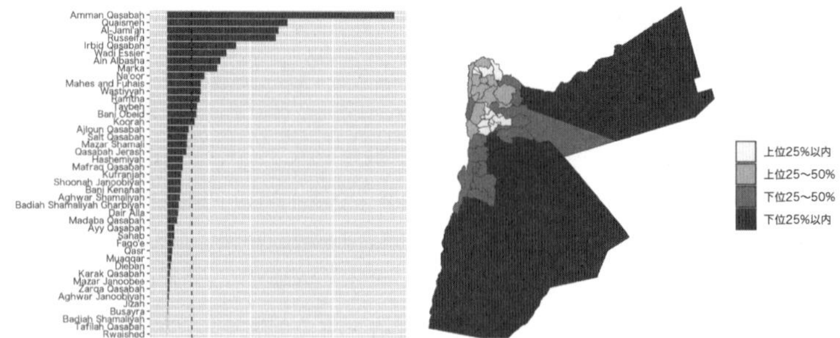

図9-9　郡別平均夜間光強度変化量

※2019〜23年のシャアバーン月からラマダーン月への夜間光強度の変化量を平均したもの。右図では、平均変化率の大きさに従って郡を順位付けし、順位に従って郡を4等分し、その分布を示している。

況は、イルビド近郊、アンマン近郊が多くの人間活動の場となっていることを示しつつ、アンマン近郊の方がより面積集約的に人間活動が行われていることを示している。そもそもアンマン近郊の郡の面積が相対的に小さいことの反映と考えられるほか、土地利用に占める人間活動の割合の相対的な大きさを反映しているとも考えられるだろう。

考察

以上、簡単ではあるが、2019〜23年のシャアバーン月、ラマダーン月におけるヨルダンの郡レベルでの夜間光強度データを様々な角度から分析した。全体的な傾向として、2019〜22年にラマダーン月の方がシャアバーン月よりも夜間光強度が強い傾向が見出された。その上で、ラマダーン月における夜間光強度の増加の割合は2019年が最も大きく、2020年以降は増加幅が小さくなっている。ラマダーン月に人々の夜間の社会活動が増加すること、COVID-19の世界的流行により社会活動に制限が加えられ、それによってラマダーン月の夜間の社会活動の増加度が減少したこと、という想定が2019〜22年については裏付けられたと言える。

その上で、郡のレベルでの夜間光強度の変化に目を向けると、夜間光強度の変化率は北部の郡が比較的大きく、南部の郡で比較的小さくなる傾向が明らかとなった。これは近年の北部および中部での都市化の進展と南部の都市化の遅れ、人口流出、および社会経済的な苦境[20]を反映していると考えられるほか、COVID-19の世界的流行以後も南部の社会経済的な苦境が継続していることを示唆しているようにも思われる。加えて、郡レベルの1㎡当たりの変化量を比較したところ、変化率の場合と同様、北部の郡は変化量が大きく、南部の郡の変化量が小さい傾向が見られたが、北部以上に中部の首都付近の郡の変化量が大きくなる傾向が見られた。中部の首都アンマン近郊の郡では都市化が特に進展し、土地利用の多くを人間活動が占めていることが示唆されている。

以上にように、本章で示した分析は夜間光強度のみに注目した簡単なものではあったものの、夜間光強度というデータの特徴を示してきた。その上で、本章ではこのようなデータの特徴を可視化するため、折れ線グラフ、密度関数、散布図といったグラフに加え、地図という形での表現も行った。このような可視化が可能となるのは、夜間光データが夜間光強度だけでなく位置情報を持っており、これらの情報が数値として表現できているという特色による。加えて、このように、夜間光データが地理空間情報となっていることにより、位置情報を軸として夜間光データを他の情報と組み合わせて分析が可能となるほか[21]、距離や面積といった地理空間的観点から夜間光データを分析することも可能である[22]。本章を通じて、このような地理空間情報の特徴と様々な可視化の方法についても関心を深めて頂ければと思う。

他方、夜間光データを用いた社会活動分析が抱える課題についても言及しておきたい。第1に、夜間光データから得られる知見の限界である。アブラハムスとグリーンワルドが指摘するように、夜間光データだけで何か新しい知見をもたらすことは容易でなく、フィールドワークで収集したデータが主たる知見をもたらす場合が多い［Abrahams and Greenwald 2021］。イラクにおける公共財の分配について夜間光データを用いた実証に取り組んだパレイラも同様、フィールドワークやローカルの知見の重要性を強調している［Parreira 2021］。本章のラマダーンに関する事例についても、2023年での夜間光強度の減少傾向、郡によるヴァリエーションといった興味深い観察が得られたものの、その意味を見出す上では夜間光以外のローカルなデータと組み合わせることが必要であろう。

第2に、夜間光データを用いた分析に境界線が与える影響の大きさである。夜間光データは国境や郡境といった既存の境界線によるものではなく、それに依存しない分析はもちろん可能である。しかし、事例分析の際に述べたように、何らかの境界線に沿って情報を集約しなければ情報の解釈は困難となる。したがって、本章の事例が用いたように、現在の行政区画は最も利用しやすい境界線となるが、それが唯一の境界線ではないという点を理解しておく必要がある。たとえば、行政区画は歴史的に変化してきたものであり、今日の行政区画を過去の時点にそのまま当てはめると誤った理解に至りかねない。さらに、境界線に争いのある地域についても、境界線を自明視する危険は大きい。対象地域の実像に迫るためには、境界線を批判的に捉え、自分が分析に利用する境界線の特色を理解することが重要であると言えるだろう。そのためにはフィールドワークやローカルな知見が重要であるという点は第一の課題と同様である。

最後に、夜間光データには倫理的な問題が生じ得るという点も留意が必要である。現在取得できるデータの解像度では、夜間光データが個人のプライバシーを侵害する可能性は低い。しかし、夜間光データの解像度が向上していく中で、そのデータによって個人の活動が特定できてしまう危険性が懸念されている。さらに、個人の特定には結びつかないものの、紛争地の人々や難民など特定の脆弱な集団の活動を可視化したり、予測することがその人々を危険に晒す可能性もある［Scott 2021］。倫理的な問題の今後の展開については、夜間光データの解像度の向上度合いに依存する部分も大きいものの、留意しておくべき事項であろう。

4. おわりに

本章ではデジタル人文学研究の一例として人工衛星によるリモートセンシング・データ、特に夜間光データの紹介を行った。夜間光データは人工衛星から遠隔で取得する情報であり、地表でのサーベイ調査などとは異なった角度から得られる新しい情報として注目を集めている。夜間光データはリモートセンシング技術に関する研究を超えて、社会科学でも応用されるようになっている。

このような背景から、本章は夜間光データの特徴をまとめた上で、具体例として、ヨルダンのサブナショナル・レベルでのラマダーン月前後の夜間光強度の変化を取り上げた。概ねラマダーン月には前月（シャアバーン月）と比べて夜間光強度の増加の傾向が見出されたものの、年によってはそれに沿わない事例が見られたほか、郡によっては増加幅に差異が見られ、一部では想定に反して、ラマダーン月に夜間光強度が減少するという事例も見られた。その原因の究明には夜間光データだけでなく、フィールドワークを通したローカルな知見と合わせて検討することが必要であろう。なお、考察の項にて取り上げたように、夜間光データを用いた分析においては、夜間光データの示す情報の限界とともに、境界線を自明視することの危険性、倫理的な問題が発生する危険性を認識しておくことが重要になっている。実際に夜間光データを用いた分析を行う際にはこれらの点への留意が必要である。

夜間光データで社会活動の全てが分かるわけではないものの、夜間光データは既存のデータからは十分に実証が難しい社会活動の様子を映し出してくれる。これまでとは違った角度のデータを用いることで、中東・イスラーム研究に新しい光を投影してくれることであろう。このことは夜間光データに限らず、様々なリモートセンシング・データについても当てはまる。本章冒頭で紹介したように、土地被覆、窒素酸化物のデータなど、夜間光データのほかにも様々なデータが社会科学研究に応用されている。今後の研究発展に向けては、夜間光データをはじめとしたリモートセンシング・データを観測する人工衛星、およびその搭載センサの今後の能力向上が期待されるとともに、これらのデータのさらなる利用、さらには、フィールドワークによる実地のデータと組み合わせ、実証性を一層高めた研究の展開が期待される。

注

1 米国海洋大気庁(NOAA)ホームページ(https://oceanservice.noaa.gov/facts/remotesensing.html)を参照。

2 そのほかの代表的なリモートセンシング・データの例として、土地被覆、窒素酸化物のデータがある。土地被覆データの利用については、国際テロ組織イスラーム国(IS)支配下の農業生産に関する研究[Jaafar and Woertz 2016]、窒素酸化物の利用については、新型コロナウイルスの世界経済に対する影響に関する研究[スックニランほか 2020]を参照。

3 政治学において、県や市町村、さらには村落レベルの経済活動の指標として夜間光データを取り入れた近年の研究の例として、[Carlin et al. 2021; Ch et al. 2018; Grasse 2023; Leuschner and Hellmeier 2023; Lü and Landry 2014; Weidmann and Schutte 2017; Zhou and Shaver 2021]を参照。

4 詳細については[中谷 2018; Elvidge et al. 2013]を参照。

5 夜間光データの利点を考える上では、[Donaldson and Storeygard 2016; Parreira 2021; Weidmann and Schutte 2017]に加え、地理情報システムの人文学・社会科学への利用を論じた諸研究(注8参照)も参考になる。

6 夜間光データの国境を越えた活動に関する分析への応用例として、レバノンのヒズブッラーに対するイランの支援がレバノンのサブナショナルな経済発展に与える影響を論じた[Arbatli and Gomtsyan 2021]がある。

7 中東の権威主義体制におけるサーベイやフィールドワークについて、[Clark and Cavatorta eds. 2018]所収の諸論文、特に[Shwedler and Clark 2018; Rivetti and Saeidi 2018]は参考になる。

8 GISの利用は人文学におけるDXの一大テーマとして、注目が集まっている。GISに興味のある読者は[Bodenhamer, Corrigan, and Harris eds. 2010; Gregory and Geddes eds. 2014]といった教科書や、米国政治学会中東北アフリカ政治部門ニュースレター4巻1号(2021年春)掲載の諸論考[Abrahams and Greenwald 2021; Blackman and Mourad 2021; Elshehawy 2021など]、Social Science History誌24巻3号(2000年秋)掲載の諸論考[Healey and Stamp 2000; MacDonald and Black 2000; Siebert 2000など]を参照されたい。加えて、日本のイスラーム研究におけるGIS活用の先駆的事例として、[Okabe ed. 2004]も注目される。

9 この分析枠組みはラマダーンにおける夜間光強度の変化を対象とした先行研究に従っている[Ciftci, Robbins , and Zaytseva 2021; Livny 2021]。

10 この対象選択は[Livny 2021]にならったものである。

11 ブラックマーブルおよびVNP46A2の詳細は、NASAホームページ(https://ladsweb.modaps.eosdis.nasa.gov/missions-and-measurements/products/VNP46A4/)および[Román et al. 2018]を参照。

12 Google Earth Engineで公開されているVNP46A2のURLは以下の通り。https://developers.google.com/earth-engine/datasets/catalog/NOAA_VIIRS_001_VNP46A2/.

13 特に、パレスチナのような境界線に争いを抱える国・地域の分析においては重要な論点である。詳細は[Abrahams and Greenwald 2021]を参照。

14 2022年7月16日に更新されたGADMバージョン4.1における各国のデータ整備状況を見てみると、州や県など、各国で最も上位のレベルの行政界については(ヨルダンを含み、)よくデータが揃っているように見える。しかし、郡や市町村などの下位区分になるとデータの正確性に疑問が残る国は少なくなく、たとえば日本の市町村についても市町村名が不明となっている事例が散見される。GADMは更新が続けられており、2023年秋に更新データの配信が予定されている。今後のデータの改良が期待される。

15　ただし、オープンストリートマップは共同プロジェクトとして自由に編集が行われるデータであるがゆえに、情報の正確性を担保するものではない。利用の際にはこの点を留意する必要がある。

16　この手法は[Ciftci, Robbins, and Zaytseva 2021]に従った。

17　潜在的な測定誤差の発生源の一つとして、月の反射光がある。本研究では月齢周期に基づくヒジュラ暦を対象としているため、ヒジュラ暦を基準に月間の夜間光強度の値を平準化することにより、月のサイクルも平準化していることとなる。

18　この手法は[Ciftci, Robbins, and Zaytseva 2021]に従った。その他の補正の方法については[Ciftci, Robbins and Zaytseva 2021, Supplementary Box 1]を参照。

19　各郡の面積は対象期間において一定であり、郡全体での変化率と郡における単位面積当たりの変化率は同じである。したがって、ここでは各郡の単位面積当たりの夜間光強度を取り上げるという目的から、変化率ではなく、変化「量」を主題とした。

20　ヨルダンの地域的な人口状況の変動については、[Ababsa 2013]に詳しい。

21　例として、人の移動に関するGoogle提供のデータと夜間光データを組み合わせ、COVID-19による中東の都市部での行動変化を論じたストークスとロマンの研究がある[Stokes and Román 2022]。

22　夜間光データを用いた研究ではないものの、鉄道網との接続性がエジプトのムスリム同胞団の発展に与えた影響を論じたブルークとケッチリーの研究は参考になる[Brooke and Ketchley 2018]。

参考文献

倉田正充．2017.「低所得国における夜間光と社会・経済指標の相関関係」『上智経済論集』62巻 1・2号：19–26.

スックニラン，ケオラほか．2020.「新型コロナウイルスの世界経済への影響(2)——リモートセンシングデータによる分析」『アジ研ポリシー・ブリーフ』136号. https://www.ide.go.jp/library/Japanese/Publish/Reports/AjikenPolicyBrief/pdf/136.pdf.

中谷友樹．2006.「DMSP/OLSによる「街の灯り」のセンサス——夜間地上光画像による人間活動強度の推定をめぐって」『立命館文學』593号：172–85.

———. 2018.「夜の灯りに基づく社会経済指標の推定 〜DMSP/OLSからSuomi NPP/VIIRS-DNBへ〜」『映像情報メディア学会誌』72巻7号：569–73.

Ababsa, Myriam. 2013. “Changes in the Regional Distribution of the Population.” In *Atlas of Jordan: History, Territories and Society*, edited by Myriam Ababsa, 257-267. Beirut: Presses de l’Ifpo.

Abrahams, Alexei, and Diana B. Greenwald. 2021. “Geospatial Research in Settings of Contested Sovereignty.” *APSA-MENA Politics Newsletter* 4, no. 1(spring). https://apsamena.org/wp-content/uploads/2021/04/8.-Abrahams_Greenwald_FINAL.pdf.

Alahmadi, Mohammed, and others. 2021.“Using Daily Nighttime Lights to Monitor Spatiotemporal Patterns of Human Lifestyle under COVID-19: The Case of Saudi Arabia.” *Remote Sensing* 13, no. 22: 4633. https://doi.org/10.3390/rs13224633.

Arbatli, Cemal Eren, and David Gomtsyan. 2021. “Sectarian Aid, Sanctions and Subnational Development.” *European Economic Review* 139(October). https://doi.org/10.1016/j.euroecorev.2021.103891.

Blackman, Alexandra Domike, and Lama Mourad. 2021. “Taking Space Seriously: The Use of Geographic Methods in the Study of MENA.” *APSA-MENA Politics Newsletter* 4, no. 1(spring). https://apsamena.org/wp-content/uploads/2021/04/7.-Taking-space-seriously-the-use-of-geographic-methods-in-the-study-of-MENA.pdf.

Bodenhamer, David J., John Corrigan, and Trevor M. Harris, eds. 2010. *The Spatial Humanities: GIS and the Future of Humanities Scholarship*. Bloomington: Indiana University Press.

Brooke, Steven, and Neil Ketchley. 2018. "Social and Institutional Origins of Political Islam." *American Political Science Review* 112, no. 2: 376–94.

Carlin, Ryan E., and others. 2021. "When Does the Public Get It Right? The Information Environment and the Accuracy of Economic Sentiment." *Comparative Political Studies* 54, no. 9: 1499–1533.

Ch, Rafael, and others. 2018. "Endogenous Taxation in Ongoing Internal Conflict: The Case of Colombia." *American Political Science Review* 112, no. 4: 996–1015.

Ciftci, Sabri, Michael Robbins, and Sofya Zaytseva. 2021. "Devotion at Sub-National Level: Ramadan, Nighttime Lights, and Religiosity in the Egyptian Governorates." *International Journal of Public Opinion Research* 33, no. 1: 99–117.

Clark, Janine A., and Francesco Cavatorta eds. 2018. *Political Science Research in the Middle East and North Africa: Methodological and Ethical Challenges*. New York: Oxford University Press.

Donaldson, Dave, and Adam Storeygard. 2016. "The View from Above: Applications of Satellite Data in Economics." *The Journal of Economic Perspectives: A Journal of the American Economic Association* 30, no. 4: 171–98.

Elshehawy, Ashrakat. 2021. "Using Historical Maps for the Political Science Research of the Middle East." *APSA-MENA Politics Newsletter* 4, no. 1. https://apsamena.org/wp-content/uploads/2021/04/10.-Elshehawy_finalcorrections-FINAL.pdf.

Elvidge, Christopher D., and others. 2013. "Why VIIRS Data Are Superior to DMSP for Mapping Nighttime Lights." In *Proceedings of the Asia-Pacific Advanced Network* 35, 62–69. N.p.: Proceedings of the Asia-Pacific Advanced Network.

Grasse, Donald. 2023. "State Terror and Long-Run Development: The Persistence of the Khmer Rouge." American Political Science Review, (May):1-18. https://doi.org/10.1017/S0003055423000382.

Gregory, Ian N., and Alistair Geddes, eds.2014. In *Toward Spatial Humanities: Historical GIS and Spatial History*. Bloomington: Indiana University Press.

Healey, Richard G., and Trem R. Stamp. 2000. "Historical GIS as a Foundation for the Analysis of Regional Economic Growth: Theoretical, Methodological, and Practical Issues." *Social Science History* 24, no. 3: 575–612.

Henderson, J. Vernon, Adam Storeygard, and David N. Weil. 2012. "Measuring Economic Growth from Outer Space." *American Economic Review* 102, no. 2: 994–1028.

Jaafar, Hadi H., and Eckart Woertz. 2016. "Agriculture as a Funding Source of ISIS: A GIS and Remote Sensing Analysis." *Food Policy* 64: 14–25.

Jarallah, Juman. 2023. "Ramadan 2023 in UAE: Everything You Need to Know about the Holy Month." *The National*, February 20, 2023. https://www.thenationalnews.com/uae/ramadan/2023/02/20/ramadan-2023-when-date-prayer-times-faqs/.

Leuschner, Elena, and Sebastian Hellmeier. 2023. "State Concessions and Protest Mobilization in Authoritarian Regimes." *Comparative Political Studies* (May): 1-29. https://doi.org/10.1177/0010414023 1169022.

Levin, Noam, and others. 2020. "Remote Sensing of Night Lights: A Review and an Outlook for the Future." *Remote Sensing of Environment* 237: 1–33.

Livny, Avital. 2021. "Can Religiosity Be Sensed with Satellite Data? An Assessment of Luminosity during Ramadan in Turkey." *Public Opinion Quarterly* 85, no. S1: 371–98.

Lü, Xiaobo, and Pierre F. Landry. 2014. "Show Me the Money: Interjurisdiction Political Competition and Fiscal Extraction in China." *American Political Science Review* 108, no. 3: 706–22.

MacDonald, Bertrum H., and Fiona A. Black. 2000. "Using GIS for Spatial and Temporal Analyses in

Print Culture Studies: Some Opportunities and Challenges." *Social Science History* 24, no. 3: 505–36.

Miller, Steven D., and others. 2013. "Illuminating the Capabilities of the Suomi National Polar-Orbiting Partnership (NPP) Visible Infrared Imaging Radiometer Suite (VIIRS) Day/Night Band." *Remote Sensing* 5, no. 12: 6717–66.

Min, Brian. 2015. *Power and the Vote: Elections and Electricity in the Developing World*. New York: Cambridge University Press.

Okabe Atsuyuki, ed. 2004. *Islamic Area Studies with Geographical Information Systems*. New York: Routledge.

Parreira, Christiana. 2021. "Spatial Approaches to the Study of Local Governance and Service Provision in the Middle East." *APSA-MESA Politics Newsletter* 4, no. 1(spring). https://apsamena.org/wp-content/uploads/2021/04/12.-2021-04-07-Parreira-APSA-MENA-CLEAN-Final.pdf.

Rivetti, Paola and Shirin Saeidi. 2018. "What Is So Special about Field Research in Iran? Doing Fieldwork in Religiously Charged Authoritarian Settings." In *Political Science Research in the Middle East and North Africa: Methodological and Ethical Challenges*, edited by Janine A. Clark, and Francesco Cavatorta, 35-45. New York: Oxford University Press.

Román, Miguel O., and others. 2018. "NASA's Black Marble Nighttime Lights Product Suite." *Remote Sensing of Environment* 210: 113–43.

Serrieh, Joanna. 2020. "Coronavirus: Eid Prayers to Be Held at Home, Saudi Grand Mufti Says." *Al Arabiya English*, April 17, 2020. https://english.alarabiya.net/ coronavirus/2020/04/17/Coronavirus-Ramadan-taraweeh-Eid-prayers-to-be-held-athome- Saudi-Grand-Mufti-say.

Schwedler, Jillian and Janine A. Clark. 2018. "Encountering the Mukhabarat State." In *Political Science Research in the Middle East and North Africa: Methodological and Ethical Challenges*, edited by Janine A. Clark, and Francesco Cavatorta, 23-34. New York: Oxford University Press.

Scott, Emily K. M. 2021. "Using GIS to Understand How Humanitarian Aid Moves." *APSA-MESA Politics Newsletter* 4, no. 1(spring). https://apsamena.org/wp-content/uploads/2021/04/13.-Scott-E.-APSA-MENA_GIS-Newsletter-Final-copy.pdf.

Siebert, Loren. 2000. "Using GIS to Document, Visualize, and Interpret Tokyo's Spatial History." *Social Science History* 24, no. 3: 537–74.

Stokes, Eleanor C., and Miguel O. Román. 2022. "Tracking COVID-19 Urban Activity Changes in the Middle East from Nighttime Lights." *Scientific Reports* 12, no. 8096. https://doi.org/10.1038/s41598-022-12211-7.

United States Space Force. n.d. "Defense Meteorological Satellite Program." https://www.spoc.spaceforce.mil/About-Us/Fact-Sheets/Display/Article/2381749/defense-meteorological-satellite-program.

Weidmann, Nils B., and Sebastian Schutte. 2017. "Using Night Light Emissions for the Prediction of Local Wealth." *Journal of Peace Research* 54, no. 2: 125–40.

Zhou, Yang-Yang, and Andrew Shaver. 2021. "Reexamining the Effect of Refugees on Civil Conflict: A Global Subnational Analysis." *American Political Science Review* 115, no. 4: 1175–96.

column 9

IIIF
世界のデジタル資料を比較して閲覧する

須永恵美子

コロナ禍に後押しされる形で、近年資料のデジタル公開が急速に進んでいる。これまで、デジタル化された画像資料は、それぞれの機関が制作する独自ウェブサイトの中で閲覧するのが一般的であった。複数の画像を並べてじっくり見たいというときに、それらを公開するサイトが異なると、ブラウザのウィンドウを並べる必要があった。そこで現在、画像資料の閲覧をさらに便利に、よりスムーズにするIIIF（トリプルアイエフ）という枠組みが注目されている。

IIIFのロゴマーク

IIIFは、画像へのアクセスを標準化し、相互運用を効率的に行うことのできる国際的な規格のことで、昨今、大学図書館を中心に日本国内でもIIIFを採用する機関が増えている。たとえば、筆者が所属する東京大学では、「アジア研究図書館デジタルコレクション」として、アジアの各国語資料をIIIFで提供している。従来のデジタル画像公開と異なるのは、高精細画像でもスムーズな表示が可能であることや、拡大・縮小・ページ送りといった基本機能が直感的に操作できること、書誌情報（メタデータ）が国際基準に準拠していること、複数の機関が所蔵する資料を同時に表示可能な点などである。研究で引用する際も、それぞれの資料の利用条件（ライセンス）が明示されるので活用しやすい。IIIFを閲覧するためのビューワは複数あり、いずれか一つのビューワの使い方を覚えれば、どのIIIFを採用する図書館の資料でも同じ手順で閲覧ができる。

次の図はケンブリッジ大学デジタルライブラリーにIIIFの規格で公開されているインドの驚異譚である。画面の右下にIIIFのロゴマークがあり、その右となりにはMirador（ミラドール）というIIIFビューワを使用していることが示されている。この画面から、米国議会や大英図書館が公開している同書の別の写本を同時に表示することもできる。画像の彩度の調整や書き込み、保存も容易である。日本国内では、国立国会図書館、東京大学、京都大学、慶

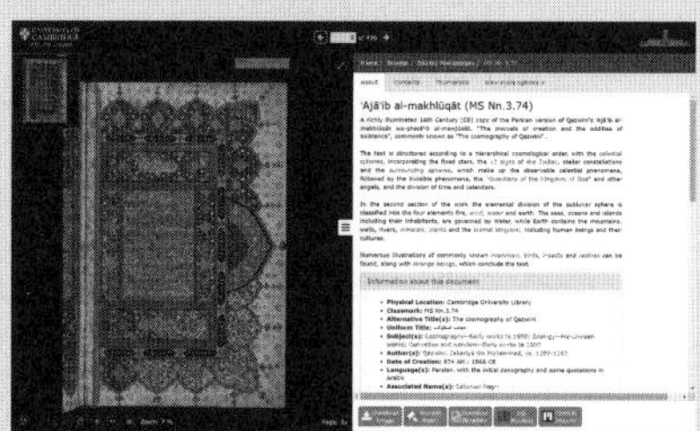

カズヴィーニー著『被造物の驚異と万物の珍奇』のペルシア語写本(16世紀)

應義塾大学などがいち早くIIIFに準拠した画像を公開してきた。IIIFを活用したプロジェクトとしては、東京外国語大学アジア・アフリカ言語文化研究所が公開した「カイロのイスラーム建築データベース」(2021年)などがある。これは、イスラーム期に建造された史跡の位置をマッピングした地図(下図左)と、各史跡のメタデータと画像データを連携させたウェブサイトである。史跡の画像はIIIFで公開されている(下図右)。

さらに2020年6月からは、IIIFの新たな段階として、動画のIIIF化が始まっている。動画にタイムライン機能を組み込み、任意の場所に画像や文字を重ね合わせることで、テレビ番組のテロップや字幕のようなタグ付け(アノテーション)が可能になっている。静止画だけでなく、音声を含むや動画の公開規格が整うことで、オンライン研究資源の開発がますます進むであろう。

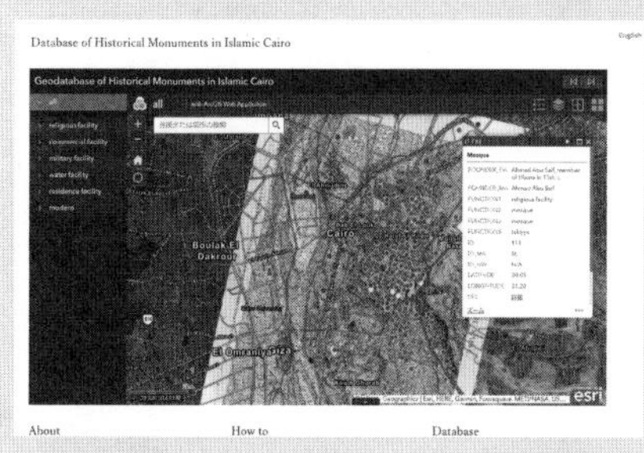

「カイロのイスラーム建築データベース」操作画面

 イスラーム圏のデジタル資料を扱う研究プロジェクト・公文書館・デジタルアーカイブ 

QRコード	webサイト名とURL／解説
	中東デジタル・ライブラリー 〔https://dlmenetwork.org/library〕
	アメリカ／図書館情報資源振興財団 米国の図書館情報資源振興財団（CLIR）とスタンフォード大学図書館が提供する中東・北アフリカの文化遺産をデジタル化して統合的に活用することを構想したプラットフォーム。IIIF準拠のビューワーMiradorで世界中の図書館や博物館が公開する文化遺産を検索・閲覧できる。
	中東・イスラーム研究資源へのアクセス 〔http://amirmideast.blogspot.com/〕
	アメリカ／ニューヨーク大学／2010年 通称AMIR。2010年にニューヨーク大学でデジタル考古学を教えるチャールズ・ジョーンズと中東・イスラーム研究の専門司書であるピーター・マジェルスキーが、イスラーム学のオープンアクセス資料の情報発信のために開設したブログ。オープンアクセスに対応した書籍やフリーで使用できる研究データのほか、イスラーム関連の研究プロジェクト、データベース、デジタルコレクションなどの紹介も行っている。新着記事のメール配信にも対応している。
	キターブ・プロジェクト 〔https://kitab-project.org/〕
	イギリス／アーガー・ハーン大学／2017年 イギリスのアーガー・ハーン大学イスラーム文明研究所が中心となり2017年に始まった研究プロジェクト。中世アラブ圏の史料の検索ツールの提供と、アラビア語文字史料に関する情報発信を行っている。イスラーム研究におけるデジタル人文学の第1人者であるマキシム・ロマノフが主導する「イスラームのオープン・テキスト・イニシアティブ」プロジェクト（Open Islamicate Texts Initiative（OpenITI） https://iti-corpus.github.io/）と協働し、8世紀から15世紀に渡るアラビア語の大規模コーパスを公開している。
	FIHRIST 〔https://www.fihrist.org.uk/〕
	イギリス／ケンブリッジ大学／2009年 フィフリストと読む。イギリスの大学を横断したイスラーム写本のカタログ。従来の図書館の目録カードや、その延長にある現状の図書館の検索システム（日本の大学ならばOPACなど）には収まりきらない情報を記録し、柔軟で総合的なオンラインカタログを目指すため、TEIを採用している。資料のタイトルや著者のみならず、資料の過去の所有者、カタログの変更者の履歴など記述的な付加情報も残すことができる。2023年時点で、オックスフォード大学、ケンブリッジ大学を中心に、バーミンガム大学、SOAS、大英図書館などが参加しており、それぞれの大学の所有するイスラーム写本の書誌データを横断検索することができる。

	FIHRISTのシステム自体がGitHub上に公開されている。 FIHRISTで扱っている資料の原語は、ペルシア語（7,600点）とアラビア語（6,800点）が中心であり、この他にオスマントルコ語（400点）、ウルドゥー語（100点）、パシュトー語（100点）など50以上の言語が含まれている。
	東南アジア・イスラーム写本データベース（DREAMSEA） 〔https://dreamsea.co/〕
	インドネシア／国立イスラーム大学／2017年 ジャカルタの国立イスラーム大学シャリフ・ヒダヤトゥッラー校イスラーム社会研究センターと、ドイツのハンブルク大学写本文化研究所の共同研究で、東南アジア地域の文化遺産のデジタルアーカイブを手がけている。2018年から2021年まで、4年間に渡って東南アジア各地の資料4,274点、24万ページをデジタル画像化し、公開している。 インドネシア各地で収集したアラビア語、ジャヴィ語の資料が多いが、タイやラオス、イスラーム以外の宗教の資料も含まれている。
	オスマン碑文データベース 〔http://info.ottomaninscriptions.com/〕
	日本／東京外国語大学 東京外国語大学とトルコ歴史協会によって進行中の共同プロジェクトで、オスマン帝国領内に設置されたトルコ語・アラビア語・ペルシア語碑文を網羅するデータベース。7,000件を超える碑文が地図上にマッピングされ、判読が難解な文字列も現代トルコ語に転写されている。
	初期イスラーム帝国プロジェクト／Jedli 〔https://www.islamic-empire.uni-hamburg.de/publications-tools/digital-tools/jedli.html〕
	ドイツ／ハンブルク大学／2014年 初期イスラーム帝国プロジェクトは、欧州研究評議会の助成を受け、労働メカニズムからイスラーム帝国の政治・経済構造の解明に取り組んでいる。 Jedliはこのプロジェクトの成果の一つで、アラビア語テキストのためのデータマイニングツールキットである。8世紀から13世紀の間に書かれた、歴史学、地理学、法律、人名録などさまざまなジャンルに属する一次資料のテキストコーパスで構成されており、主要地域の行政、経済、エリートに関する情報を網羅している。
	大英図書館 〔https://www.bl.uk/〕
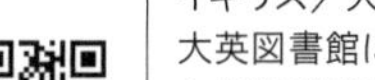	イギリス／大英図書館 大英図書館には、東南アジアから中東・アフリカ地域まで、イスラーム圏の膨大な資料が所蔵されており、デジタル化されている資料の形態は多種多様にわたる。イスラーム地域関連の代表的なコレクションとしては、アルアクサー・モスク図書館の歴史的写本コレクション、インドネシア・ピディ県とアチェ・ブサール県のアチェ語写本、スーフィズムに関する作品、インドネシアのプサントレン関連文書、パキスタン・バローチスターン州の貴重写本、コーカンド・ハン国の写本、ミナンカバウの写本コレクション、エチオピア学研究所所蔵のエチオピア語

	写本、セネガルのウォロフ語アジャミ写本、西スマトラ州ジャンビ州の写本などがあげられる。
	アメリカ議会図書館 〔https://www.loc.gov/collections/〕 アメリカ／議会図書館 アメリカ議会図書館では、書籍に限らず、楽譜や写真など様々な資料をデジタル化しており、イスラーム地域に関する資料も多く公開している。中でも、アフリカ中東部門では、ティンブクトゥの砂漠の図書館から出土した古代写本、マリ出土のイスラーム文書コレクション、エルサレムのギリシャ総主教とアルメニア総主教の図書館にある写本、シナイ山聖カタリナ修道院の手稿集など、貴重な資料が多い。ほかにも、現代研究に欠かせない各国政府のウェブページの記録など、幅広い年代・地域の資料がデジタル化公開されている。 同館のアラビア書道コレクションは、9世紀から19世紀ごろまでの約350点を画像で見ることができる。
	カタル国立図書館電子ライブラリー 〔https://www.qdl.qa/en〕 カタル／カタル国立図書館電子ライブラリー／2018年 2018年4月に開館した国立図書館で、蔵書は100万冊。そのうち、5万点の貴重書を収めるヘリテージ・ライブラリーでは、4,000点の写本、1,400点の古地図などを所蔵する。国際図書館連盟資料保存コア活動のアラビア語圏地域センターや、ユネスコのアラブ地域文化遺産図書館支援プロジェクトなど、中東圏における文献資料の保全やデジタル化推進のハブとなっている。スプリンガー社など民間の有料データベース契約を結び、カタール国民に電子書籍やオンラインジャーナルを購読可能とするなど、国民・住民の教育にも寄与する。大英図書館やアメリカ図書館情報資源振興財団といった欧米との共同プロジェクトにも数多く取り組んでおり、ポータルサイトであるカタール・デジタルライブラリー上では、中世のアラビア語写本や東インド会社の記録、湾岸地域の歴史資料などをデジタル公開している。
	アレクサンドリア図書館 〔http://dar.bibalex.org/webpages/dar.jsf〕 エジプト／アレクサンドリア図書館 世界最古の図書館ともいわれるエジプトのアレクサンドリア図書館のデジタルライブラリー部門。通称DAR（Digital Assets Repository）。主にパブリックドメインのアラビア語史料を公開しており、著作権が保護されている書籍については、書籍の5%までが閲覧可能となっている。アレクサンドリア図書館では、他にも碑文やアラビア書道の文献目録やデータベースを構築している。
	ハーバード大学イスラーム遺産プロジェクト 〔https://library.harvard.edu/collections/islamic-heritage-project〕 アメリカ／ハーバード大学／2002年 ハーバード大学で収集した10世紀から20世紀にかけてのイスラームの文化遺

	産をデジタル化公開するプロジェクト。北アフリカから、中東、南アジア、中央アジア、東南アジアなどの広い地域を網羅し、神学・宗教書をはじめとし、スーフィズム、歴史、地理、法律、科学、詩、伝記などのジャンルを公開している。 1718年にペルシア語で書かれた『王書(シャーナーメ)』をはじめ、アラビア語、オスマントルコ語、ウルドゥー語、チャガタイ語、マレー語、グジャラート語、西洋諸語など813点の貴重書が公開されている。 ハーバード大学ではほかにも、アラビア語のレコード音声コレクション、カージャール朝イランの女性についての社会史や文化史のデジタル資料、アーガーハーンプロジェクトと協働したイスラーム美術・建築・書道・地図・写真など15万点以上を公開している。
	カルフォルニア大学バークレー校 西アフリカ・アラビア語写本データベース〔https://waamd.lib.berkeley.edu/home〕
	アメリカ/カルフォルニア大学/2018年 通称WAAMD。1980年代にモーリタニア南部のアラビア語写本コレクションとして始まったデータベースで、その後ガーナ、ナイジェリア、マリ、ニジェールなどの西アフリカ、ヨーロッパ、アメリカにおける西アフリカ資料をカバーした統合的なカタログである。2018年からはトンブクトゥの資料が追加されている。データベースは、写本の著者、著者のニスバ、主題、コレクションの5つの対話型データセットで構成されている。
	ケンブリッジ大学デジタル・ライブラリー イスラーム写本コレクション〔https://cudl.lib.cam.ac.uk/collections/islamic/1〕
	イギリス/ケンブリッジ大学/2012年 ケンブリッジ大学図書館では17世紀前半よりアラビア語の写本資料を収集・所蔵している。東洋学者のトーマス・ファン・エルペ、J.L.ブルクハルト、E.H.パーマー、E.G.ブラウンらの寄贈した貴重書をはじめ、5,000点以上の写本が収蔵され、デジタル化されている。ごく初期のクルアーンや、サマルカンドの神学者マトゥリーディーの『キターブ・アル=タウヒード』などが含まれる。シャーナーメ(王書)プロジェクトでは、『シャーナーメ』の叙事詩に添えられた細密画の挿絵に対してコーパスを施し、写本の詳細とテキストの解説を合わせて提供している。
	ペンシルバニア大学図書館アラビア語写本〔https://www.library.upenn.edu/detail/collection/lawrence-j-schoenberg-collection〕
	アメリカ/ペンシルバニア大学 ローレンス・J・シェーンバーグが創設者となったシェーンバーグ写本研究所では、知的遺産の保全とアクセスのための研究を行っている。コレクションには、近代以前のヨーロッパ、アフリカ、アジアの科学史、地誌、哲学などを収集したローレンス・J・シェーンバーグ・コレクションの写本や、フェズ・リトグラフ・コレクションとして、19世紀にモロッコのフェズで始まったリトグラフ印刷など170タイトルを含む。

	イラン・中央アジア・ペルシャ語歴史文書の画像データベース 〔http://www.asnad.org/en/〕
	ドイツ／バンベルク大学／2003年 ドイツのバンベルク大学イラン研究講座のプロジェクトによるデータベース。イラン・ペルシアの歴史的文書や証書の保全を目的に、勅令、公文書、売買契約書、賃貸借契約、ワクフ文書、婚姻証書、裁判所記録、シャリーア法廷文書など、公私を問わず様々な文書が公開されている。
	プリンストン大学イスラーム写本コレクション 〔https://library.princeton.edu/special-collections/topics/islamic-manuscripts〕
	アメリカ／プリンストン大学 プリンストン大学は、アラビア語、ペルシア語、オスマントルコ語など1万冊の写本を所蔵しており、北米最大のコレクションを誇る。特に、1905～1961年までプリンストン大学の理事を務めたロバート・ギャレット（1875～1961年）がプリンストン大学図書館に遺贈したロバート・ギャレットコレクションが、中東関連写本として世界的に著名である。『ディーワーネ・ハーフィズ』やシャラーフッディーン・アリー・ヤズディーのティムールの生涯を記した『ザファル・ナーマ』など貴重なコレクションがデジタル公開されている。アラビア半島やエジプト、シリア、イラク、イランといった中東諸国のほか、スペインやマグリブ、インド、インドネシアほかにも、サハラ砂漠以南など幅広い資料を公開している。また、同図書館ではイエメンの私設図書館に所蔵されている写本の保存と普及に取り組む、イエメン写本デジタル化プロジェクトが進められている。
①  ② 	ブラウン大学デジタル・イスラーム人文学プロジェクトおよびデジタルコレクション 〔https://islamichumanities.org/〕① 〔https://library.brown.edu/cds/minassian/〕②
	アメリカ／ブラウン大学 ①ブラウン大学の中東研究プログラム。1990年代以降のデジタル化されたアラビア語テキストのコレクションがまとめられている。 ②また、同大学図書館には、アドリアン・ミナシアン夫人の遺品のデジタル化コレクションがあり、歴史、書誌、パンフレット、地図などが収められている。特にペルシアやインドの細密画（ミニアチュール）が充実している。
	マルマラ大学デジタル貴重書コレクション 〔http://katalog.marmara.edu.tr/nadireser/index.html〕
	トルコ／マルマラ大学 イスタンブルのマルマラ大学が公開するトルコ語の貴重書コレクション。同大学の前身であるハミディエ貿易学校時代から収集してきた1,964点の写本をはじめとし、172万ページをデジタル公開している。
	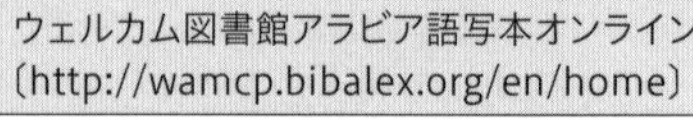ウェルカム図書館アラビア語写本オンライン 〔http://wamcp.bibalex.org/en/home〕
	イギリス／ウェルカム大学／2014年 イギリスの医学史の専門図書館であるウェルカム図書館では、2014年から薬学関連の文献資料をデジタル化している。アラビア語の医学関連書も収蔵しており、キングス・カレッジ・ロンドンのデジタル人文学部と、エジプトのアレクサ

	ンドリア図書館と共同で、ウェルカム大学図書館所蔵のアラビア語関連写本をデジタル化し、オープンアクセスの資料としている。
	マギル大学イスラーム研究図書館デジタル・ライブラリー〔https://libraryguides.mcgill.ca/Islamicmanuscripts〕
	カナダ／マギル大学 マギル大学の稀少本・特別コレクション図書館に収められている、アラビア語(280点)、ペルシア語(334点)、オスマントルコ語(35点)を中心に、マレー語、ウルドゥー語などの写本コレクションがオンラインで公開されている。特に南アジアのコレクションが充実しており、240点のリトグラフのほか、イスラーム文化全般の計900タイトルがあり、ペルシア語からウルドゥー語に翻訳された『王書シャー・ナーメ』などが収蔵されている。
	ライデン大学図書館 中東特別コレクション／Qalamosプロジェクト〔https://www.qalamos.net/content/index.xed〕
	オランダ／ライデン大学 ライデン大学の中東コレクションは、18世紀の自然科学者ウルリッヒ・ヤスパー・ゼーツェン(1767〜1811年)が中東で9年間にわたって収集したアラビア語、トルコ語、ペルシア語の自然・芸術関連の資料2,700点を中心に構成されている。同大学のQalamosプロジェクトは、ドイツ国内のオリエンタル研究の写本コレクションのメタデータと、デジタル化画像にアクセス可能な統合ポータルサイトである。インドネシア、イエメン、モーリタニアのコレクションを含むアジア・アフリカの写本や版画など、13万点のデータセットを公開している。資料の管理者権限も詳しく記載しており、著者、写植者、所有者などの典拠記録が明示されているため、研究利用しやすい。コレクションには、17〜20世紀半ばのイエメン・ザイード派関連のアラビア語写本約150点が含まれる。
	ウォルターズ美術館イスラーム写本コレクション〔http://art.thewalters.org/browse/category/islamic-manuscripts/〕
	アメリカ／ウォルターズ美術館 米メリーランド州ボルチモアにあるウォルターズ美術館が所蔵する9世紀から19世紀までのイスラーム関連資料をデジタル公開している。当館は全米人文科学基金から助成を受けるなどして、所蔵美術品のデジタル化プロジェクトやクリエイティブコモンズライセンスに取り組んでいる。クルアーン、詩、祈祷文、絵画などに加え、非宗教的な写本も公開されている。コレクションには、オスマン帝国からマッカに贈っていたカアバを飾るキスワなど、文書資料以外の文化遺産が多いことが特徴である。
	サバンジュ大学サークプ・サバンジュ美術館書道コレクション〔https://www.sakipsabancimuzesi.org/en〕
	トルコ／サバンジュ大学／2012年 イスタンブルのサバンジュ大学サークプ・サバンジュ美術館の所蔵する、書道コレクションを全点デジタル公開している。14世紀から20世紀の著名な書家によるクルアーン、祈祷書、詩、ハディースのデジタル画像を含む。装飾の美しいマスハフ(書物のクルアーン)や、アナトリア地方の細い巻物状の祈祷文、18世紀の書道家の筆入れなどを閲覧することができる。

	同館はほかに建築、絵画、彫刻などの美術作品もデジタル公開している。館内のバーチャルツアーも可能である。
	ノースウェスタン大学中東映画ポスターコレクション〔https://dc.library.northwestern.edu/collections/4ed2338d-c715-4a86-8ac6-6b4030a42be5〕
	アメリカ／ノースウェスタン大学 ノースウェスタン大学が所有するイラン映画を中心とした映画ポスターのデジタルコレクション。1966～2014年までのペルシア語、英語の249枚のポスター画像を公開している。「革命前・ロマンス」「革命後・ドキュメンタリー」など、時代とジャンルなどでタグ付けされており、社会の変遷を追うことができる。
	ハイヤッラー・センターアラビア語新聞データベース〔https://arabicsearch.org/learn-more〕
	アメリカ／ノースカロライナ州立大学 ノースカロライナ州立大学のKhayrallah Center for Lebanese Diaspora Studiesが公開している米国で発行されたアラビア語新聞のアーカイブ。1890年頃から1920年頃にかけて発行されたアラビア語の新聞をデジタル化し、注釈をつけて公開している。アラブ系アメリカ人の第１世代や文学運動の記録としての活用が見込まれる。公開されている新聞はKawkab Amirka（アメリカの星）、Al-Akhlak（倫理）、Al-Ayyam（年代記）、Al-Bayan（会報）、Al-Fatat（青年）、Al-Hoda（指導）、Al-Kown（宇宙）、Al-Majalla Al-Tijarriya（商業誌）、Al-Nasr（鷹）、Al-Wafa（忠実）など。

あとがき

地域研究を専攻していた筆者が、GIS（地理情報システム）の授業を受けたのは大学院に入ってすぐ2008年のことである。小型のGPSを持ち歩いて大学の近隣を歩きまわり、その記録を教室に戻って地図化した。便利な道具だと感心したものの、この時は野山を広く歩き回る自然科学系の研究者が使用するツールだと思い込んでいた。10年経って、筆者が収集してきたパキスタンの書店情報というひとつひとつの小さなデータから地図を描き出せることを知り、GISが自らの研究とつながっているとようやく理解した。筆者がデジタル人文学の魅力に引き込まれたきっかけである。

本書で取り上げたデジタル人文学のテーマは、テキスト化、計量テキスト分析、TEI、ネットワーク分析、地理空間情報、メタデータ生成、デジタルアーカイブ、音楽分析など幅広い。それでも、デジタル人文学のカバーする範囲はさらに広く、本書では扱いきれなかった技術や手法が次々と登場している。本書の執筆途中に、ソフトウェアのアップデートや新機能が搭載されるというハプニングもあった。最新のソフトを使った完全なる書下ろしや、学会未発表というテーマも多かったため、無理をきいてくださった執筆者のみなさまに感謝する。

イスラーム諸研究にデジタル人文学を導入することの意義は、大きく二つあると思う。一つは歴史学や言語学、文学、思想史、宗教学、政治学、その他多くの人文学で積み重ねてきた「知」が可視化できることであろう。もちろん可視化だけではなく、そこから新たな気づきと課題の発見が導き出される、分析手法そのものでもある。

そしてなにより、デジタル人文学には協働の楽しさがある。デジタル人文学分野では、手持ちの資料や知識を公開したオープンなワークショップ、ハンズオンセミナーが各地で開催されている。それは新たなソフトの使い方を学ぶ勉強会であったり、自分のやりたいことと手法をマッチングさせる相談会であったり、学会発表につながる共同研究であったりする。ときにワイワイとお互いの研究の話をしたり、ときにもくもくと作業を進めつつ質問しあったりすることは非常に刺激的でクリエイティブな時間である。本書のもう一人の編者であり、U-PARL創設時のメンバーである熊倉和歌子さんとお会いしたのも、オンラインの勉強会であった。日本のイスラーム研究においてデジタル人文学分野を牽引している熊倉さんと出会えたことで、本書の計画は大きく動き出した。

イスラーム研究にデジタル人文学を掛け合わせるというコンセプトは、日本においては類書をみないため、入門書という役を果たせるよう、索引と参考文献、専門用語のヨミはできるだけ盛り込んだ。巻末には資料として、欧米圏で進められているデジタル人文学研究や、イスラーム諸国のデジタルアーカイブのリストを掲載している。執筆にあたっては、本文の校正や参考文献の整理に、東京外国語大学アジア・アフリカ言語文化研究所の村瀬智子さんのご助力をいただいた。

デジタル人文学という革新を得て、イスラーム研究は新たな地平に差しかかっていると感じる。本書はデジタル人文学とイスラームや中東関連研究とが出会って生まれた事例集である。このような挑戦的な出版の契機を与えてくださった人文書院、とりわけ建設的なご助言と一方ならぬお世話をしてくださった編集部の青木拓哉さんに厚く御礼申し上げる次第である。

さいごに、本書はU-PARL協働型アジア研究プロジェクト5「南アジア関連資料のデジタル画像化とテキスト化に関する研究」(2022~2023年)の研究成果公開費による刊行である。U-PARLの活動に多大なるご支援をくださっている公益財団法人上廣倫理財団に心より感謝を申し上げ、むすびとする。

2023年12月18日
須永恵美子

索　引

著者略歴

竹田敏之（たけだ　としゆき）……【担当：第2章】
立命館大学立命館アジア・日本研究機構准教授。専門はアラビア語学、クルアーン正書法。著者に『現代アラビア語の発展とアラブ文化の新時代』（ナカニシヤ出版、2019年）、『アラビア語表現とことんトレーニング』（白水社、2013年）、『ニューエクスプレスアラビア語』（白水社、2010年）など。

塩崎悠輝（しおざき　ゆうき）……【担当：第3章】
静岡県立大学国際関係学部准教授。著者に『国家と対峙するイスラーム――マレーシアにおけるイスラーム法学の展開』（作品社、2016年）など。

山尾　大（やまお　だい）……【担当：第5章】
九州大学大学院比較社会文化研究院准教授。著著に『現代イラクのイスラーム主義運動』（有斐閣、2011年）、『紛争と国家建設』（明石書店、2013年）、『紛争のインパクトをはかる』（晃洋書房、2021年）など。

篠田知暁（しのだ　ともあき）……【担当：第7章】
東京外国語大学アジア・アフリカ言語文化研究所特任研究員。中世末から近世にかけての北アフリカとイベリア半島の外交・政治的な関係と、その社会的な影響を専門とする。

石田友梨（いしだ　ゆり）……【担当：第8章】
岡山大学学術研究院社会文化科学学域准教授（特任）。編著書に『人文学のためのテキストデータ構築入門――TEIガイドラインに準拠した取り組みにむけて』（文学通信、2022年）。

渡邊　駿（わたなべ　しゅん）……【担当：第9章】
日本エネルギー経済研究所中東研究センター主任研究員。専門は現代ヨルダン政治研究。著者に『現代アラブ君主制の支配ネットワークと資源分配――非産油国ヨルダンの模索』（ナカニシヤ出版、2022年）。

登利谷正人（とりや　まさと）……【担当：column 1】
東京外国語大学世界言語社会教育センター講師。専門はアフガニスタン・パキスタン地域研究、近現代史。著者に『近代アフガニスタンの国家形成――歴史叙述と第二次アフガン戦争前後の政治動向』（明石書店、2019年）。

黒田彩加（くろだ　あやか）……【担当：column 2】
立命館大学立命館アジア・日本研究機構准教授。専門は中東地域研究、イスラーム思想研究。著者に『イスラーム中道派の構想力――現代エジプトの社会・政治変動のなかで』（ナカニシヤ出版、2019年）。

徳原靖浩（とくはら　やすひろ）……【担当：column 3】
東京大学附属図書館アジア研究図書館上廣倫理財団寄付研究部門（U-PARL）特任助教。公益財団法人東洋文庫研究所員。専門はペルシア文学および図書館情報学。

棚橋由賀里（たなはし　ゆかり）……【担当：column 4】
京都大学大学院アジア・アフリカ地域研究研究科博士課程・日本学術振興会特別研究員DC1。研究分野は15−16世紀モロッコのスーフィズム。

荒井悠太（あらい　ゆうた）……【担当：column 5】
京都大学大学院アジア・アフリカ地域研究研究科研究員。早稲田大学大学院文学研究科博士後期課程修了。博士（文学）。著者に『或る中世写本の旅路──イブン・ハルドゥーン『イバルの書』の伝播』（風響社、2021年）など。

太田（塚田）**絵里奈**（おおた　えりな）……【担当：column 6】
東京外国語大学アジア・アフリカ言語文化研究所特任助教。博士（史学）。専門は前近代イスラーム史。代表論文に"The Muzhir Family", *Orient* 54, 127-144 (2019), "Formation of the Ideal Bureaucrat Image and Patronage in the Late Mamlūk Period", *Al-Madaniyya* 1, 41-61 (2021)など。

河合早由里（かわい　さゆり）……【担当：column 7】
東京外国語大学大学院総合国際学研究科博士前期課程。研究分野は16世紀オスマン帝国の労働奴隷。

二ツ山達朗（ふたつやま　たつろう）……【担当：column 8】
香川大学経済学部准教授。専門は宗教人類学・中東地域研究。イスラームの宗教消費財について調査してきたが、近年ソーシャルメディアとイスラームの関係についても取り組んでいる。

編著者略歴

須永恵美子（すなが　えみこ）……………【担当：第1章、第4章、column 9、資料】

東京大学附属図書館アジア研究図書館上廣倫理財団寄付研究部門（U-PARL）特任研究員。日本学術振興会特別研究員（PD）などを経て現職。専門はパキスタン地域研究、南アジアの言語文化。著書に『現代パキスタンの形成と変容――イスラーム復興とウルドゥー語文化』（ナカニシヤ出版、2014年）。

熊倉和歌子（くまくら　わかこ）……………【担当：第6章】

慶應義塾大学経済学部教授。東京大学附属図書館アジア研究図書館上廣倫理財団寄付研究部門（U-PARL）特任研究員、東京外国語大学アジア・アフリカ言語文化研究所准教授などを経て現職。専門はエジプト中近世史研究（歴史学）。著書に『中世エジプトの土地制度とナイル灌漑』（東京大学出版会、2019年）。

イスラーム・デジタル人文学

U-PARL 協働型アジア研究叢書

2024年2月10日　初版第1刷印刷
2024年2月20日　初版第1刷発行

編著者　須永恵美子・熊倉和歌子
発行者　渡辺博史
発行所　人文書院

〒612-8447　京都市伏見区竹田西内畑町9
電話 075-603-1344　振替 01000-8-1103

組版・装丁　文図案室　中島佳那子
印刷所　創栄図書印刷株式会社

落丁・乱丁本は小社送料負担にてお取り替えいたします。

ISBN 978-4-409-42025-6 C3014

齊藤晃編

テクストと人文学

――知の土台を解剖する

テクストが私たちの生活様式や社会制度、考え方、感じ方に与えた変化や影響を文化人類学・社会学・心理学の視点からも探る。

三五二〇円（本体＋税10％）

佐藤香寿実著

承認のライシテとムスリムの場所づくり

――「辺境の街」ストラスブールの実践

「ヨーロッパにおけるイスラーム」は、いかにその場所に息づいているのか。混淆の現場から、新たなヨーロッパの息吹を活写する。第40回渋沢・クローデル賞奨励賞受賞！

六三八〇円（本体＋税10％）